REALIEN ZUR LITERATUR
ABT G:
DOKUMENTATIONEN

ERWIN LEIBFRIED / JOSEF M. WERLE

Texte
zur Theorie der Fabel

MCMLXXVIII
J. B. METZLERSCHE VERLAGSBUCHHANDLUNG
STUTTGART

CIP-Kurztitelaufnahme der Deutschen Bibliothek

Texte zur Theorie der Fabel / Erwin Leibfried;
Josef M. Werle. – 1. Aufl. – Stuttgart: Metzler,
1978.
   (Sammlung Metzler; M 169: Abt. G, Dokumentationen)
ISBN 3-476-10169-X

NE: Leibfried, Erwin [Hrsg.]; Werle, Josef M. [Hrsg.]

ISBN 3 476 10169 X

M 169

© J. B. Metzlersche Verlagsbuchhandlung und Carl Ernst Poeschel Verlag GmbH
in Stuttgart 1978. Satz und Druck: Gulde-Druck, Tübingen.
Printed in Germany

INHALT

Einleitung VII

Ulrich Boner
Einleitung zum *Edelstein* (Auszug) 1
Von einem hanen und einem edelen steine 2

Heinrich Steinhöwel
Einleitung zum *Esopus* (Auszug) 3

Martin Luther
Vorrede zu *Etliche Fabeln aus Esopo* 7
Torheit. Vom Han und Perlen 11

Erasmus Alberus
Widmungsvorrede zu der Hagenauer Ausgabe des
Buoches von der Tugend und Weisheit (Auszug) . . . 11
Widmungsvorrede zu der Frankfurter Ausgabe (Auszug) 11

Johannes Mathesius
Die siebende predig von Jothans Mehrlein (Auszug) . . 13

August Buchner
Von dem Nahmen des Poeten 19

Hans Wilhelm Kirchhof
Einleitung zum 7. Buch des *Wendunmuth* (Auszug) . . 21

Anton Menon Schupp
Fabul-Hanß (Auszug) 26

Wolfgang Rauscher
Ob es sich gezimme, daß ein Apostolischer Prediger mit
einer Fabel oder Ostermärlein auf die Cantzel komm
(Auszug) 29

Christian Wolff
Philosophia practica universalis II 2, § 302–316 (Auszug) 34

Johann Jacob Breitinger
Von der Esopischen Fabel (Auszug) 42

Christian Fürchtegott Gellert
Von dem Nutzen der Fabel (Auszug) 50

Magnus Gottfried Lichtwer
Die beraubte Fabel 52

Gotthold Ephraim Lessing
Von dem Wesen der Fabel (Auszug) 52

Ludwig Heinrich Jacob
Über die äsopische Fabel der Alten (Auszug) 57

Christoph Gottfried Bardili
Was ist das Eigenthümliche der Aesopischen Fabel?
(Auszug) 63

Johann Gottfried Herder
Fabel (Auszug) 66

Friedrich Adolf Krummacher
Vorrede zu den *Apologen und Paramythien* (Auszug) 76

Georg Wilhelm Friedrich Hegel
Die Fabel (Auszug) 79

Otto Crusius
Fabel, Aufstand und Moral 85

Theophil Spoerri
Der Aufstand der Fabel (Auszug) 86

Dolf Sternberger
Über eine Fabel von Lessing 100

Karl Emmerich
Vorwort zu *Der Wolf und das Pferd* (Auszug) . . . 113

Quellenverzeichnis 120

Kommentar 123

*Index der wichtigsten in den Texten behandelten Fabeln,
Parabeln und Gleichnisse* 150

Personenregister 151

Begriffs- und Argumentationsregister 155

Einleitung

In einer Zeit, in der ohne Rücksicht auf die Bäume in Finnland (aus denen das Papier hergestellt wird) Readers produziert werden, bedürfte das hier einzuführende Unternehmen besonderer Legitimation. Sie besteht auch darin, daß Entlegenes, schwer Zugängliches angeboten wird. So ist der Text des Aufklärungsphilosophen Chr. Wolff, soweit feststellbar, hier zum erstenmal aus dem Latein ins Deutsche gebracht. Leisten müßte die Auswahl wesentlich aber anderes (ob sie das kann, wird nur die Beschäftigung mit den Texten selbst zeigen), nämlich eine Dokumentation der immanenten Entwicklung der Theorie dieser Gattung in ihrer Vermittlung mit dem allgemeingeschichtlichen Prozeß. Die poetischen Strukturen und ihre Reflexionsformen in der Theorie ändern sich nicht nur nach ihnen eigenen Gesetzen einer inneren, primär auf formal-stilistischen Momenten beruhenden Dynamik; die Änderung ist Symptom geänderter geschichtlicher Verhältnisse und deren subjektiver Erfahrung im Fabelproduzenten. An Lessing etwa kann klar gezeigt werden, wie die theoretische Einsicht in die ästhetisch nötige Variation der alten Motive (um weiterhin, was von der Literatur im 18. Jh. zu verlangen ist, durch Überraschung zu unterhalten und nicht den Leser durch die Reproduktion von Bekanntem zu langweilen) zu konkreten Motivveränderungen führt, die u. U. gegen das bewußte Wissen des Autors geschichtliche Wandlungen abbilden (vgl. dazu: Erwin Leibfried Fabel, Stuttgart ³1976, S. 79 f.).

Die Fabel ist ein belehrendes, erziehendes Genre; es handelt sich um Literatur, die Alltagswelt unmittelbar beeinflussen will. Fabeln sind nichtautonome Texte, großenteils auch aus der vorautonomen Phase der Literaturgeschichte. Die Fabel liefert kein harmonisches Maximensystem, sondern bleibt Ausdruck der widersprüchlichen Wirklichkeit. Sie zeigt ein Neben-, öfter ein Gegeneinander von möglichen Verhaltensweisen; abstrakt-antithetisch formuliert: von kritisch-ändernden und affirmativ-bestätigenden. Dazwischen pendelt die Fabelliteratur, meist ohne Wissen ihrer Verfasser, die diesen Konflikt so klar nicht sehen, sondern ihm als einem objektiv geschichtlichen Geschehen ausgeliefert sind. Zu studieren wäre etwa an Ulrich Boner, dem Berner Predigermönch, wie in einzelnen Fabeln der Wunsch nach Selbstbestimmung verurteilt und für duldenden Gehorsam plädiert wird (vgl. seine Sammlung *Der Edelstein*,

20. Fabel, Von einem Hunde und einem Esel), in anderen aber emphatisch ein Lob der Freiheit erscheint (ebd., 59. Fabel, Von einem Hunde und einem Wolfe, Untertitel: von vrîheit und von eigenschaft*). Die Auseinandersetzung zwischen beharrenden und ändernden geschichtlichen Kräften, zwischen ›grossen Fuersten und Herrn‹ und ›Gesind‹ und ›Knecht und Magd‹ (vgl. Luthers Fabelvorrede) bildet sich in den Fabeln ab. Es ist die Aufgabe des kritischen Lesers zu sehen, in welcher Weise dieser Kampf unterschiedlicher Gruppen in den einzelnen Fabeln je entschieden wird. Daß er sich in ihnen abbildet, ist eine der zentralen Einsichten, die, ohne an der Wahrheit weit vorbeizugehen, nicht vergessen werden kann. Nicht falsch wäre es, zu behaupten, daß Schiller das Programm, das die Fabeln konkret ausführen – freilich in poetischer Vertextung, d. h. sie sind nicht dessen unmittelbarer Reflex – formulierte (in den letzten Sätzen der Abhandlung: »Etwas über die erste Menschengesellschaft«): »Die Not drängte ihn [den Menschen], Leidenschaften wachten auf, und waffneten ihn bald gegen seinesgleichen. Mit dem Menschen mußte er um sein Dasein kämpfen, einen langen, lastenreichen, noch jetzt nicht geendigten Kampf...« In ihrem Figurenarsenal, an dessen Spitze als Protagonisten der Löwe und der Esel stehen, und den stereotypen Handlungen ihrer Texte haben die Fabelpoeten diese geschichtlichen Vorgänge allegorisch-symbolisch sedimentiert. Daß sie selbst nicht immer die Fahne humanen Fortschritts vorantragen, ist dem deutlich, der des Menenius Agrippa Fabel von dem Magen und den Gliedern betrachtet, in der faktisch die Interessen des Patriziats gegen die des rebellierenden, unzufriedenen Volkes vertreten werden.

Zentral für die Geschichte der Gattung ist jedoch, daß sie gelesen werden kann als Prozeß, den der Ursprung gegen den Versuch seiner geschichtlichen Umfunktionierung führt; d. h. als Prozeß des kritischen Moments, das zu der Fabel seit ihrer Entstehung in der Antike gehörte (vgl. dazu die hier abgedruckten Texte von Crusius und Spoerri), mit der affirmativ-sozialisierenden Verwendung besonders durch christliche Autoren (z. B. auch Luther). Ursprung oder ›Sitz im Leben‹, wie ein bestimmter textanalytischer Ansatz formulierte**, ist, wenn man den Thesen unverdächtiger Autoren wie Crusius und Spoerri glauben darf, die konkrete Situation des – vielleicht nie

---

* Leibeigenschaft
** Dazu vgl. *Klaus Koch, Was ist Formgeschichte?* Neukirchen-Vluyn 1964

wirklich lebenden – Sklaven Äsop. Die Realexistenz eines Verfassers, unter dessen Namen die meisten Motive des antiken Corpus gesammelt wurden, ist nicht notwendig, um das Theorem von der bestimmten politischen Perspektive aufrechtzuerhalten, von der her die Struktur der Gattung bei ihrer Entstehung bestimmt wurde. Die Fabel als »verdeckende Schreibweise« (Sternberger) war Ausdruck unterdrückten, jedenfalls unzufriedenen Bewußtseins, das sich über die unterschiedliche Verteilung der Güter in dieser Welt poetisch Gedanken machte. Sie war jedoch nicht immer Ausdruck solcher Positionen, sondern auf lange Strecken ihrer Geschichte Versuch der Rechtfertigung geltender Rechts- oder Machtverhältnisse, bestehender Alltagswelten. Mit dem unausgetragenen Gegensatz, als literarisches Genre unterschiedlich, konträr politisch funktionalisiert zu werden, hat der Interpret des europäischen Fabelcorpus sich zu beschäftigen.

Das, die Geschichte der Fabel, kann hier aber nicht ausgeführt werden. Hinzuweisen war darauf, was ihr zentrales Moment ist (vgl. dazu auch E. L., Fabel, S. 104 f.). Denn die Frage bleibt, wie die Theorie der Fabel mit dieser Geschichte fertig wird, wie sehr die Theorie diese Auseinandersetzung reflektiert. Zu vermuten ist, daß der Prozeß, den die Genesis gegen die spätere, gesellschaftskonforme Aktualisierung führt, nicht früh und wo, nur marginal, erkannt wurde. Kurze Hinweise auf die hier abgedruckten Texte sollen das verdeutlichen.

Boner beginnt seine Fabelbearbeitung mit einem Gebet (in der Tradition mittelhochdeutscher Epik), d. h. er vermittelt christliche Theologeme. Wirkziel seiner Texte soll sein,

daz wir unser leben
richten ûf den hôhen grât.

Mit ihm beginnt damit in der Fabelliteratur, was H. Heine das »Eiapopeia vom Himmel« nennt[*], die mit innerweltlicher Askese verbundene Vertröstung des leidenden Subjekts ins Jenseits. Bei dem Predigermönch ist also das plausibel zu machen, was die christliche Umfunktionierung des zunächst auch gesellschaftskritischen Potentials der Fabel genannt wurde. Die poetologische Reflexion zur Fabel setzt im deutschsprachigen Raum daher mit einer Negation ihrer genuinen Tendenzen ein.

Der gelehrte Humanist *Steinhöwel* kennt die Textgeschichte. Seine Meinung von der Fabel ist schon ›klassisch‹, d. h. die

---

[*] In: Deutschland. Ein Wintermärchen, Caput I

mögliche politische Wirkung ist abgeschwächt, der konkrete gesellschaftliche Bezug affirmativ: »sich dar uß [aus der Lehre] zu beßern« nennt er als Wirkziel der Fabeln. Seine Besserung ist aber, wie die Texte zeigen, Anpassung. (Nebenbei bemerkt zeigt sich hier, daß die theoretischen Texte zur Fabel mit den poetischen des gleichen Autors zu vergleichen sind, wenn man sie in ihrer Bedeutung voll erfassen will.)

Diese Bürde trägt die Theorie weiter. Der reformierte Pfarrer und Lutherfreund *Erasmus Alberus* meint, in den Fabeln würden »Moralia« gelehrt, was konkret bedeutet, daß »arme, grobe, halßstarrige Leut mit fabeln [zu] betriegen und [zu] fangen« seien. Damit ist die sedierende Funktion des Genres zitiert, im übrigen gut gemeint, weil von einer ›frommen Oberkeit‹ ausgegangen wird. Dem heutigen kritischen Leser freilich bleibt die Aufgabe, den ideologischen Charakter solcher Theoreme aufzudecken.

Daß die Oberkeit (Obrigkeit) nicht immer fromm ist (also richtig, im Sinne des allgemeinen Wohls handelt), ist bei *Luther* zu merken, der auch sie erziehen, also auf alle, »Oberkeit und Unterthanen« wirken will. Für ihn ist die ganze Welt eine »falsche, arge«. Das richtige Verhalten in ihr wird gelehrt, die Fabeln handeln vom »eusserlichen Leben in der Welt«, sie sagen, wie der Christ, dem es um seine innere Freiheit geht, zu leben hat, wenn er sein Ziel: die Gnade Gottes, erreichen will. Bei Luther ist der Anfang möglicher Änderung aber angelegt: insofern als er die Deutung freigibt: – was bedeutet diese oder diese Fabel? dürfte der Hausvater bei Tisch fragen – kann er nicht verhindern, daß das zur Auslegung aufgerufene »Gesind«, wenn auch unbewußt, seine Realinteressen artikuliert. Das Recht, das in der Sache liegt, setzt sich dann gegen seine manipulierende Fassung durch. »Knecht oder Magd« werden nicht immer mit der Behandlung des asinus in fabulam einverstanden sein, weil dessen fiktive Rolle zu sehr ihrer eigenen realen entspricht. In der Reflexion des Eselschicksals kann das unzufriedene Bewußtsein Klarheit gewinnen über die Rolle, die es im geschichtlichen Prozeß zu spielen gezwungen ist.

Den Fabeltheoretikern ist das Potential ihrer Gattung nur selten bewußt. Bei *Kirchhoff* am Eingang der Barockepoche blitzt es einmal auf, wenn er sagt, es gehe darum, »geitz, tyranney und andere ungerechtigkeit [zu] repellieren [zurückzuweisen]«. Diese Einsicht in eine zentrale Funktion des Genres bleibt jedoch peripher, wird zugestellt durch die Überlegungen, ob die Fabel legitimes rhetorisches Mittel des Predigers sei

(*Schupp* 1663, *Rauscher* 1690). Darüber werden, bes. im Barock, lange Untersuchungen durchgeführt.

Das Programm der Aufklärung ist in den Äußerungen von *Chr. Wolff* (1738), der einer der frühen bedeutenden Philosophen der Epoche ist, zumindest dort angedeutet, wo er davon spricht, es gehe um die »Eindämmung menschlicher Dummheit«. Die Fabel wird also eingereiht in die Werkzeuge, die nach dem Willen der Aufklärer eine Realisierung von Vernunft ermöglichen sollen. Zumindest der aufklärerischen poetologischen Theorie gelingt es aber kaum, dieses Vernunftrealisationsprogramm zu konkretisieren. Die Verbalisierungen bleiben auf einer sehr allgemeinen Ebene.

Der Schweizer *Breitinger* schreibt etwa (1740): »Der Fabulist ist ein moralischer Lehrer; seine Hauptabsicht ist die Erbauung und Verbesserung des Menschen.« In »Erbauung« steckt bestimmt viel Trost und als Übersetzung der Horazischen delectatio (aut prodesse volunt aut delectare poetae: die Dichter wollen entweder nutzen oder erfreuen)* kann es seine christliche Färbung nicht verleugnen. In »Verbesserung« ist aber ein zentrales Moment in den Absichten der Epoche genannt. Damit werden Tendenzen zusammengefaßt, die sich in den Fabeltexten selbst unterschiedlich konkretisieren. Es dient jedenfalls »die Fabel zum Unterricht des gemeinen bürgerlichen Lebens«. Was dies sein kann, muß die Lektüre der Fabeln zeigen, die Theorie verrät es nicht. Zu prüfen wäre, ob auch in diesem Genre »der Prozeß der Moral gegen die Geschichte«** geführt wird, also die Auseinandersetzung des Bürgers mit der absolutistischen Politik, von der er sich nicht länger will bevormunden lassen.

Die allgemeine Abhängigkeit poetischer Theorie von Horaz zeigt sich auch bei *Gellert* (1744), der ebenfalls vom »Nutzen«, aber schon statt von »Erbauung« vom »Vergnügen« spricht (was gegenüber der theologischen »Erbauung« einen mehr säkularen Charakter hat; freilich gleichzeitig damit einen höfisch-aristokratischen: es gehörte zu den Privilegien des Adels – im Unterschied zu den Bürgern – sich zu vergnügen). Bei Gellert ist die pädagogische Funktion voll artikuliert; er will »Gebildete«, »Jugend und den Pöbel«, das »weibliche Geschlecht« erziehen hin zu »Natur«, »Tugend« und »menschlichem« Verhalten. Das sind die zentralen Metaphern, in welche

---

* *Horaz*, Ars poetica, v. 333; Ausgabe bei Reclam S. 24
** *R. Koselleck*, Kritik und Krise, jetzt Frankfurt 1976, S. 9

die Aufklärer ihr kritisches, ihnen z. T. selbst nicht in seinen Konsequenzen bewußtes Programm kleideten. Besonders in der »Natur« hatte man eine Berufungsinstanz, die man gegen die deformierte Kultur und Zivilisation setzen konnte.

Interessant ist, daß die Aufklärungspoetologen aber kaum über die objektiven Inhalte reden, sondern die Seite des subjektiven Prozesses beschreiben, so etwa *L. H. Jacob* (1785): »sich durch Fabeln zu unterhalten, ist also dem noch rohen und bloß sinnlichen Menschen natürlich.« Damit wird auch Soziologisches gemeint, indem auf ganz bestimmte, niedere Bevölkerungsschichten hingewiesen wird, welche die Fähigkeit abstrakten Denkens nicht entwickeln. Es ist aber mehr eine psychologisch-erkenntnistheoretische Seite gemeint, wie es in dem Artikel von *Bardili* deutlich wird, der die Fabel der sinnlich-anschaulichen Erkenntnisart zurechnet. Durch diese von der Vermögenstheorie der Aufklärung (man sprach dem Menschen unterschiedliche Vermögen zu: z. B. empfinden, denken, wollen zu können) bestimmte Reflexion geraten die gesellschaftlich relevanten Gehalte aus dem Blickfeld.

Ein Grund für die geringe Beachtung dieses objektiven Momentes und die Wendung des Interesses auf subjektive Prozesse dürfte in einem zentralen Strukturmoment der Gattung liegen, das gegen Ende dieses Jahrhunderts die Fabel als traditionelles Genre in Schwierigkeiten bringen mußte: *Herder* schreibt 1801, die »Haushaltung der Natur« gehe »fort nach ewigen Gesetzen, in unveränderlichen Charakteren«. Das mag für die Natur tatsächlich gelten. So argumentiert auch *Chr. Fr. D. Schubart* in seinen »Ideen zu einer Ästhetik der Tonkunst«, 1784 in der Haft auf dem Hohenasperg verfaßt: »Das ewige Einerlei des Vogelgesanges ist [...] ermüdend [...]. Die Schwalbe auf unserer Dachrinne zwitschert noch heute wie zu Adams Zeiten; die steigende Lerche singt noch jetzt über dem Haupte des Pflügers, wie sie sang über dem Haupte Abels des Schäfers; und die Nachtigall gluckt zu unseren Zeiten nicht anders, als sie dem (ersten) liebenden Paare auf dem Schattenhain Edens zugluckte.«* Die Natur, die als konstant gewußt wurde, sollte aber doch Ausdruck geänderter gesellschaftlicher Verhältnisse sein. Oder: die Argumentationsstärke des Genres ist dann geschwächt, wenn die Natur als unveränderbar, geschichtslos gedacht, die menschlichen, gesellschaftlichen Verhältnisse aber als sich ändernd erfahren werden. Schwierig

---

* Ausgabe von J. Mainka, Leipzig 1977, S. 35

wird es also, wenn die traditionell typisierte Natur (der Esel als der Unterlegene) als Bildgeber in Widerspruch gerät zur Gesellschaft, die sie symbolisch-allegorisch repräsentieren soll. Die Theoretiker haben diesen Vorgang kaum beschrieben und dort, wo er in den Texten selbst seine Wirkung zeigt (z. B. bei *Lessing*) nicht auf den Begriff gebracht. Die Rollenänderung (bei Lessing etwa wird das Lamm nicht mehr vom Wolf gefressen) wird als pur ästhetische Innovation erlebt, deren gesellschaftlich-geschichtliche Komponente unerkannt bleibt.

Diese war dem Fabeldichter *Krummacher* (1810) wieder bekannt; er lokalisiert die Produktion von Fabeltexten in den Zeiten, »wo es dem Menschen noth that, sich seiner Freiheit bewußt zu werden [...], wo die Idee der Freiheit unantastbar von der Nothwendigkeit bewahrt würde«. Krummacher weist auf die geschichtstheoretische Dimension hin, ohne die eine befriedigende Beurteilung einer theoretischen (oder auch poetischen) Aussage nicht möglich ist.

Die Komplexität einer Beschäftigung mit der tradierten Fabeltheorie ist damit deutlich: die einzelnen Texte sind als Ausdruck ihrer Zeit zu lesen, als historisch bedingte Aussagen, nicht als unvermittelte Erfassung der Sache selbst. Sie müssen vom Interpreten oft gegen das Bewußtsein der Autoren auf ihren Wahrheitsgehalt hin erst untersucht werden.

Eine solche Untersuchung ist kritisch, indem sie den Ort eines Theorems innerhalb der geschichtlichen Entwicklung zu bestimmen versucht. In den vorstehenden Bemerkungen konnte nur an einzelnen Stücken angedeutet werden, was eine solche Reflexion zu leisten hätte. Betont werden soll hier nur noch, daß gerade bei den poetologischen Texten zur Fabel der Interpret nicht mit dem zufrieden sein kann, was dasteht. Der hermeneutische Kanon: daß verstehen heiße, einen Autor besser zu verstehen als er sich selbst verstand, kann nicht ohne Gefahr vergessen werden.

ULRICH BONER, DER EDELSTEIN (1349/50)

Von dem Anvange diss Buoches (Auszug)

[...] – Wunderlîcher got,
verlîch uns, daz wir dîn gebot
behalten nâch dem willen dîn,
und vrî vor allen sünden sîn,
und wir erkennen die getât,
die dîn hant geschaffen hât,
die du uns, hêrre, hâst gegeben
zeim spiegel, daz wir unser leben
richten ûf den hôhen grât
der tugenden und der êren phat:
wan uns lêrt alle krêatûr,
si sî denn guot oder sûr,
daz man dich, hêrre, minnen sol.
  Ez sprechent ouch die meister wol:
»mê denne wort ein bîschaft tuot!«
diu sterket manges menschen muot
an tugenden und an sælekeit.
guot bîschaft treit der êren kleit,
guot bîschaft kestigt wilden man,
guot bîschaft vrouwen zemen kan,
guot bîschaft zieret jung und alt,
recht als daz grüene loup den walt.
  Dâ von hab ich, Bonêrius,
bekümbert mînen sin alsus,
daz ich habe mange bîschaft
gemacht, ân grôze meisterschaft,
ze liebe dem erwirdegen man
von Ringgenberg hêrn Jôhan,
ze tiutsch mit slechten worten,
einvalt an allen orten,
von latîne, als ich ez vant
geschriben. des hât mich ermant
ein wort, daz ich gelesen hân:
»schade und schande ist müezig gân.«
wer müezig gât, dem wirt sîn gelt:
der lîp, der tiuvel und diu welt
im nement guoter werken kraft.

1　　　Ich acht ouch nicht, waz iemen klaft
　　　mit hazzer zungen wider mich:
　　　sît doch, die bezzer sint denn ich,
　　　von bœsen zungen manigvalt
5　　　(ez sî denn jung oder alt)
　　　spot dicke müezent lîden,
　　　wie sölt mich denn vermîden
　　　manger hazzen zungen gift,
　　　diu niemer niut wan argez stift?
10　　doch mîn lîden schetz ich klein.
　　　　Diz büechlîn mag der edelstein
　　　wol heizen, wand ez in ihm treit
　　　bîschaft manger kluogkeit,
　　　und gebirt ouch sinne gout,
15　　alsam der dorn die rôse tuot.
　　　wer niht erkennet wol den stein
　　　und sîne kraft, des nutz ist klein.
　　　wer oben hin die bîschaft sicht
　　　und inwendig erkennet nicht,
20　　vil kleinen nutz er dâ von hât,
　　　als wol hie nâch geschriben stât.
　　　daz merkent vrouwen unde man!
　　　alsus vâhet daz büechlîn an.

Von einem Hanen und einem edelen Steine
25　*Von Unerkantnisse*

　　　　Von geschicht ez alsô kan
　　　eines tages, daz ein han
　　　vlouc ûf sînes meisters mist.
　　　daz selb dik mê beschehen ist:
30　　er suochte sîne spîse,
　　　sam tuot ouch noch der wîse.
　　　er vant, daz in niht vil beschôz,
　　　einen stein edl unde grôz
　　　ligen unwirdiglîche.
35　　er sprach: »got, hêrre rîche!
　　　wie hân ich mînen vunt verlorn!
　　　mich nuzte baz ein gerstenkorn,
　　　denn du. du bist niut nütze mir.
　　　waz nützest mich? waz sol ich dir?
40　　wizzest, daz mich nicht vürtreit
　　　dîn schœni noch dîn edelkeit.

haete dich meister Ypokras,
der könde dîn geniezen baz,
dann ich; du bist mir unerkant.«
der han warf hin den stein zehant,
wand er was im gar unwert;
ein haberkorn hæt er begert
vil mê.
  Dis bîschaft sî geseit
dem tôren, der sîn kolben treit,
der im ist lieber denn ein rîch.
dem tôren sint al die gelîch,
die wîsheit, kunst, êr unde guot
versmâhent durch ir tumben muot;
die nützet nicht der edel stein.
eim hunde lieber ist ein bein,
denn ein pfunt, daz gloube mir.
alsô stât ouch der tôren gir,
ir sitte und ir gebêrde
ûf üppekeit der erde.
si erkennent nicht des steines kraft,
noch minr, waz in der bîschaft
verborgen guoter sinnen ist,
dar zuo vil manger hôher list:
die den narren vrömde sint.
gesehende sint die narren blint.
der tôre der sol vür sich gân
und sol die bîschaft lâzen stân:
im mag der vrüchte werden nicht,
recht als dem hanen im beschicht.

HEINRICH STEINHÖWEL

Einleitung zum Esopus (1476) (Auszug)

  Das leben des hochberümten fabeldichters Esopi [...] etliche
ergeczlikait dar uß ze enpfachen, die ouch nuczlich ist, wa sie
[die Fabeln] verstentlich werdent gelesen nach der lere sancti
Basilii, daz der leser dises büchlins verstentnüs habe der pinen
gegen den pluomen, die der ußern farben nit acht habent, sunder suochent sie die süssikait des honigs und den nucz des
wachs zuo ierem buw, daz niement sie hindan, und laußent das
übrig taile des pluomen ungelezet. Also wer das büchlin lesen
wil, der sol die farb der pluomen, das ist die märlun oder fa-

beln, nit groß achten, sunder die guoten lere, dar inn begriffen, zuo guoten sitten und tugend ze lernen und böse ding ze schüchen lerende uß sugen und an sich niemen ze narung und spys des gemüts und des lybs. Wann welche das nit tuond, sonder diß büchlin allain von der märlin wegen lesen wöllent, die bringent nit mer dar von, wann der han von dem edeln gestain, der lieber ain gersten körnlin funden het, als die erst fabel Esopi lert. Hie wirt ouch allain die gemain ußlegung nach schlechtem tütsch ungerymt geseczet, nit wie sy vor in tütschen rymen geseczet sint, umb vil zuogelegte wort zemyden und uf das nächst by dem text, wie oben stat, zu belyben.

So ich aber von den fabeln Esopi sagen wil, so ist vor ze merken, waz ain fabel genemmet sye. Darumb wiße, daz die poeten den namen fabel von dem latinischen wort fando habent genomen, daz ist ze tütsch reden, wann fabel synt nit geschechene ding, sonder allain mit worten erdichte ding, und sint darumb erdacht worden, daz man durch erdichte wort der unvernünftigen tier under in selber ain ynbildung des wesens und sitten der menschlichen würde erkennet. Und der erst finder der fabel oder glichnus ist gewesen der maister Alemo Crotoniensis, und synt mancherlay fabeln. Etlich haißent Esophice, wann der selb maister Esopus der ist in Frigia der wirdigest gehalten worden, und sind die, wa die unvernünftigen tier, die nit reden kündendt, mit ain ander redent, oder andere ding, die nit enpfindende sel hant, als baum, berg, stain, waßer, stet, dörfer und des gelichen. Die ander fabel haißen Libistice, das sind die gedichten fabeln, in dienen die menschen mit den tieren redent oder herwiderumb. Die poeten haben ouch ettlich fabel getichtet, darumb daz sie lustig syent ze hören und die sitten der menschen und ihr wesen beschrybent, sich dar uß ze beßern. Als Terentius und Plautus geton habent. Ettlich daz sie die natur verglychten, als so sy erdichtent, daz Vulcanus, der got des füres, krump und hinckend sye, wann das füwr ist von syner natur nümer gerad, sonder allweg krump. Und des gelych die trygestaltig bestia chimera haben sy gedichtet, daz sie vornen ain leo sye, in der mitt ain bock und daz letst ain drack, ze bedüten die dry tail des menschen lebens, wann der erste tail des menschen leben ist fraidig und grülich als ain leo, und ist die iugend. Der ander tail ist ain gaysbok, der haut ain über scharpfe lutre gesicht, und bedüttet den mitteln tail des menschen lebens, wann die selben zyt synt die menschen fürsichtig und waz beträchtig ierer werck. Der letst ist ain trak und bedüttet daz alter, wann wie sich der wurm krümet und in mangerlay knöpf schlinget, also stat dem alten mangerlay ungemaches zu und verworren knöpf. Des glychen hannd die poeten tier dichtet, Ypocentaurus genemmet, die halb menschen und halb pferd synt, ze betüten die kürczy des lebens, daz schnell und ylend hin loffet, als die pfärd. Ettlich die sitten der menschen ze bewysen, als in der fabel Oracii redt ain mus mit der andern und die wisel mit dem fuchs, und werdent alle sölich fabeln erdichtet, nicht daz es also beschehen sye, sonder ze betütten menschlichs wesen und leben; also sint die fabeln Esopi uf die sitten der menschen geordnet. Und wir finden des glychen in dem buoch der richter, do di boum ains künigs begerten, und redten mit dem ölboum, figenboum, winreben und brunber studen, das beschicht ye alles, die sitten der menschen ze betütten, daz man durch erdichte ding zuo der warhait, der man begerend ist, komen müge. Also hat ouch Demoscenes der houch wollered maister ze Athenis getaun gegen dem künig Philippo, do er von den burgern ze Athenis begeret im zehen die wysesten zesenden, so wölt er von der statt ziehen, die von im belegert was. Do dichtett er die fabel, wie der wolff von dem hirten begeret der hund, so wòlte er frid mit den schauffen halten, da mit wolt er widerraten, daz der künig het begeret, als die fabel in dem leben Esopi uß wyset, wann ze glycher wys (sprach der maister) wie der wolf von dem hirten der hund begeret, darumb daz er die schauf dar nauch on sorge möchte würgen, also begeret der künig Philippus, im über wysen houptlüt ze senden, daz er üch hin für dester lychter möchte nider drucken und vernichten, so die hüter von üch käment. Fürbas so merck den underschaid under fabel, histori und argument. Hystorie synt ware beschechene ding. Argumenta synt die, ob sie nit beschechen sind, so ist doch müglich, daz sie beschechen, als die comedi Terentii und etlich Plauti und der selben glych. Fabel sint die, die nicht beschehen synt noch müglich sind ze beschechen, wann sy synt wider die natur. Nun komen wir an das leben Esopi in latin. [. . .]

Esopus ist alle zyt synes lebens über flyßig zuo der lernung gewesen; von dem glück aigner knecht uß der gegent Phrigia, dar inn Troya gelegen ist, von Ammonio dem wyler geboren. Er het für andere menschen ain langes ungestaltes angesicht, ain großen kopf, gespuczte ougen, swarczer farb, lang backen, ain kurczen hals, groß waden, brait füß, ain großes mul, fast hoferot, zerbläten buch und das an im das bösest was, er hett ain überträge zungen, darumb er ser staczget. Aber mit lüsten, geschydikait und mangerlay schimpfkallen was er über die maus begaubet. Als aber syn herr mercket, daz er zuo burgerlichen wercken untouggenlichen was, sendet er in yn das göu, das feld zebuwen. Uff ainen tag, als der herr in das gö geritten was, samelt der mayer des hofes zytig fygen, und antwurt die dem herren und sprach: Herr, nim hin die ersten frucht dises iares von dinen äckern. Der herr waz fro und sprach: By hail, daz sind uber schön fygen, und schuof mit synem knecht Agatopo, daz er die fygen neme und die behielte, bis daz er wider uß dem bad käme. Von geschicht fügt sich, daz Esopus von akker kam, syn täglich brot ze holen nach syner gewonhait. Agatopus, dem die fygen waurend befolhen, als er zwo von den selben versuocht het, sprach er zuo sinem mitgesellen: Wann ich minen herren nit fürchtet, ich wölte die fygen alle eßen, daz nit aine über belibe. Da sprach syn gesell: Laust du mich mit dir eßen, so gib ich ain weg, daz uns kain übel daur umb begegnet. Do sprach Agathopus: Wie möchtt das gesyn? Antwurt er: Wann der herr von bad komet, so sprich zu im: O herr, Esopus, als er von acker kommen ist, haut die fygen alle geeßen. So sich aber Esopus von trägi wegen syner zungen nit kan versprechen, so würt er geschlagen, und werden wir unsern lust mit den fygen erfüllen. In den wylen, als sie der ding aines wurden, außen sie die fygenn aine nach der andern und sprachen under in selber: O du armer Esope, wee dynen schultern! Also wurden die fygen alle von in geeßen. Als aber der herr von dem bad komen was, begeret er im die fygen für ze seczen; sprach Agathopus: O myn herr! da Esopus heut von acker kam umb das brot, als er den keler offen fand, da gieng er hin yn und haut on alle vernunft die fygen alle geeßen. Do das der herre höret, ward er in zorn bewegt und sprach: Bald laßen mir Esopum berüffen! Als er aber komen was, sprach der herr zuo im: Sag mir, du schalckhaffter knecht, haust du nit mer sorg uff mich, wann daz du so geturstig bist, das du alle fygen äßest, die mir in den keler behalten worden sint? Von den selben wortten erzittert Esopus, und als er von unschicklihaitt syner zungen sich nicht verantwürten kundt, betrachtet er in im die sachen, wie sie an in selber beschechen warent, und wendet syne ougen gegen denen, die in gegen dem herren der fygen hettent geschuldiget. Als im aber der herr die klaider hieß abziehen, in mit ruoten ze schlahen, fiel er dem herren für die füß und so vil er heruß bringen mocht begeret er klainer frist, sine unschuld ze erzaigen. Und so bald im die gegeben ward, brachtt er warmes waßer, das von geschicht by dem füwer stund, und goße das in ain beky und trancke des ainen großen

trunck, und über ain klaine wyl stieß er syne finger in den
mund und goß wider uß synen magen daz luter waßer, das er
getruncken het, wann er den selben tag on das waßer kain ander spys hette genommen. Da bat er den herren, daz er syne
dargeber och also hieß waßer trincken; das beschach, und als
sy daz waßer getruncken hetten, wurden sy unwillen und huoben die hand für ire mund, daz sie nit undöuten. Aber als der
mag von der werme des waßers wart entschicket, da schütet er
die fygen mit dem waßer uß im. Als der herr das ersah, keret
er sich gegen inen und sprach: Warum haben ir gelogen uf den,
der nit reden mag? und ließ inen ire klaider abziehen vor
mengklichem und offenlich mit ruten schlahen, und sprach:
Welcher under üch allen den andern listenlichen understat ze
veruntrüwen, desselben hut sol mit sölichem lon geziret und
begabet werden. An dem andern tag dar nach zoget der herr
wider in die stat, und uff die zyt, als Esopus in dem acker rütet, kam zuo im gegangen ain priester der göttin Ysidis, der des
wegs in die stat verirret was, und fraget in bittende des rechten
wegs in die stat ze gan. Esopus empfieng in frölich und füret
in by syner hand under ainen figen boum und hieß in siczen
und seczet im für brot, ölber, figen und dacktelkern, und bat
in ze eßen und gieng zuo ainem brunnen und schöpffet im dar
uß ze trincken; dar nach nam er in by der hand und füret in
uff den rechten weg. Do das beschach, hub der priester uf syne
hand gegen dem himel und bat für Esopo, als für den, von dem
er so miltiglich und wol enpfangen waz. Esopus gieng wider
uff den acker, und als die groß hicz des tages worden waz, leget er sich schlauffen an dem schatten under ainem boum, als
gewonhait was. Da erschien im die göttin der wirtschaft Ysis
und begabet in mit wyßhait und scherpffin der zungen, ouch
mit geschicklichait ze finden mangerlay und fremde fabel, als
dem, der sy gütenclich in demütikait hette beherbergt. [...]

MARTIN LUTHER

Vorrede zu Ettliche Fabeln aus Esopo, von D. M. L. verdeudscht, sampt einer schönen Vorrede, von rechtem Nutz und Brauch desselben Buchs, jederman wes Standes er auch ist, lüstig und diensdich zu lesen. (1530)

DIs Buch von den Fabeln oder Merlin ist ein hochberůmbt
Buch gewesen bey den allergelertesten auff Erden, sonderlich

unter den Heiden. Wiewol auch noch jtzund, die Warheit zu sagen, von eusserlichem Leben in der Welt zu reden, wůsste ich ausser der heiligen Schrifft nicht viel Bůcher, die diesem uberlegen sein solten, so man Nutz, Kunst und Weisheit und nicht hochbedechtig Geschrey wolt ansehen. Denn man darin unter schlechten Worten und einfeltigen Fabeln die allerfeineste Lere, Warnung und Unterricht findet (wer sie zu brauchen weis), wie man sich im Haushalten, in und gegen der Oberkeit und Unterthanen schicken sol, auff das man klůglich und friedlich unter den bôsen Leuten in der falschen, argen Welt leben můge.

DAs mans aber dem Esopo zuschreibet, ist meins achtens ein Geticht, und vieleicht nie kein Mensch auff Erden Esopus geheissen, Sondern ich halte, es sey etwa durch viel weiser Leute zuthun mit der zeit Stůck nach Stůck zuhauffen bracht und endlich etwa durch einen Gelerten in solche Ordnung gestelt, Wie jtzt in Deudscher sprach etliche môchten die Fabel und Sprůche, so bey uns im brauch sind, samlen, und darnach jemand ordentlich in ein Buch fassen, Denn solche feine Fabeln in diesem Buch, vermôcht jtzt alle Welt nicht, schweig denn ein Mensch, erfinden. Drumb ist gleublicher, das etliche dieser Fabeln fast alt, etliche noch elter, etliche aber new gewesen sind zu der zeit, da bis Bůchlin gesamlet ist, wie denn solche Fabeln pflegen von jar zu jar zuwachssen und sich mehren, Darnach einer von seinen Vorfaren und Eltern hôret und samlet.

UNd Quintilianus, der grosse scharffe Meister uber Bůcher zu urteilen, helts auch dafůr, das nicht Esopus, sondern der allergelertesten einer in griechischer Sprach, als Hesiodus oder desgleichen, dieses Buchs Meister sey, Denn es důnckt jn, wie auch billich, unmůglich sein, das solcher Tolpel, wie man Esopum malet und beschreibet, solte solch Witz und Kunst vermůgen, die in diesem Buch und Fabeln funden wird, und bleibt also dis Buch eines unbekandten und unbenanten Meisters. Und zwar, es lobet und preiset sich selbs hôher, denn es keines Meisters name preisen kôndte.

DOch môgen die, so den Esopum zum Meister ertichtet haben und sein Leben dermassen gestellet, vieleicht Ursach gnug gehabt haben, nemlich, das sie als die weisen Leute solch Buch umb gemeines Nutzes willen gerne hetten jederman gemein gemacht (Denn wir sehen, das die jungen Kindern und jungen Leute mit Fabeln und Merlin leichtlich bewegt) und also mit lust und liebe zur Kunst und Weisheit gefůrt wůrden, welche lust und liebe deste grôsser wird, wenn ein Esopus oder derglei-

chen Larva oder Fastnachtputz fůrgestellet wird, der solche
Kunst ausrede oder fůrbringe, das sie deste mehr drauffmerk-
ken und gleich mit lachen annemen und behalten. Nicht allein
aber die Kinder, sondern auch die grossen Fůrsten und Herrn
kan man nicht bas betriegen zur Warheit und zu jrem nutz,
denn das man jnen lasse die Narren die Warheit sagen, dieselbigen kőnnen sie leiden und hőren, sonst wőllen oder kőnnen
sie von keinem Weisen die Warheit leiden. Ja, alle Welt hasset
die Warheit, wenn sie einen trifft.

DArumb haben solche weise hohe Leute die Fabeln erticht
und lassen ein Thier mit dem andern reden, Als solten sie sagen, Wolan, es wil niemand die Warheit hőren noch leiden,
und man kan doch der Warheit nicht emberen, So wőllen wir
sie schmůcken und unter einer lůstigen Lůgenfarbe und lieblichen Fabeln kleiden, Und weil man sie nicht wil hőren, durch
Menschen mund, das man sie doch hőre, durch Thierer und Be-
stien mund. So geschichts denn, wenn man die Fabeln lieset,
das ein Thier dem andern, ein Wolff dem andern die Warheit
sagt, Ja zuweilen der gemalete Wolff oder Beer oder Lewe im
Buch dem rechten zweifůssigen Wolff und Lewe einen guten
Text heimlich lieset, den jm sonst kein Prediger, Freund noch
Feind lesen důrffte. Also auch ein gemalter Fuchs im Buch, so
man die Fabeln lieset, sol wol einen Fuchs uber Tisch also an-
sprechen, das jm der Schweis mőchte ausbrechen, und solte wol
den Esopum gern wőllen erstechen oder verbrennen. Wie denn
der Tichter des Esopi anzeigt, das auch Esopus umb der Warheit willen ertődtet sey und jn nicht geholffen hat, das er in
Fabeln weise als ein Narr, dazu ein ertichter Esopus, solche
Warheit die Thier hat reden lassen, Denn die Warheit ist das
unleidlichste ding auff Erden.

AUs der Ursachen haben wir uns dis Buch fůrgenomen zu fegen und jm ein wenig besser Gestalt zu geben, denn es bisher
gehabt, Allermeist umb der Jugend willen, das sie solche feine
Lere und Warnung unter der lieblichen gestalt der Fabeln
gleich wie in einer Mummerey oder Spiel deste lieber lerne und
fester behalte. Denn wir gesehen haben, welch ein ungeschickt
Buch aus dem Esopo gemacht haben, die den Deudschen Esopum, der fůrhanden ist, an tag geben haben, welche wol werd
weren einer grossen Straffe, als die nicht allein solch fein nůtzlich Buch zu schanden und unnůtz gemacht, sondern auch viel
Zusatz aus jrem Kopff hinzu gethan, Wiewol das noch zu leiden were.

DArüber so schendliche, unzüchtige Bubenstück darein gemischt, das kein zůchtig, from Mensch leiden, zuvor kein jung Mensch one schaden lesen oder hören kan. Gerad als hetten sie ein Buch in das gemein Frawen haus oder sonst unter lose Buben gemacht. Denn sie nicht den Nutz und Kunst in den Fabeln gesucht, sondern allein ein Kurtzweil und Gelechter daraus gemacht, Gerade als hetten die Hochweisen Leute jren trewen grossen vleis dahin gericht, das solche leichtfertige Leute solten ein Geschwetz und Narrenwerck aus jrer Weisheit machen. Es sind Sew und bleiben Sew, für die man ja nicht solt Berlen werffen.

DArumb so bitten wir alle frome Hertzen, wöllen denselbigen Deudschen schendlichen Esopum ausrotten und diesen an sein stat gebrauchen. Man kan dennoch wol frölich sein und solcher Fabel eines des Abends uber Tisch mit Kindern und Gesind nützlich und lüstiglich handeln, das man nicht darff so schampar und unvernünfftig sein wie in den unzüchtigen Tabernen und wirtsheusern. Denn wir vleis gethan haben eitel feine, reine, nützliche Fabeln in ein Buch zubringen dazu die Legend Esopi.

WAs sonst nutz und nicht schedliche Fabeln sind, wöllen wir mit der zeit auch, so Got wil, leutern und fegen, damit es ein lustiger und lieblicher, doch erbarlicher und züchtiger und nützlicher Esopus werde, des man one Sünde lachen und gebrauchen könde, Kinder und Gesind zu warnen und unterweisen auff jr zukünfftiges Leben und Wandel, Daher er denn von anfang ertichtet und gemacht ist.

UNd das ich ein Exempel gebe der Fabeln wol zu gebrauchen: Wenn ein Hausvater uber Tisch wil Kurtzweil haben, die nützlich ist, kan er sein Weib, Kind, Gesind fragen, Was bedeut diese oder diese Fabel? und beide, sie und sich darin üben. Als die fünffte Fabel vom Hund mit dem Stück Fleisch im Maul bedeutet, wenn einem Knecht oder Magd zu wol ist, und wils bessern, so gehets jm wie dem Hund, das sie das gute verlieren und jenes bessere nicht kriegen. Jtem, wenn sich ein Knecht an den andern hengt und sich verfüren lesst, das jm gehe wie dem Frosch an der Maus gebunden, in der dritten Fabel, die der Weihe alle beide fras, Und so fort an in den andern Fabeln mit lieb, mit leid, mit drewen und locken, wie man vermag, One das wir müssen das unser bei jnen thun.

Torheit. Vom Han und Perlen

EIn Han scharret auff der Misten und fand eine köstliche Perlen. Als er dieselbigen im Kot so ligen sahe, sprach er, Sihe, du feines Dinglin, ligstu hie so jemerlich, Wenn dich ein Kauffmann fünde, der würde dein fro, und du würdest zu grossen Ehren komen. Aber du bist Mir und Ich dir kein nütze. Ich neme ein Körnlin oder Würmlin und lies eim alle Perlen. Magst bleiben, wie du ligst.
              Lere.
DIese Fabel leret, das dis Büchlin bey Bawren und groben Leuten unwerd ist, wie denn alle Kunst und Weisheit bey den selbigen veracht ist, Wie man spricht, Kunst geht nach Brod. Sie warnet aber, das man die Lere nicht verachten sol.

ERASMUS ALBERUS

Widmungsvorrede zu der Hagenauer Ausgabe des Buoches von der Tugend und Weisheit (1534) (Auszug)

[...] Ich achte es aber nit von nöten sein viel zu schreiben von dem nutz vnd brauch der fabeln, sintemal ein yeglicher zimlichs verstands weiß, daß man auß den fabulis Moralia lernet, vnd wie die gleichnissen und parabole einen großen verstandt vnd liecht geben, also das kein besser weiß zu leren ist, dann durch parabolas, vnd Christus unser herr selbst lust gehabt durch gleichnissen sein Euangelium zu leren, also sind die Fabulae den gleichnissen nit ser vnehnlich on daß die parabole ernsthafftiger sind, die fabulae aber leren gute sitten vnd tugende schimpffs weiß und lachends munds [...]

Widmungsvorrede zur Frankfurter Ausgabe von 1550 (Auszug)

[...] ES haben alle verstendige leute für gut angesehen vnd gelobt, das man die einfeltigen durch Fabeln, oder gedicht, vnd gleichnisse vnderweise, vnd haben recht verstanden, das, wie andere Creaturen dem dienen sollen, der sie geschaffen hat, also soll man auch der Fabeln vnd gleichnissen darzu gebrauchen, das die leute dadurch gebessert werden. Das ich aber den Fabeln die Gleichnissen gleich mache, ist die vrsach, das die Fabeln nichts anders sind, dann liebliche Gleichnissen, vnd eben dasselb außrichten, das die Gleichnissen thun.

Und solche weise zu leren, wirdt auch darumb so ser gelobt, weil dadurch bey dem albern Volck viel mehr außgerichtet wirdt, dann durch strenge gebott. Dann wie die årtzte, bittere tranck oder Specerey mit zucker oder honig dem krancken eingeben, auff das er kein abschewens dafůr habe, also muß man des menschen verderbten natur vnd vnuerstand mit den holdseligen Fabeln, Bildern, vnd Gleichnissen helfen.

Vnd gleich wie man den Kindern, so wůrm im leib haben, das bitter wůrmmeel mit honig eingibt, also muß man vns arme groben, halßstarrige Leut, mit fabeln vnd bildern betriegen vnd fangen, dann sie gehn sůß ein wie zucker, vnnd sind gut zubehalten. Sie sind wie ein liecht an eim dunckeln ort, Darumb sich auch heilige Leut vnd Propheten nit schemen, in jrer lere Gleichnissen vnnd bilder zubrauchen, ja vnser lieber Herr Christus (der die ewige weißheit Gottes ist) hat selbst sein heiliges Euangelium durch Gleichnissen gelert.

Dagegen hat der Teuffel auch seine Fabeln, als der Stationierer vnd Mönche lůgen im Bapstumb, Machomets Alcoran, vnnd der Jůden Talmůdische Fabeln, die niergend zu dienen, dann das sie des Teuffels Reich mehren, vnnd die Leute von GOTT vnd der warheit fůhren. Aber vnsere Fabeln dienen dem, der sie gegeben hat, vnd preisen sein lob vnd ehr, leren tugend vnd gute sitten, vnd bringen grossen nutzen.

Liuius im ersten buch, Decade secunda schreibt, das Menenius Agrippa die bůrger zu Rom mit dem Rath durch die Fabel vom Bauch vnd den andern gliedern, vereiniget habe. Desgleichen hat Themistocles die Bůrger zu Athen mit dem Rath durch ein Fabel zufrieden gestellt.

Im buch der Richter cap. 9. braucht auch der fromme Jothan ein Fabel, da er den gotlosen Sichimitern jre vndanckbarkeit fůrwirfft, vnd die zukůnfftige straff verkůndiget. Die Båume (spricht er) giengen hin, das sie ein König vber sich salbten, vnd sprachen zum Olebaum, sey vnser König etc.

Dergleichen Fabeln sind auch vor zeiten fůr die einfeltigen Christen gedicht, vnd hernach durch vngeschickte Leute mißbraucht worden, als vom Tondalo, der mit einer schweren bůrden auff eim schmalen wege gehet, bedeut das arm gewissen mit sůnden beschwert. Vom Ritter S. Georgen, der den Drachen vmbbringet, vnd des Königs tochter erret, bedeut das Christus den Satan vberwindt, vnd erlöst die arme sele. Mag auch wol bedeuten ein fromme Oberkeit, so jhr volck beschirmet fůr den Tyrannen vnd bösen buben. Von S. Christoffeln, der mit dem kind Christo durchs vngestůmme Meer geht, be-

deut, das ein Christen durch viel trůbsal in Gottes Reich
kumpt. [...]

JOHANNES MATHESIUS

Die siebende predig von Jothans Mehrlein (1563) (Auszug)

GEliebten freunde im Herren / nach dem wir die Bergpre-
digten / auff disem ewerm Bergfest / etlich jar her verrichtet /
wöllen wir heut inn Doctor Luthers Historien fortfaren / vnd
der zeyt jr recht thun / vnd damit wir etwas lustigs vnd lieb-
lichs fůr vns nemen / vnd deste bequemlicher von des Herrn
Doctorn Esopo reden können / solt jr zum eingang ein altes
mehrlein hören / welches der heylig Geyst in sein heylige Bibel
hat auffschreiben vnd auff vns bringen lassen.

Da Jotham Gideonis oder Jerubbaals Son / die Judenschafft
straffen wolte / das sie seines Vattern / jres trewen Regenten /
so bald vergassen / vnnd sich grewlich an seinen 69. Sönen ver-
griffen / vnnd ein losen Mann zum Regenten auffwarffen /
sagt er jenen dise Fabel / welche am 9. capitel des buchs der
Richter / durch den heyligen Geyst auffgeschrieben ist.

Spricht Jotham: Höret jr Menner zu Sichem / das euch Gott
wider höre / Die beume wolten ein König vber sich salben /
vnnd sprachen zum ölbaum: Sey vnser König / Aber er antwort / sol ich meine fettigkeyt lassen / die beyde Gott vnd
menschen an mir preysen / vnnd vber die beume herrschen? Da es
der ölbaum also abschlug / liessen sies an Feygenbaum gelangen
/ der wegert sichs auch / den vndanckbarn beumen zu wilfaren
/ Sol ich meine süssigkeyt vnnd gute früchte lassen / vnnd vber
die beume schweben? Drauff sprachen die beume zum Wein-
stock: Sey du vnser König / Er entwort: Solt ich meinen most
lassen / der Gott vnd menschen frölich macht / vnnd ein Re-
gent vber euch sein? das ist mir nicht zu rathen. Drumb wehlen die beume den Dornstrauch / Jsts war vnnd meint jrs
ernstlich / das ich ewer Herr soll sein / sagt der stachlicht Re-
gent / so kombt vnd vertrawt euch alle vnter meinen schatten /
wo nicht / so gehe fewer auß dem Dornbusch / vnd verzere die
Cedern Libanon.

Diß ist Jothams fabel / des weysen Mannes vnnd grossen
Regenten / vnd leiblichen Heylandes inn Israel / Gideons Son /
die ich euch herzele / damit jr sehet / das der heylig Geyst jm
auch die weyse gefallen lesset / wenn kluge leut mit verdeckten
vnnd verblůmbten reden / vndanckbaren vnnd vngeschlachten

leuten predigen / vnnd das die weysesten auff erden / beyde vnter Jůden vnnd Heyden / auch inn der Christenheyt / sich sehr gerne auff dise art beflissen / vnnd die höchste weißheyt / nach Gottes wort / in solch bildwerk vnnd gemelde der vnuernůnfftigen Creaturen vnd Thierlein gefasset / vnnd den leuten fůrgehalten haben.

Hierauß / hoffe ich / werd jr mich auch heut entschuldigt wissen / der ich des Herrn Doctors Esopi / vnd seines fleyß / so er an die kluge vnd vernůnfftige fabeln gewendet / zur Faßnacht gedencke.

Denn als vnser Doctor nun vil jar / wie jr gehört / wider die Můnch vnnd Schwermer hefftig gestritten / vnd sich mit predigen vnd dolmetschung inn der heyligen Bibel abgearbeyt / vnnd sehr ein schwaches heuptlein bekam / wie er auß Coburg schreibet / da er sich diser arbeyt vnterfienge / will er sich auch / wie grosse leut pflegen / ein wenig erquicken vnd erlustern / Drumb weyl er mercket / das der heylig Geyst inn seiner Bibel auch vernůnfftige vnd weyse mehrlein schreiben lesset / vnnd die alten gerne solche verdeckte vnd vermentelte warheyt vnd weyßheit mit Thierleins heutlein vnnd sprůchen vberzogen / vnnd weyse leut ein eygen fabel buch / mit grosser vernunfft zusammen gebracht / welches nun durch grobe vnd vnuerstendige leute / mit vngeschickten vnd vnzůchtigen reden vnd mehrlein vermenget vnd besudelt were / Nimmet er zu Coburg gelegenheyt / nach essens den alten Deutschen Esopum fůr sich / vnd reiniget vnd schmůcket jn mit guten vnd derben Deutschen worten / vnnd schönen außlegung oder sitlichen lehren / vnd machet 16. schöner Fabel / die steck voller weißheyt / guter lehr / vnnd höflicher vermanung sein / vnnd wunder schöne bilder vnnd contrafecturn haben / *de casibus mundi,* wie es inn der Welt / inn Regimenten vnd Haußwesen / auff erden pfleget zuzugehen.

Wie er auch solchs sein angefangen lustig vnd nůtzlich werck / mit einer sehr gelerten Vorrede zieret / darinn er frey bekennet / das nach der heyligen schrifft / die feinste weltweyßheyt in vernůnfftigen fabeln zu finden ist / wer allein den selben mit fleyß nachdencke. Denn vnter den Thierlein vnnd Beumlein finde man das rechte Berlein der Welt weißheyt / gleych wie der Han im miste ein edles steinlein fand / Wol denen die es kennen / vnd recht vnd bequemlich / zu gelegner zeyt / vnnd an gebůrlichen orten / geschickerlich zu brauchen wissen.

Denn wie der Königkliche Prophet Dauid / sein Pselterlein

inn dem ersten Psalm / welchs des Psalters Vorred ist / preyset / Also hab auch der Meister / so die fabeln zusammen geklaubet / in der ersten fabeln diß buch loben / vnnd den leuten befelhen wöllen. Ob wol Bauren vnd vnuerstendige / die weißheyt so inn die fabeln verstecket / nicht achten / vnd vnwerd halten / dennoch sey vnnd beib es ein edles Perlein vnnd weyses Büchlein / darinn vil guter lehr / trewe vermanung / vnd höfliche warnung gefast sein. Denn ob wol Weltkluge leut / vmb der Kinder vnd albern willen / Esopum als ein Faßnacht putzen vnnd popentzen abmalen / hab doch diß buch kein Narr oder vnweyser / sondern sehr vernünfftige leute auff erden zusammen gelesen. Denn es haben nicht allein die alten Lateiner vnd Grecken / sondern auch die eltesten Jüden / welche die rechte Religion allzeyt gehabt / sich auff dise fabelweißheyt beflissen.

Drumb freylich die weysen Mehrleintichter nicht erstlich in Phrygia vnnd Greckenland / sondern bey den Jüden vor alters gewesen / wie Jothams fabel / welche für Christi geburt in 3000. jar alt war / klerlich bezeuget. Wie wenn Asaph der Sangmeister / der viel liebliche Psalmen gedichtet / der rechte Esopus were / der erstlich die fabeln / wie ander leut Salomonis Sprichwörter / zusammen gelesen hette? Denn die namen treffen fast miteinander ein.

Weyl nun diß die artigst vnd subtilest weyse eine ist / bittere vnd scharpffe warheyt / die sonst feindselig vnnd vnangenem ist / also von grossen leuten auch inn die kinder / wie vberzukkerten Wurmsamen vnnd Kellershals zu bringen / vnnd hochberümpte leut offt mit solchen fabeln groß ding beyn Regenten / Unterthanen / Kind vnd Gesind außgerichtet / Hat vnser Doctor sein mühe vnnd arbeyt an den alten vnd verunreinigten Esopum legen / vnd seinen Deutschen ein vernewertes vnd geschewrets mehrlein buch zurichten wöllen / daran der zeyt vil guter leut ein sonders gefallen trugen. Denn als Er Philippus vnsers Doctors Vorrede vnd fabeln sihet / bit er jn er wölle fortfaren / vnd diß buch verrichten / er wölle jm tausent gülden bey eim grossen Herrn / dem ers zuschreiben solle / darfür zu wegen bringen.

Aber weyl sich der teure Mann an der Biblia / neben vil predigen vnd schreiben / abgearbeyt / verblieb diß angefangene werck / welchs anfang gleich wol Magister Georg Rörer hernachmals inn den neundten theyl der Deutschen bücher Lutheri hat bringen lassen. Ob aber wol dieser nützliche Esopus nicht zum ende bracht / hat doch der Herr Doctor zuvor vnd her-

nach vber tisch vnd in seinen büchern / wenn er zumal vom Regiment vnnd Hofwesen pflegte zu reden / der alten fabeln vnnd vernünfftigen sprichwörter / so inn Deutsche sprach auß den fabeln kommen sein / gerne gebrauchet. [...]
    Vber tische hab ich etliche gute fabeln vnnd sprichwörter von jhm gehöret / Als von der Kro / so die Affen straffete / die auß eim Johans Würmlein fewer blasen wolten / vnd drüber jren kopff verlor / Also gehets / wenn man ander leuten / die kein verstand haben / einreden wil / Affen vnd Pfaffen lassen sich nicht straffen / wie ichs auß langer erfarung bin gewar worden. Jtem / da man eines erwehnet / der sich sehr heuchlisch vnd glimpflich stellet / gedacht er diß schönen Sprichworts / so auß dem mehrlein von der alten Mauß vnd jren Töchterlein gesponnen ist / welche ein rauschenden Han / vnd schleichende Katze sahen / vnnd sich vber dem leysetritt hart verwunderten / Hüt dich / sagt die Muttermauß / fürn schleichern / die rauscher thun dir lang nichts.
    Jtem / wie man meldet / das etliche Hurneusel grosse Klöster güter an sich gezogen / vnd Hofschrantzen damit begnadet hetten / sagt er: Esopus leret / wenn jemand ein praten vom Altar zuckt / bleibt gemeiniglich ein glüend kölein dran hencken / das brendt nest vnd jungen / wie dem Adler geschach.
    Ich habe auch gesehen / das Doctor den Sechsischen Rencke fuchs mit zu tische getragen / vnd vber essen drin gelesen hat / wie er auch seinem Sone etliche Deutsche fabeln zum argument vorschribe / die er verlateinen solte / wie ich hernach der einen gedencken will.
    Grosse leut haben je vnd je solcher verdeckter vnnd vermumliger reden gern gebrauchet / vnnd bißweylen nicht allein zum schertz vnd kurtzweyl / sondern auch inn wichtigen sachen / gantze fabeln / oder schöne sententz / so drauß gewachsen / in jren reden geführet / Wie zwar auch der Sone Gottes vnnd seine Propheten vnd Aposteln / jren mund gerne in schönen gleichnussen auffthun / vnnd grosse weißheit in bilden von Thierlein den Christen fürstellen. Christus weyset vns zum Sperling / zur Gluckhenn / zum Feldblümlein / zur Schlangen vnnd Tauben / vnnd nennet Herodem ein Fuchs / S. Paulus Neronem ein Lewen / die Prediger so einander derzausen / wie die Kelbertreiber / heisset er Hunde / Ketzer so sich mit Gottes wort vnd Christi fellein heuchlisch schmücken / heisset er reissende Wölffe / Salomo weyset vns zum Ameslein / Jotham malet inn seinem mehrlein die liebe Obrigkeyt abe / wie auch der Son Got-

tes den Babilonischen Keyser in einem schönen Baume fürbildet / drunter die Thierlein im schatten sitzen / darfür man sich billich neygen / vnd nicht mit prügeln drauff werffen / oder wie ein Saw sich dran reiben solle. Vnser Jotham malet auch ein bösen Regenten abe inn seim Dornstrauch / wie der Herr Christus ein falschen Propheten drinn abreisset / Vnnd Dauid mahlet seine Jüden abe inn stachlichten Disteln oder Mannes trew / wie er im 22. Psalm / Christum in einem vngehörnten Hirschen / vnd Judam im Leythund / vnd die Pfaffenknecht inn Steubern vnd Windspiel abconterfeyet.

Da die gemeyn zu Rom ein auffstehen machet / beredt ein kluger Mann die auffgewiegelten vnnd vngehorsamen / das sie wider einzogen / da er jhnen die fabel von hend vnd füssen saget / die dem müssigen haupt vnnd fressenden bauch / wie sie meineten / nimmer zins gaben / vnd drüber verschmachteten vnd verdorben. Ein weyser Mann in Greckenland beredt seine Burger / das sie dem Tyrannen nicht die Schafhunde vberantworten / denn darnach würden die Wölffe gut machen wider die gantze herde haben. Jener Lewe der des Hirten tochter lieb gewan / ließ sich auß törichter brunst der Jungfraw Vatter bereden / das man jm die zeene außschluge / vnd die Kralen abhiebe / da er nun wehrloß war / must er mit der haut bezalen. Der Christenheyt weisse zeene / kralen / wehr vnd waffen / ist das starcke wort Gottes / von Propheten vnd Aposteln auffgeschrieben / wenn wir das dem vermeinten Hirten vnd seinen Miedlingen im Concilio vbergeben / so ist die Christenheyt wehrloß / vnnd kan sich wider des Teuffels mord vnd lügen nimmer auffhalten. Drumb wolte vnser Doctor die Schrifft vnd das mündlich wort / sein lebtag nicht faren / vnd keinen menschen one gewisse schrifft vber sein lehr vrtheylen lassen. Herre Jesu du starcker Lewe auß dem stamm Juda / laß vns deine klawen / die zehen Gebot / vnd deine weisse zeene / dein heiliges Euangelion / nicht nemen.

[...]

Jtem / auff ein zeyt kaufft ein Bergherr frembde gewerken auß / vnnd wolte den genieß gar allein haben / Wie solchs vber tisch gedacht wird / spricht der Herr Doctor: Eben so thet jener Baur im Esopo auch / dem leget ein Ganß alle quartal ein gülden ey / da jn aber der geytz bestund / schurfft er die Ganß auff / da schnidt sich das Ertz mit abe / Also gehets / wenn man sich nicht will an den gfellen genügen lassen / so Gott ordenlich bescheret / vnd wenn der Jeger den Hunden vnd Sperbern jr jeger recht versaget. Bauren sollen pflügen vnd dreschen / Herrn sollen der Zinß / Zehenden vnnd Pacht warten / vnd jren armen leuten schutz halten / Pfarrner sollen leren vnd beten / sagt D. Martin Luther / so richtet ein jeder das seinige auß / vnd Gott spricht sein segen darzu.

Jtem / ein grosser Herr ligt am fenster / vnd sihet ein Hofschrantzen gen Hof kommen / O wie ein grosser Dieb ist diß / spricht er zu einem der bey jm stund / Leydt jr denn solche an diensten / sagt der Rath? Wie sprach der Fuchs zum Igel / antwort der Herr / lasset mir die satten fliegen sitzen / kommen hungerige / die saugen vnd sauffen vil herter. [...]

Also / sag ich / brauchen wir Deutschen vil guter fabeln vnnd Sprichwörter von wenig worten / die aber vil nachdenckens geben / vnd hafften vnd kleben lange / vnd podern vnd rumpeln im hertzen / als wenn man einem ein floch ins ohr setzet.

Drumb da vnser Jotham sich bey wilden vnd groben leuten auch wolte hören lassen / dencket er auff ein werkliche fabel / darinn er Mosis / Josue / vnd seines lieben Vatters Gideons trewe dienst vnnd vnzeliche wolthat / höflich in den dreyen fruchtbarn beumen widerholet / vnnd im Dornbusch den newen vnnd vnordenlichen Regenten / der Magd Son / meisterlich vnnd künstlich abmalet. Denn von frommen Regenten / da sie Gott gibet / hat ein gantz Land schatten / ja sie erfrewen Gott / wenn sie Kirche vnd Schulen bestellen / vnd sich der waren religion annemen / da gibt Gott süssigkeit / vnd freude für die Vnterthanen.

Wenn aber ein Land vnnd Stadt jrer frommen Obrigkeyt vergisset / vnnd zalet jre Erben mit Teuffels danck / kombt sich selten besser Voit hernach / sondern quäckende vnd vndanckbare Frösche müssen ein Storch haben / der sie schindt vnnd verschlingt / oder müssen ein Dornstrauch leyden / drunter Igel / Meuse / Schlangen vnd Kröten hecken / die ein Land derkratzen / vnd jne alles abschaben / drauß auch entlich ein fewer kombt / das land vnd leut verzeret / Wie es hie den vndanckbarn Sichemiten auch gieng / die vergassen nicht allein jres alten Richters / sondern sie helffen jrem Dornbusch / das er Gideons 69. Kinder auff einem Stein mördlich vnnd Tyrannisch vmbbringet. [...]

Die Kinder diser Welt / sind ja in jrer art klüger vnnd verschmitzter / denn die kinder des liechtes / doch frisst der Wolff offt auch die gescheiden hündlein / vnd Gott ergreifft die verschmitzten in jrer schalckheyt / vnd alle listige Füchs kommen endlich beim Kürschner in der beisse zusammen. Wer

aber Gott wol trawt / der hat wol gebawt / vnd wird inn der
argen Welt erhalten / vnd endlich mit ehren auß allem
vnglůck errettet / wenn nun eines jeden wandel vnd gerechtig-
keyt an die Sonne kommen / vnd jederman vor dem gericht-
stul Jesu Christi an seinem leybe empfahen wird / was er gutes
oder bóses inn seinem leben gethan hat. Denn wir sind nicht zu
diesem leben / wie die armen vógelin / erschaffen / vnd mit
Christi blut erlóset / vnd mit seinem geyst beseliget / sondern
das wir hie glauben vnnd gut gewissen bewaren / vnd auff ein
ander vnd ewigs leben in gedult hoffen vnd harren sollen. Kom
Herre Jesu / vnd laß dich auff dem Richtstul sehen / vnd
erlóse vnnd erquicke vns / die wir hie die hitz vnnd last des
langen tages tragen / vnnd reume mittler zeyt die brummen-
den vnd sumsenden fliegen auff / so inn der Kirchen murren /
vnd die predig verhindern wóllen. Amen Herre Jesu Christe /
Amen / Der du vns in deinem wort auch auff die armen Sperling weysest / vnd stellest sie vns zu Doctorn vnd lerern fůr. /
AMEN.

AUGUST BUCHNER

Von dem Nahmen des Poeten (1565)

VOn des Poëten Nahmen will von nôthen seyn / etwas an-
zuführen / weil Er bey den gemeinen und unverständigen Leuten nicht allein / sondern auch bey andern / und wol gar Gelehrten so gar wenig geachtet ist / und fast schimpflich will
gehalten werden. Dahero auch etliche sich des Versmachens
deshalb enthalten / weil Sie nicht für Poeten angesehen seyn
wollen. Hat demnach der Poët anfangs seinen Nahmen von
dem Versmachen bekommen. Denn weil dieß Werck der neuen
Art halber sehr angenehm und künstlicher schiene / als daß ins
künftige etwas besseres / sonderlich wann es zu seiner rechten
Vollkommenheit gebracht wåre / ans Tagelicht kommen kônte;
So wolten Sie Ihn auch allen andern Meistern vorziehen / und
mit diesem sonderbahren Nahmen / einen Poeten / oder / daß
Ichs also geben mag / einen Macher über alle Macher / oder
Meister über alle Meister nennen. Gleich als håtte die Natur so
balde Versehung gethan / damit nicht etwa diesen Leuten ein
solcher Name gegeben würde / welcher der Hoheit dieser
Kunst / und fast Gôttlichem Wesen / darzu Sie künfftig /
durch fleissiges Nachsinnen und tägliche Ausübung hierzu ge-

schickter Männer / (wie denn nicht stracks im Anfange etwas vollkommen seyn kann) gebracht werden solte / nicht gleich stimmete / oder vor Sie zu wenig wäre.

Denn nach dem Sie ein Hertze gefasset / solchem Thun ernstlicher nachzusinnen / und das / was bißher erfunden / ie mehr und mehr auszuarbeiten und zuverbessern / haben Sie nicht allein die Verse gånger / fertiger und lieblicher gemacht / die zuvor gleich als schläfrig einher zogen / und rauh / hart und ungeschlacht waren; Sondern den Wörtern auch / derer Sie sich gebraucheten / ein besseres ansehen / Zierde und Anmuth gegeben / und also die gantze Rede auf eine gar ander / und weit prächtigere Art / als Ihre Vorfahren / gepflogen / und ins gemein geschiehet / angestellet. Daß da andere die Sachen nur bloß und einfältig erzehleten / Sie alles mit glatten und schönen Worten / gleich als mit bunten und lebendigen Farben artig außgestrichen / und fast schöner / als es für sich selbst war / für Augen gestellet. Wiewol Sie hieran noch nicht vergnüget gewesen / sondern ferner gegangen seyn / und sich erkühnet / allerley Fabeln und erdichtetes Wesen mit einzumengen / theils ziemlicher Lust halben / theils unter solche Decke die Warheit zuverstecken / welche Sie bißher / ohne alle Verblümung / nach der Art / als Sie selbige gefasset / klar und deutlich iederman zuerkennen / und zulernen fürgetragen hatten. Dann weil Sie sahen / daß Ihrer viel dafür einen Eckel haben wolten / darneben auch gar reiflich erwogen / daß der Mensch / als ein fürwitzig und kitzliches Thier / gerne was neues höret / und öffters in dem / was der Warheit nahe kömmet / sich mehr erlustigete / als was die Warheit an sich selbsten ist / weil diese gemein / und für sich selbst entstehet / jenes aber durch Kunst und Fleiß zuwege gebracht wird / auch seltzam ist / Massen wir ein schönes Gemälde meistentheils mit grösser Lust und angenehmer Bewegung / als das ding selbsten / dessen Gemälde es ist / anschauen; Als haben Sie diesen artigen Griff erfunden / den Leuten mit einer verdeckten / doch anmuthigen / weise beyzubringen / wofür Sie sonst einen Abscheu trugen. Denen Medicis gleich / welche die Artzeneyen / so etwan den Patienten zuwieder seyn möchten / überzuckern / oder von aussen süsse zu machen pflegen / damit Er solche desto lieber annehmen / und zu seinem besten gebrauchen möge. Sie haben nebst dem auch weislich bedacht / daß alles das jenige / was versteckt und verborgen / herrlicher geschätzt / und in größerm Werth und acht gehalten würde. Dahingegen gemeine Sachen / und die so offen stehen und bekannt seyn / wie nütze Sie auch an sich selbst / in Wind geschlagen / und von den meisten fürbey gegangen werden.

Qvicqvid qværitur, optimum videtur: Das was man suchen muß / und iederman nicht weiß / Verdient gemeiniglich den allerbesten Preiß.
sagt Petronius / ein schöner Scribent nicht gar zu schöner Sachen / an einem Orte. Damit nun die Lehre der Weisheit und Tugend (denn dieses ist / wie wir in folgenden mit mehren andeuten werden / der Poëten ältestes Thun und vornehmster Zweck / dahin Sie Ihre Arbeit richten sollen/) oder vielmehr die Weisheit und Tugend selbst / nicht in Verachtung gerathen / und endlichen gantz unter die Banck gestecket werden möchten / haben die Poëten das beqvemste Mittel zur Unterweisung solcher Göttlichen Sachen die Fabel erfunden / welche etwas dunckeler / als andere schlechte Reden / und doch klärer und deutlicher / als sonst ein Rätzel wäre / und solcher gestalt zwischen der Wissenschaft und Unwissenheit das Mittel hielte / damit man Ihr theils gläubete / weil Sie lieblich und angenehm / theils aber dieselbe in Zweifel zöge / weil Sie so wunderliche und seltzame Sachen erzehlete / und dergestalt allzeit den Menschen anhielte / und auff weitere Nachforschung leitete und führete. Allermassen der anmuthige Philosophus / Maximus Tyrius / so der Platonische Secte beygethan gewesen / in seinen fast schönen und gelehrten Discursen / welche Er in Griechischer Sprache geschrieben / gar artig hiervon Unterricht ertheilet. Und sind Sie hierin so weit kommen / daß endlich die Fabel nicht nur ein Stück Ihrer Wercke / sondern das Werck selbst worden / also daß fast Ihre gantze Poësie darauff bestanden / und zufoderst die jenigen für Poëten gehalten / die eine Fabel fein künst- und zierlich abhandelten. Die aber solches nicht thaten / die wurden etwa Sänger oder Versmacher geheissen.

HANS WILHELM KIRCHHOF

Einleitung zum 7. Buch des Wendunmuth (1603) (Auszug)

1.

Apologus, was es, von wem und warumb also genennet.

Apologus ist ein gespräch und gedicht weiser, verständiger männer, philosophen und poeten, erstlich, wie etliche wöllen, in indianischer, darnach in Persianer, arabischer, hebraischer und lateinischer sprachen beschriben worden, derer etliche, wie menschen mit menschen, thier mit thieren, vögel mit vögeln, auch thier mit menschen, mit einander gespräch gehalten. Etliche haben auch wie redende personen unempfindliche creaturen, als berg und thal, bäum, holtz, stein, waßerflüß und brunnen, mit lieblichen, behenden und fürsichtigen argumenten und worten eyngeführt, dardurch sie haben wöllen ihre weißheit und vernunfft erzeigen und verstehen geben. Und solches umb dreyer fürnemen ursachen wegen; daß sie erstlich ein ursach hetten ihrer künfftigen rede und erzehlung; zum andern, umb kurtzweil und anmuthung dem leser zu geben; und zum dritten, weil die gleichnuß und beyspiel viel und größer bey den lesenden und zuhörern, auch darzu unser fürwitz geneigt ist, würcken mag und anmuth hat.

> Dieser und schöner lehr gebrauch
> Halb, geht die kuh biß an den bauch
> Im graß und an gesunder waid;
> Rom. 13. Das gut behalt und böses meid.
> Drumb auff solch und dergleichen weiß
> Gelehrter männer sorg und fleiß
> Umb uns verdient hat lob und preiß.

2.

Wie und mit was nutz solche apologi zu lesen.

Iedermenniglich, in sonderheit die jugend, mögen in diesen beyspieln als in einem spiegel sich ersehn, auff mancherley weiße, wie das lasterhafftigs zu fliehen und dem guten zu folgen. Und ob schon mancher auß unachtsamkeit der jahren solchs nit so bald, wie wol nöhtig, zu sinn und gemüht gezogen, so wirdt er doch mit der zeit, wie seine jahre zunemmen, zum verstande ermeldter gleichnuß und lehre bedächtlich erwachsen, daß er also ie mehr und mehr, was die dichter solcher apologen darin betracht und gemeint haben, und wozu sie fruchtbarlich dienen, nach seiner vernunfft und erwegung der gedechtnuß befehlen. Denn ein verstendiger mag gar unzehlbar exempel nach der welt übung, des guten nemlich und argen, hierin finden. Da er alsdenn durch sein angewendeten fleiß sich vor dem argen bewaren und das gut ihm gemein machen kann. Want einem iedern, der was nützliches auß seinem leben zu schöpffen vermeint, daß er dasselbig, so er lieset (er muß aber was nützlichs und nichts ärgerlichs lesen), mit verstandt und auff was meynung und ziel es gerichtet, acht zu haben, gebühren und von nöthen sein, und nicht ehe vom end solchs scripti urtheilen, biß er die ursach, anfang und proceß zuvor recht angemerckt und wol eyngenommen. Want was einer lieset, kann er nicht zu viel lesen, und was er viel mahl (das ist, mit fleiß) lieset, kann er nicht zu wol mercken und lernen. Was er wol merckt und lernet, vermag er nicht zu wol behalten, in effectum und gebrauch bringen, sonst hat er sein müh und arbeit angelegt, wie die fabel nechst hiernach vom haußhanen vermeldet.

> Gen marckt fehrt der nicht ohne schaden,
> Der mehr verzehrt, denn er geladen,
> Was wird diesem, daß er sich frew,
> Der nach der ernd nichts drischt, denn sprew?
> Federn der windt nicht ruhig lest,
> Wenn er in weitem feldt drin bläst.
> Wer sicht nicht, daß der narrheit trieb,
> Der waßer außschöpfft mit eim sieb?
> Darzu weiter stellt in vergeß,
> Es tregt in bodenloß gefeß?
> Was hilfft unfleiß, daß er viel leß?

3.
Vom hanen und perlen.

In dem ein haußhan im mist, koth und kerich scharret und kratzet, fandt er eine sehr schöne, köstliche perlen und sprach: Was nutz und freudt kann mir dieser herrlicher fund geberen? Ein waitzen oder gersten korn were mir viel lieber; denn warzu soll ich dieses kleinot gebrauchen? Es kann weder meiner, oder ich seiner genießen, oder eins das ander zieren oder zun ehren bringen.

> Gott gibt ihr vielen hohe gaben,
> Die doch den brauch verschmähet haben
> Und auff dem esel einher traben.

4.

Philippi Melanchtonis, piæ memoriæ, lob und nutz der apologen.

Gleich wie zu dem ackerbaw, daß derselbige recht angericht und außgestellet werde, damit er wol gerahte und zu gebürender zeit viel frücht bringe, also ists auch nöhtig und nutz, die unwißenden, insonderheit die liebe jugend, auff mancherley weiß mit mühe und arbeit zu unterrichten und anzuhalten, daß sie, was gut und böß, zu unterscheiden und lust darzu gewinnen. Derhalben es ihnen, in schrifften auff mancherley weise, erstlich mit gewißen regeln und puncten, so auch durch exempel vergangener geschichten, wird vorgelegt und angehalten. Wiewol es den frommen und gehorsamen durch gottes vätterliche zusag allweg vergolten, und wie schrecklich die bösen und schalckhafftigen auß ernstem gericht gottes herrn seind wieder gelauffen und gestrafft worden. Ist das nicht auß den heyligen und propheten schrifften kundlich zu bekräfftigen? Es nemen anch die comœdien- und tragœdienschreiber auß solchen händeln und geschichten die fürnembsten argumenta, ihre vorgenommene materien zu bekräfftigen, zieren und erklären, den lesenden und spectatoribus ein gebürend fürbild der nachfolg zu stellen, welches in den comœdien durch die eingeführte personen, also vergangner ding wegen, welchen rathschlägen und sitten der menschen, was ehrbar oder schändtlich zu folgen oder zu fliehen seye, fugsam und artig pflegt zu geschehen. Was alsdenn mit den buchstaben und der federn, was zu rechter, ja christlicher ordnung und leben nohtwendig, dargethan, wird auch vielmal darneben durch feine künstliche figuren und gemählden, sampt den apologis, fabeln und gleichnus, auff alle manier unser verderbten natur, sitten und gewonheit, und wie die zu verbeßern, zu erklären, kein fleiß gesparet; und diese auch, nemlich die fabeln und apologi, das ist, durch gleichnus und beyspiel darzu nit allein menschen, sondern vernünfftige thier, holtz, stein etc. allerley unfehlbare erleuterung und anmuhtung geben. Dann bey den wölffen die tyrannen, bey den schaffen ein menschen ehrbarn lebens, beym fuchs ein schmeichler nicht unbequem wird verstanden. Iedoch ist immerdar, wie gott dergleichen tugend bekrönet und die laster grewlich herunter gestoßen, exempel auß seinem wort zu allegiren nicht zu vergeßen, welches alles nicht geringen fleiß und arbeit, nicht wenigers dessen allen erinnerung erfordert wirdt etc. Zu letzt spricht er: Wenn ermelte nutzbarkeit würd ver-

achtet und vernichtet, wer ein größers, und verschwünden
hieüber noch viel andere, nicht ungeschickte subtiliteten, dardurch man lernet, wie das gut und fruchtbare vorm schnöden
zu unterscheiden, und der mensch in allerley wißenschafft, erfahrung und wolredenheit zunimpt, seine geschicklichkeit darab zu ermeßen. Seind nicht die viel angezogene schöne sprüch
und fürbildtnus offtmal, einem seinen gefasten unmuth, zorn
und widerwillen zu miltern und vertreiben, eine fürdersame
ursach? Deßgleichen in die sachen, zu deren end und darumb
sie gelehrte männer beschrieben, zu accommodirn und in den
privathändeln zu applicirn wißen? Von deßwegen sollen ihnen
der gemeine mann, zuvorab junge personen, diese und dergleichen bücher befohlen sein laßen, sich darinnen wie in einem
spiegel zu beschawen, werden sie mit der zeit selbs bekennen
müßen, nicht geringe unterrichtung, zu diesem zeitlichen leben
beßerlich, bekommen haben.

>Schreiben von einerley schon zehne,
>Braucht dieser ander wort, denn iene,
>Nicht daß streitig ihr argument
>Und disputierlich ihr intent,
>Sondern richtens all auff ein ziel,
>Und einer wie der ander wil,
>Daß man ihrn ernsten fleiß drin spür,
>Angewendet zur rechten thür.
>Damit die jugend het anlaß,
>Das schnöd zu fliehen unds ehrlich faß,
>Damit gut annem, schändlichs vermeid,
>Ihr beyspiel lehrt dichs alle beyd,
>Drumb liß, bhalts wol und folg allzeit.

5.

Kurtzer inhalt der fabeln Æsopi, von Philostrato beschrieben.

Æsopum sollen billich als ihren zuchtmeister und anstiffter
guter sitten, und umb willen seiner sinnreichen fabeln und
gleichnus, lieben und loben alle menschen. Dann auch der poet
Homerus, dergleichen Hesiodus oder Archilochus solche seine
gemeldte unterrichtung nicht verschmähet haben, sintemal alles, was zu menschlichen händeln rechtschaffen nohtwendigen
grund zu legen in solchen apologis und fabeln ist verfaßet.

Und auff daß er ursach hette, von solchen dingen, als dem geitz, tyranney und andere ungerechtigkeit repelliren und abzuschaffen und darvon zu formiren und reden, hat er die unvernünfftigen thier als mit menschlichen zungen, den löwen, fuchs, roß etc. vorgestellet, auch zum wenigsten haben die schnecken zu seinem vorhaben dienen müßen. Derwegen solche ding der jugend mit allem fleiß seind vorzuhalten, dieselbigen ihnen gemein zu machen.

    Die sicher straß, eim wol bekandt,
Und deren auch zuvor ermant,
Nicht gehn, sonder unsicher ort,
Da nichts regiert, denn raub und mord,
Unangewendt kompt er nicht fort.
        Oder:
Welcher verschmäht alln guten raht,
Nur was ihn gut dunckt, lusten hat,
Ist wie ein krancker, der wol weiß,
Welch nutzlich oder schädlich speiß,
Doch sein fürwitz nicht zwingen kan,
Das böse für das gut nimbt an,
Wer wil mit dem mitleiden han?

ANTON MENON SCHUPP

Fabul-Hanß/Oder: Eine schöne anmutige Predigt/von der Fabel/welche Jotham den Bügern zu Sichem erzehlet hat/Jud. 9. (1663) (Auszug)

[...] Ich bitte unterdessen E. Hoch-Ehrw. ganz dienstlich/Sie wollen mich in diesem Fall treulich *informi*ren/ob das eben eine Todtsünde sey/daß ein *Theologus* auß guter *intention* eine Fabul erzehle/dem gemeinen Mann dadurch eine gute Lehr beyzubringen? Ich vernehme/daß *Antenorn* vorgeworffen werde/die Fabeln seyn in den Sächsischen Kirchen-Ordnungen und in Gottes Wort/sonderlich in der ersten an Timotheum am 4. verbotten. Allein was die Kirchen-Ordnungen anlanget/die sind gemacht worden zur Zeit der *Reformation Doct. Lutheri,* da haben unsere *Theologi* mit dem Wort Fabel gesehen auff der Papisten *Legenden* von den verstorbenen Heiligen/von ihren falschen Wunderwercken und andern

Lügen/dardurch das Fegfeuer ist erbauet worden/welches den
Papisten bißhero so viel eingetragen hat/als dem König in Hispanien die Silber-Flotte. Was Paulum anlanget/der I. *ad Timoth.* 4 sagt: *Der Ungeistlichen und Alt-Våttelischen Fabulen
entschlage dich;* Da halte ich darvor/Paulus habe darmit gesehen auff die alte Jüdische Weiber/welche ihren Kindern allerhand Måhrlein erzehlten: Als zum Exempel/wann ein Mensch
sterbe/so komme er widerumb in das Paradeis/darauß Adam
und Eva vertrieben/da werde es lustig hergehen/da werde man
essen/trincken/tantzen/etc. [...] Daß sonsten alle *paraboli*sche
Reden/Gleichnussen oder Fabeln/in Gottes Wort allerdings
verbotten seyen/das kan ich nirgend finden. Warumb hat der
H. Geist auffzeichnen lassen die Fabeln/welche Jotham den
Bürgern zu Sichem erzehlet? Warumb hat Er auffzeichnen lassen die Fabel/welche Nathan dem König David erzehlete?
Warumb sagte Nathan nicht alsbald/König David/du bist ein
Mörder und Ehebrecher/und die Mörder und Ehebrecher werden das Reich GOttes nicht ererben/sondern erzehlete Ihme
erstlich die Fabul von dem Schaf? Warumb hat der Sohn GOttes/der Meister mit der gelehrten Zungen/der gewaltig predigte/und nicht wie die Schrifftgelehrten/nicht eine solche Art zu
predigen gebrauchet/wie Moses und die Propheten/sondern hat
die vornembste Articul deß Glaubens/die vornembste Geheimnüs/in allerhand schönen *Parabeln* und Gleichnüssen vorgestellet/indeme er sagt: Es gieng ein Såemann auß zu såen seinen Samen/etc. Das Himmelreich ist gleich einem Haußvatter/der außgienge Arbeiter zu mieten in seinen Weinberg/etc.
Matthesius sagt recht und wol/die *Allegori*en und Gleichnüsse
beweisen und gründen keinen Articul deß Glaubens/sondern
dienen darzu/daß die gegründete Articul/als in einem
Gemälde/den Einfältigen deutlicher vor die Augen gestellet/
und *illumini*eret werden. Es scheinet/daß *Antenors* Verfolgere
nicht recht verstehen das Wort Fabel. [...] [dann folgt die
7. Predigt von Mathesius über Luther, s. d.]

An den Leser.

DIeses ist hochgel. Leser/die Predigt welche der Hochgel.
und Geistreiche *Theologus* Hr. *Matthesius* Seliger/von Jothams
Fabul auff der Cantzel gehalten. Ich bitte/dich du wollest dieselbe noch einmal mit Fleiß durchlesen/und daraus urtheilen/
wie Un-Christlich *Butyrolambius* und sein Anhang bey *Antenorn* handeln/indem sie ihn bey dem gemeinen Mann und son-

derlich seinen Zuhörer wollen stinckend machen und ein Fabul-Hansen nennen/weil er hiebevor etwann einmahl eine Fabul erzehlet/und *ingeniose appliciret* hat. [...]

Es låst sich aber ansehen/als sey es in der Kirchen ein alter löblicher Brauch gewesen/die hohen Articul unsers Christlichen Glaubens den einfåltigen Leuten in feinen lustigen Historien und Bildern zuerklåren/und für zustellen. Dieser Gebrauch aber ist hernach durch ungelåhrte und unverståndige Lehrer in einen Mißbrauch gerathen. Denn Christus und der Heilige Geist reden gern in Bild- und Gleichnissen/darinnen sie die Geheimnis GOttes außsprechen. [...] Diesen alten löblichen Gebrauch wollen wir auff diesesmal auch begehen/und als viel Gott Gnad verleyhet/auß Simsons deß Wunder-Manns Historien Christum und sein ganzes Reich/und Kirchen-Historien/von Anfang biß zu Ende/als in einem Bilde fürstellen/zu einer lustigen Erklårung/etc. Ich will nicht gedencken/wie andere vortreffliche *Theologi* unterweilen dem gemeinen Mann in Fabeln und Gedichten allerhand gute Lehren beygebracht haben. Ich sehe/daß *Butyrolambius Antenorn* sehr übel außdeute/daß er im Gesind-Teuffel gedacht habe einer Fabul/daß der Teuffel mit einer Trummel vor den Himmel kommen sey/habe *Officiers* werben wollen/und habe ihnen gut Quartier versprochen/etc. Allein man lieset bei alten *Scribenten* diese Fabul und Gedicht/daß der Teuffel ihm einsmals vorgenommen habe zu freyen/und Kinder zu zeugen/damit er dieselbige in der Welt außstatten/und mit den Menschen/zu ihrem Verderben/umb so viel desto mehr befreunden möchte. Da sey ihm vorkommen eine Frau/die habe geheißen *Impietas*, gottloses Wesen. Mit derselben habe er sich vergattet/und sieben Töchter gezeuget/die er zu Hause aufferzogen/und endlich in der Welt aufgetheilet/und mit den Menschenkindern verehelichet habe.

Die erste und ålteste Tochter habe geheissen *Arrogantia*, Jungfrau Hochmut/dieselbe hab er denen vom Adel/und hohen Stands-Personen verheuratet.

Die andere habe geheissen *Avaritia*, Jungfrau Geitz/die habe er denen Kauffleuten/Handthierern und Parthierern in den Ståtten verehelicht.

Die dritte hab geheissen *Falsitas*, Jungfrau Falschheit/die habe er denen Baurn/und dem gemeinen Landvolck vermåhlet.

Die vierte hab geheissen *Invidia*, Jungfrau Neid/die habe er den Handwercks-Leuten außgesteuret.

Die fünffte habe geheissen *Hypocrisis*, Jungfrau Heuche-

ley/die habe er denen Geistlichen zugegattet/welche in
Schafs-Kleidern auffgezogen kommen/inwendig aber sind sie
reissende Wölffe/Matth. 7. v. 15.

Die sechste habe geheissen *Superbia,* Jungfrau Stolz/die habe
er dem Weiblichen Geschlecht vertrauet.

Die siebende und jüngste Tochter habe geheissen *Fornicatio,*
Jungfrau Unzucht und Hurerey/diese habe er/als das jüngste
und liebste Kind/nicht verheuraten wollen/sondern bey sich zu
Hause behalten/und jedermann in allen Ständen mit ihr zu bulen vergünstiget.

Diese Fabul wird von vielen vornehmen Predigern in ihren
offentlichen Schrifften *allegiret.* Warumb wird es dem *Antenorn* vor übel auffgenommen/wenn er dergleichen Arten zu
lehren sich unterweilens gebrauchet?
[...]
GOTT, lasse *Antenor* leben/und erhalt Ihn bey beständigen
Leibes-Kräfften. *Butyrolambio* und andern Lumpen-Hunden
sollen die Mäuler wol gestopffet werden. [...]

WOLFGANG RAUSCHER

*Ob es sich gezimme, daß ein Apostolischer Prediger mit einer
Fabel oder Ostermärlein auf die Cantzel komm (1690) (Auszug)*

Wie einer von Natur beschaffen ist, also hätt er gern, das
andere auch wären. Die bey dem fünstersehenden Weltweisen
Heraclitus in die Schul gangen, in einer Melancholischen Haut
stecken, einen feindseligen vertrossnen Humor haben, können
nit leyden, wann andere etwas freundlichers lachen und die
Stirn zu seiner Zeit ohne Runtzel außbreiten. Vil weniger wollen sie gedulden, daß man mit einer Fabel auff der Cantzel
auffziehen solle. Behütt Gott: das wäre bey ihnen der gröste
Greul. Wag es einer, hat er Hertz und führ ein Fabel ein: ich
main, sie werden einen solchen Prediger anschnurren: *qui sunt
hic sermones?* was seynd das für Reden, welche sich nirgents
weniger hin als auff die Cantzel schicken?

Die Predigen, sagen sie, seynd das Wort Gottes, jener Evangelischer Saamen, welcher in der Menschen Hertzen, wie in einen Acker fallen und darinen fruchten solle. Schickt sich also
nit, daß man unter den guten Saamen Unkraut säe, Fabeln unter das Wort Gottes mische. Jener Welt-Prediger, der H. Apostel Paulus, hat Christum und nit den Aesopum geprediget: *nos*

autem praedicamus Christum crucifixum, wir predigen, sagt er, Christum den gecreutzigten. Welches in der Warheit kein Fabel, sonder ein solche Traur-Geschicht ist, die einem, der sie recht behertzigen wil, die Zäher kan außtreiben. Ein Prediger soll die Sünder zur Buß, die Fromme zu grösserem Eyfer und Fortgang in der Tugend und Dienst Gottes bereden. Zu welchem Zihl und Zweck warhafftig die Fabeln nit taugen, so die Leuth nur zum Lachen bewegen. Der Ursachen halber ermahnt der H. Paulus seinen Timotheum, einen Bischoff und eyferigen Prediger der ersten Christenheit gantz ernstlich, solcher Possen sich zu entschlagen: *Ineptas autem & aniles fabulas devita:* ungereimte alte Weiber-Märlein, mein Timothee, laß unterwegen. Und, Lieber, was hat ein Prediger für einen Frucht, der gern mit Fabeln umgeht, und Possen auff der Cantzel macht, als etwan einen grossen Zulauff deß gemainen Pöfels? Das haben aber die possirliche Fatz- und Kugel-Männer auch. Man hört einem mit Lust zu, wie dem anderen, und der Frucht beyder Seits ist gleich: nemlich daß man mit ginnetem Maul die Fabeln und Ostermärlein auffange, hernach den gantzen Tag treibe und dardurch vil unnutzes Geschwätz und Gelächter erwecke: lestlich den Prediger zum Danck einen Fabel-Hannsen namse. Das ist der Frucht. Disem nach vermainen etliche, man solle die Fabeln auff das Comoedi-Hauß und Schau-Bühn sparen, und nicht damit in der Kirchen auff der Cantzel prangen.

Das lassen sich aber andere wenig irren, vermainen, ein Fabel oder Ostermärlein stehe auch auf der Cantzel nit gar übel. Sie behaubten ihr Vorgeben auß der Schrifft, steiffen sich auf die Auctorität und Exempel der HH. Vätter und anderer vortrefflichen Scribenten und Prediger, welche nit gesparsamb hin und wider in ihren Bücheren die Fabeln einmischen und noch heut zu Tag nit nur auf dem Gew, sonder in vornehmen Städten Fabeln und Ostermärlein auf die Cantzel bringen, nicht ohne Guthaissen und Frucht vornehmer, frommer und gelehrter Zuhörer.

Wann mir erlaubt ist, auch ein und das ander Wort darzu zu reden, halt ich darvor, die gantze Controvers oder Strittigkeit lasse sich gar leicht beylegen, wann nur kein Parthey gar zu hartnäckig ihrem Urtheil anhangen wil. Dem ersten Theil gib ich zu, daß man einen Unterschid machen und freylich solche Fabeln, warinnen grobe Zotten, ungereimte Lotters-Possen, die nur ein grosses Gelächter verursachen, enthalten seynd, nit auf die Cantzel solle bringen. Ich bin auch nit darwider, daß ein

Prediger nit gar zu offt mit Fabeln solle aufziehen, sonder beschaidentlich und mässig dieselbe brauchen, wie zu den Speisen das Gwürtz. Ich halt noch über das für billich, daß man es nie bey der blossen Erzehlung einer Fabel beruhen und gleichsam wie die Nussen in den Schelffen ligen lasse, sonder die selbige aufbreche, den Kern herauß nemme, das ist, die unter der Fabel verborgene Warheit durch ein oder anderes Lehr-Stuck entdecke. So vil gib ich der ersten Parthey zu. Daß man aber gar nie kein Fabel könn oder soll auf die Cantzel bringen, wird man mich so bald nit bereden. Halt es vilmehr dißfalls mit der anderen Parthey, daß gar recht daran geschehe, wann ein Prediger zu Zeiten, mit obgemeldeter Behutsamkeit ein saubere Fabel oder Ostermärlein erzehle: weilen man ja so vil ansehliche, gelehrte Männer, die solches noch heut zu Tag nit ohne Nutzen thun, nit gleich als Witz- und Pflicht-vergessene beschuldigen kan. So seynd auch die Einwürff deß Gegentheils so wichtig nit, daß sie einen gleich solten schrecken.

Die Predigen, ich gestehe es, seynd das Wort Gottes, jener Evangelischer Saamen Lucae am 8., der in einer guten Erden hundertfaltigen Frucht bringt. Folgt aber drumb nit darauß, ist auch nit zu erweisen, daß, wer ein Fabel auf der Cantzel erzehlt, gleich Unkraut unter den Waitzen säe. Die Bibel deß alten Testaments ist so wol das Wort Gottes, als das Evangelium. Und dannoch wird in den Buch der Richteren ein Fabel erzehlt von den Bäumen, wie sie einen Wahl-Tag angesetzt, und darauff den Dorn-Busch zum König erwöhlt haben...

Was hat nun dise Fabel ungereimts an sich? Ist sie auch ein Unkraut unter dem Waitzen? oder vilmehr ein schöne Korn-Blum, welche dem Getrayd nit schadt, sonder gar zierlich darunter herauß spielt? Cornelius a Lapide, bey Außlegung diser Fabel, nennt sie *Apologum primum, elegantissimum & caeterorum omnium antiquissimum*, die erste, die älteste und allerzierlichiste Fabel. Seitemalen der Phaedrus, Anienus, Aesopus und andere Fabel-Dichter vil hundert Jahr erst nach dem Jonathan gelebt haben. Ein Apologus aber ist ein solches Gedicht, welches die unvernünfftige Thier, oder andere sprachlose Ding, als Holtz, Stain und dergleichen redend einführt. So haben wir dann schon ein Fabel, so kein Unkraut unter dem Waitzen Göttlichen Worts ist. Nicht weniger an anderen Stellen H. Schrifft geschicht Meldung der Fabeln: als nemblich im Buch Judith der grossen Risen, welche den Jupiter bestritten haben. Bey dem Isaias der Meer-Fräulein. Im Buch Job deß Heer-Wagens, deß Orions und Arcturi, neben anderen Stellen mehr.

Hinderen die Fabeln in der H. Schrifft nichts, dieweil man sie nit für Warheit außgibt, sondern nur ein da hinder ligende Warheit zu Unterweisung der Sitten darauß zu ziehen suchet, so hindert ein Fabel auff der Cantzel das Wort Gottes auch nit, weil sie zu einerley Ziehl und End angesehen ist.

Das andere Bedencken, kein Fabel auff der Cantzel zu erzehlen, will der Gegentheil dem Prediger machen mit dem H. Apostel Paulus: jedoch vergebens. Paulus hat zwar den Aesopum nit geprediget, aber auch nit allzeit den Passion. Ja er selbst in einer Predig, so er zu den Athenienseren gehalten und dardurch den H. Dionysium Areopagitam bekehrt hat, thut Meldung einer Fabel: und zu behaubten, daß wir Kinder Gottes, und das außerwöhlte Volck seyen, ziehet er ein Gedicht der Poeten an, daß die Menschen von den Götteren herstammen: *Et, ut quidam vestrorum poetarum dixerunt, ipsius & genus sumus:* Und wie etliche auß eueren Poeten vorgeben, sagt er, seynd wir gar von seinem Geschlecht entsprossen. In der Epistel aber zu dem Timotheo, wo er die Fabeln verwirfft, macht er fleissig einen Unterschied: *Ineptas autem & aniles fabulas devita:* Ungereimte Possen und alte Weiber-Märlein, mein Thimothee, die laß unterwegen. Wer aber befilcht, die faule Aepffel weg zu werffen, verbiet drumb nit, die gute zu behalten. Der H. Paulus hat zwar Christum den Gecreutzigten geprediget, aber nit allein. Doch wann man von dem Leyden Christi oder von der Buß prediget, halt ich auch nit rathsamb zu seyn, daß man vil fabuliren soll. Allein man prediget nit allweil von Passion, sonder auch von Osteren und Pfingsten. Nun ist es ein uraltes Herkommen bey den Teutschen, daß man zur Vermehrung der Freud ein Fabel oder Oster-Märlein (wie sie es nennen) auf der Cantzel erzehlte: Zweiffelsohne zum Angedencken der guten Mär, welche die drey heilige Frauen von dem Grab und die zween Jünger von Emmaus wegen der Auferstehung deß Herrens den Glaubigen gebracht haben. Warumb soll man es dann nit bey dem alten Herkommen bleiben lassen? wechselt doch die Christliche Catholische Kirch selbst in ihrem Kirchen-Ornat umb, und bekleidt nit zu einer Zeit die Altär, wie zu der anderen. An statt deß traurigen Fasten-Tuchs stekket sie zu Osteren die fröliche, triumphirliche Sieg-Fahnen auf. Warumb soll dann nit auch der Prediger können die Farb änderen und zu Vermeidung deß Verdruß, den man etwan auß den ernsthafften Buß- und Fasten-Predigen geschöpfft, bißweilen ein lustige und Lehr-reiche Fabel können einsprengen?

Es gibt aber ein Gelächter ab, sagt die Gegen-Parthey, und

bekommt der Prediger letztlich keinen andern Danck als daß er für einen Fabel-Hannsen außgeruffen werde. Antwort: wann der Prediger bey Erzehlung einer Fabel Maß und Zihl nit überschreitt, wird auch das Gelächter nit unmässig seyn. Gscheide Leut lachen nit leicht über laut: d'Narren lachen auch, wann andere wainen. Im überigen ist das Lachen nichts unrechts. Sagt nit der weise Ecclesiastes: *Tempus flendi & tempus ridendi?* Es seye ein Zeit zum Wainen und ein Zeit zum Lachen? wann ist aber, ich bitt dich darumb, die Zeit zum Lachen, wann es Osteren nit ist? weit besser ist es, der Zuhörer lache darzu, ob er schon wol getroffen wird, als daß man saure Gsichter mache, über den Prediger zörne, stumpfire, grißgrame, und das Predig-gehn verrede. Diejenige Leib- und Wund-Artzten hat man vil lieber, welche mit einem linden Pflaster oder Kühl-Sälblein helffen können, als die lauter bittere Purgatzen vorschreiben, oder wol etwa gar mit Feuer und Eisen über die Wunden wischen wollen Kein Mensch hats dem Prediger für-übel, wann er sagt: Die Gännß schnaderen gern, als wann er vorgibt, die Weiber thuns. Der Fuchs sey über d'Hennen gwischt, als wann ers d'Soldaten zeiht. Der Esel sey ein fauler Gsell, als wann er den Knecht wolt dafür ansehen, und so fort an. Dergleichen Warheiten stecken hinter den Fabeln verborgen, die man mit Lust und grosser Begierd anhört, und länger in der Gedächtnuß behalt, da doch beynebens mancher die beste Piff bekommt, Stich die nit bluten und dannoch eingehn.

Daß aber der Gegentheil förchtet, es möchte dem Prediger ein neuer Nam zuwachsen, wann er zu seiner Zeit gschmeidig und mit guter Manier mit einer Fabel aufzieht, ist ein überige Sorg. Wider böse Mäuler kan man nit. Sonsten hat man biß-hero die HH. Vätter noch nie Fabel-Hannsen gescholten, ob sie schon ihren Homiliis, Sermonen und Predigen zuweilen ein Fabel einverleibt haben. Der H. Hieronymus, Augustinus, Chrysostomus, Ambrosius, Theodoretus, Cyrillus Alexandrinus und andere loben die Fabel hoch und bedienen sich derselben zu Zeiten selbst. Anstatt aller wollen wir den H. Mayländi-schen Praelaten Ambrosium vernemmen, der also schreibt: *Fabula, etsi vim veritatis non habet, tamen rationem habet, ut iuxta eam possit veritas manifestari:* Ein Fabel ob sie schon nit wahr ist, so ist sie doch der Vernunfft gemeß und hat die Krafft in sich, daß man ein Warheit auß ihr herauß ziehen könne. Wie er dann diser H. Vatter über die massen schön die Fabel von dem Hercules und dem ungeheuren Risen Antaeus, mit dem der Hercules gerungen, ihn letztlich in die Lüfft aufgehebt und ertruckt hat, auf Christum den Gecreutzigten und auf den Todt außdeutet: welches einem anderen Prediger die Schnarcher für ein ungereimte Sach därffen anziehen. Wann ich neben unserem P. Drexel noch andere Scribenten wolte anregen, welche die Fabeln hoch schätzen und hin und wider ihre Bücher darmit zieren, wurde deß citirens kein End seyn...

Hat also ein Prediger so wol in H. Göttlicher Schrifft, als in den Vätteren und Scribenten, wie auch in der Vernunfft Grund genug, sich zu fussen und ihme zu förchten keineswegs Ursach, wann er schon ein außerlesne, außpolirte, wolgeschliffne Fabel auf die Cantzel bringt. Wer aber dannoch die Gegen-Parthey halten wil, mag es thun: ich wird mich mit ihm weiter in keinen Streit einlassen, sonder wil jetzt vilmehr auf anfangs gestellte Frag: ob der Prediger heut ein Oster-Märlein erzehlen werde? ein Antwort ertheilen. Nein, Geliebte, heut nit: dann die Zeit ist verflossen. Aber morgen wol, geliebt es gott; warzu ich sie dann gantz freundlich hiemit wil eingeladen haben. Unter dessen lehrnen etliche spitzfindige, nasenwitzige, geschnäppige und spöttlerische Zungen das Maul hinfüran besser inhalten, und was andere thun oder zu thun haben, nit gleich tadlen und übel außlegen, insonderheit aber dem Prediger nit Maß und Ordnung geben, was er für Materien auf der Cantzel abzuhandlen habe, ob sich ein Fabel schicke oder nit, und was dergleichen Schnarchereyen mehr seynd, so haben sie auß der heutigen Predig schon gnug gelehrnt.

CHRISTIAN WOLFF

Philosophia practica universalis II 2, § 302–316 (1738) (Auszug)
Aus dem Lateinischen übertragen von Hermann Kleber und
Josef M. Werle

§ *302 Was ist eine Fabel*

Fabel nennt man die Erzählung irgendeines Geschehens, das erfunden wurde, um eine Wahrheit, zumal eine moralische Wahrheit zu lehren. Sie wird auch von Phaedrus her *apologus* oder *fabella* genannt.

Bei den lateinischen Autoren läßt Fabel eine doppelsinnige Bedeutung zu, die wir für unseren Beweisgang zu einer bestimmten machen müssen. In der Bedeutung also, die die Definition erklärt, verwenden wir das Wort und wir werden diesen Gebrauch auch durchgehend beibehalten. Es wird aber in dieser Bedeutung die Fabel der Geschichte gegenübergestellt. Denn wenn Geschehenes erzählt wird, ist es entweder wahr oder erfunden. Wenn wahre Geschehnisse erzählt werden, hat man eine Geschichte, wenn aber erfundene, eine Fabel. Dazu ist aber anzumerken, daß Erfundenes dem Wahren nicht in gleichem Sinne gegenübersteht wie dem Falschen. Derjenige nämlich, der Falsches erzählt, hält es entweder selbst für wahr oder will, daß es von denen, denen er es erzählt, für wahr gehalten werde. Derjenige hingegen, der Erfundenes erzählt und weiß, daß es nicht wahr ist, d. h., daß es sich keineswegs so ereignet hat, beabsichtigt gar nicht, daß es von anderen für wahr gehalten werde. Da nun aber Geschehnisse erfunden werden, entweder zu irgendeinem nützlichen Gebrauch oder zu keinem Gebrauch, und es nun aber nicht angeht, daß ein Mann, der sich seines Verstandes bedient, und konsequenterweise ein Philosoph schon gar nicht, ohne ein bestimmtes Ziel zu intendieren sich etwas zusammendichtet und dazu noch solches, was überhaupt keinen Nutzen hat, deshalb wird die Erzählung über Dinge, die zu keinem Nutzen erfunden werden, *Altweiberfabel* genannt, und sie verdient in diesem Zusammenhang gar keine Aufmerksamkeit. Was aber um irgendeines Nutzen willen erfunden wird, so als sei es geschehen, obwohl es nicht tatsächlich geschehen ist, und darunter sogar auch solche Dinge, die nicht einmal geschehen können, sondern nur eine Wahrheit lehren wollen, deren Erzählung verdient allein die Aufmerksamkeit eines Philosophen, und folgerichtig nimmt dieser auch nur solche Fabeln zur Kenntnis, die das erklärte Ziel haben, eine Wahrheit zu lehren. Es besteht aber kein Grund zu der Annahme, die Bedeutung des Wortes werde von uns verändert und anders eingeführt, als sie vorgefunden wurde, und sei so von dem Sprachgebrauch abweichend; denn diejenige Bedeutung, die wir dem Wort beilegen, wurde ihm schon damals beigelegt. Zu Recht läßt *Aphthonius,* der die Fabel zum ersten Progymnasmaton macht, keine andere Bedeutung des Wortes zu. So definiert er Fabel als falsche Rede, die eine Wahrheit zum Ausdruck bringe; falsch aber ist die Rede insofern, als von Taten berichtet wird, die nicht wahr, sondern lediglich erfunden sind. Gerade dadurch unterscheidet sich die Fabel von der Geschichte. Eine Wahrheit aber bringt diese Rede zum Ausdruck insofern, als jene erfundenen Geschehnisse das Bild irgendeiner Wahrheit im Hörer erzeugen in dem Maße, daß die erfundenen Geschehnisse etwas wirklich Geschehenes bedeuten. Z. B. stimmt bezüglich der volkstümlichen Fabeln des Äsop unsere

Definition mit der des Aphthonius überein; aber sie trifft klarer und schärfer zu als diese, auch bezüglich derjenigen, die man Apologen nennt, Phaedrus aber fabellae nannte. Und in diesem Sinne nannte auch *Grotius* die – wie wir sie nennen – Gleichnisse Christi Fabeln, da sie in dieser Definition enthalten sind; wir wollen uns dieser Bezeichnung ganz bewußt enthalten, damit nicht diejenigen, die der klassischen Latinität weniger kundig sind, diese Bezeichnung in ihren gegenteiligen Sinn verkehren, wie sie auch die fabella mit der Altweiberfabel verwechseln.

§ 303 Die Einteilung der Fabeln

Die Fabeln werden schon von Aphthonius her in rationale, moralische und gemischte eingeteilt. Natürlich teilen wir, wenn wir Geschehnisse erfinden, den Handelnden entweder solche Handlungen und Leidenschaften zu, derer sie fähig sind, oder allgemein solche Prädikate, die ihnen selbst zukommen können, oder aber solche, die ihnen nicht zukommen können. Im ersteren Falle sind die *Fabeln rational,* im letzteren nennt man sie *moralische Fabeln;* die aber aus den rationalen und moralischen zusammengesetzt sind, nennt man *gemischte Fabeln.*

So reden z. B. die Menschen, nicht aber das Vieh. Wenn man also Menschen reden läßt, so hat die Fabel nichts, was dem Verstand zuwiderliefe, und wird daher rational genannt; wenn man aber Tiere erfindet, die sich unterhalten, wo sich doch Tiere keineswegs unterhalten können, dann wird es eine moralische Fabel sein; dieser Art sind auch sehr viele Fabeln bei Äsop. Wenn man hingegen Tieren Handlungen zuteilt, die sie ausführen können, zudem aber noch die Sprache, derer sie nicht mächtig sind, vor allem Wörter, die Empfindungen des geistigen Lebens ausdrücken, die ein Tier von Natur aus niemals hervorbringen kann, so wird die Fabel aus dem rationalen und dem moralischen Element gemischt sein, und so wird die Bezeichnung einer gemischten Fabel bestätigt; ein Beispiel dafür ist die äsopische Fabel von dem Haushahn, der auf dem Mist eine Perle findet. Die Bedeutung dieser Bezeichnungen ist durch den Sprachgebrauch in Geltung und daher nicht unbedacht zu ändern dergestalt, daß die Bedeutung der Wörter außerhalb des Redekontextes einen anderen Sinn gewinnt, der dem wahren Sinn zuwiderläuft. So wird jede Fabel, wenn man von den Altweiberfabeln absieht, in bezug auf ihre Bedeutung sowohl rational als auch moralisch sein, da wegen einer moralischen Wahrheit Geschehnisse erfunden werden, die in Wirklichkeit nicht geschehen sind, und da diese Wahrheit der Vernunft ja angemessen ist, und sogar die Fiktion der Vernunft keineswegs zuwiderläuft. *Aphthonius* nun definiert die rationale Fabel als diejenige, in der man erdichtet, daß ein Mensch etwas tue; die moralische Fabel scheint er auf diejenige einzuschränken, die die Art und Weise von vernunftlosen Wesen nachahmt, und die rationalen überdies auf das, was über Menschen, die moralischen aber auf das, was über vernunftlose Wesen erdichtet wird. Es darf daraus aber nicht gefolgert werden, daß wir von der vorgefundenen Bedeutung Abstand genommen hätten. Denn da es nirgends schwieriger ist, seine Ansicht ganz genau zum Ausdruck zu bringen als da, wo uns Definitionen abverlangt werden, wie auch die Definition in der Philosophie für eines der schwierigsten Kapitel gehalten wird und ebenso in den anderen Disziplinen, wenn man einmal von der Mathematik absieht, so soll man vor allem bei den Definitionen, die die Alten gegeben haben, nicht darauf achten, was denn die Begründer dieser Definition gesagt haben, als vielmehr darauf, was sie haben sagen wollen. Denn es sei fern von uns, zu bestreiten, daß jene Leute richtig gedacht hätten, die sich nicht genau genug ausdrückten. Es ist kindisch, jenen, der einen gegen Irrtum gefeiten Verstand besaß, eines Fehlers zu zeihen, deswegen, weil ihm zu wenig geeignete Wörter zur Verfügung gestanden hätten, mit denen er seine Meinung ausdrücken konnte. Wenn man also nicht so sehr nach den Worten des *Aphthonius* als vielmehr nach dessen Meinung den Unterschied zwischen den Fabeln erklären will, so muß man gar keine andere Definition aufstellen als die, die wir angegeben haben. Denn auch *Aphthonius* hat den ganzen Unterschied zwischen den Fabeln bei seiner Einteilung in moralische, rationale und gemischte ausschöpfen wollen. Was aber die Fabeln des *Äsop* angeht, so wird man entweder seine Aufmerksamkeit allen möglichen anderen gezwungenen Einteilungsprinzipien zuwenden, oder aber man wird dort dasselbe Prinzip finden, indem man die Arten aus dem Gattungsbegriff ableitet; für die Einteilung wird man kein brauchbares Abgrenzungskriterium finden außer demjenigen, das von uns erklärt wurde. Und es erscheint uns überflüssig, darauf noch näher einzugehen.

§ 304 *Was ist die Interpretation einer Fabel und wie nennt man sie*

Die *Interpretation einer Fabel* – oder eines *Apologs* – ist die Erklärung ihrer Bedeutung oder das Aufzeigen derjenigen

Wahrheit, deretwegen sie erfunden wurde. Wenn diese der Fabel vorangestellt ist, heißt sie *praefabulatio*, wenn sie der Fabel nachgestellt ist, heißt sie *adfabulatio*.

Die Bedeutung von Fabeln ist nicht so handgreiflich, daß sie den Ungebildeteren, um derenwillen die Fabeln ja in erster Linie gemacht werden, von sich aus offenläge. Sie muß daher erklärt werden, damit sie verstanden wird und der Zweck der Fabel verfolgt werden kann, nämlich von dieser Wahrheit die Ungebildeten zu überzeugen, sie, die man ja durch die Kraft des Beweisganges nicht überzeugen kann. Und daher ist eine Interpretation notwendig, damit die Fabel nicht ihres Nutzens entledigt wird. Diese stellen nun die Autoren von Fabeln einmal vor und einmal nach, und daher rühren die verschiedenen Namen. [...]

§ 305 Die Wirkung der Fabel

Die Fabel soll den Begriff einer bestimmten Wahrheit, zumal einer moralischen, im Geiste eines anderen hervorbringen und ihn dazu veranlassen, ihr seine Zustimmung zu geben. Die Fabel wird nämlich erfunden, um irgendeine moralische Wahrheit zu lehren. Daher führen wir, wenn wir einen anderen eine Wahrheit lehren wollen, ihn zu ihrer Erkenntnis und bewegen ihn dazu, ihr zuzustimmen. Der Autor der Fabel hat die Absicht, diejenigen Leute, denen er sie erzählt, zur Erkenntnis einer bestimmten Wahrheit, zumal einer moralischen zu veranlassen und sie dazu zu bringen, dieser Wahrheit ihre Zustimmung zu geben. Weil wir nun eine Sache erkennen, indem wir einen Begriff oder eine Vorstellung von dieser Sache erwerben, und da wir nicht zustimmen können, außer wenn die Zustimmung hervorgerufen wird – das ist offensichtlich –, so muß die Fabel den Begriff einer Wahrheit, zumal einer moralischen, im Geiste eines anderen erzeugen und seine Zustimmung hervorrufen.

Von daher wird es verständlich, welches die Wirkung der Fabel sein soll und welchen Zweck der Autor damit verfolgt. Vor allem muß man darauf achten, zu einem Urteil darüber zu kommen, ob die Fabel ihren Namen rechtfertigt oder ihm in irgendeiner Hinsicht nicht genügt. Die Interpretation erklärt z. B. die moralische Wahrheit, die die Fabel lehrt, in Klartext. Aber während die Wörter, aus denen der Text besteht, durch klare Begriffe keineswegs erklärt werden, muß die Fabel selbst den Begriff der Wahrheit, den sie einschärfen will, im Geiste eines anderen hervorbringen, sofern man will, daß nicht irgendeine Unklarheit in der Interpretation zurückbleiben soll. Weil nun aber die Interpretation keinen Grund hinzufügt, warum das wahr sein soll, was die Fabel einschärft, so daß eine Zustimmung hervorgerufen würde, ist es notwendig, daß die Fabel selbst geeignet ist, eine Zustimmung hervorzurufen, damit jene moralische Lehre ohne Bedenken als wahr angenommen wird. Wenn aber die Fabel in einem der beiden Punkte unzureichend sein sollte, dann rechtfertigt sie keineswegs ihren Namen. Wenn andersherum betrachtet in keinem der beiden Punkte ein Fehler festgestellt wird, dann befriedigt sie in jeder Hinsicht. Man sieht daher, daß die vorliegende Argumentation dazu dient, Fabeln auseinanderzuhalten, ja, daß sie sogar Nutzen hat für die Erfindung von Fabeln. Wer dazu noch die Fabeln des *Äsop* und anderer klassischer Autoren zur Prüfung heranziehen will, soll die Interpretation mit den Fabeln selbst vergleichen und gewissenhaft darauf achten, ob er durch sie die Bedeutung der Wörter im Textzusammenhang versteht, und ob er dazu gebracht wird, dem Vorliegenden seine Zustimmung zu geben, auch wenn er bis jetzt noch keine Gründe sieht, warum er diese Lehre für wahr halten soll. Diese Prüfung wird auch dazu nützlich sein, daß er die Wirkkraft der Fabel auf das menschliche Gemüt an sich selbst erfährt.

§ 306 Aus welchen Elementen soll die Fabel bestehen

Was in der Fabel erfunden wird, soll im Volk bekannt sein. Denn die Fabel soll den Begriff einer Wahrheit, vor allem einer moralischen, im Geiste hervorbringen. Deswegen ist es notwendig, daß jeder, wer auch immer sie erzählen hört, sich eine Vorstellung davon machen kann, oder daß er das, was erzählt wird, sich vergegenwärtigen kann. Wie ja, wenn man ein Wort hört, durch die Vorstellungskraft die Vorstellung nur desjenigen Gegenstandes hervorgerufen wird, den man vorher öfters zusammen mit genau diesem Wort wahrgenommen hat, so ist es auch notwendig, daß das, was in der Fabel erfunden wird, wenn man es einzeln betrachtet, schon vorher öfters wahrgenommen sein muß und daher auch allgemein bekannt sein muß.

Wenn nun die Fabel solches enthielte, dessen Vorstellung man durch die Kraft des Vorstellungsvermögens nicht hervorrufen kann, würde man nicht wissen, was es für uns bedeuten soll; folgerichtig wird sie, wenn die Vorstellung fehlt, einem nicht das bieten, was dem Begriff der einzuschärfenden moralischen Wahrheit entspricht. Und da ja die Fabeln zumeist für die breite Masse geschrieben werden, auch wenn sie nicht weniger den Verständigeren nützen – wie, das werden wir gleich zeigen –, so muß die Fabel aus Elementen gebildet werden, die der breiten Masse bekannt sind. Auch wenn man die Fabeln des *Äsop* und andere, die uns das klassische Zeitalter hinterlassen hat, nur flüchtigen Auges durchmustern will, wird man sofort feststellen, daß sie primär im Hinblick auf eine breite Masse verfaßt sind. Dasselbe beachtet auch Christus in seinen Gleichnissen, die unter den Begriff der Fabel fallen, wie wir oben schon angemerkt haben. Und daher haben die Fabeln einen besonderen Nutzen, insofern sie eine einzigartige und ganz einfache Möglichkeit bieten, einen Begriff von Dingen, die nicht einmal für Gebildete so leicht zu verstehen sind, durch ganz volkstümliche Vorstellungen im menschlichen Geist hervorzubringen. Diesen Nutzen sah *Homer*, der als erster Fabeln erfand, und das gleiche bewährte sich später bei den übrigen, die auf sein Beispiel hin noch mehr Fabeln schrieben.

§ 307 Durch die Fabel wird die Erkenntnis zur intuitiven Erkenntnis

Die Fabeln führen die Wahrheit, die sie einschärfen, auf eine intuitive Erkenntnis zurück. Denn durch Dinge, die allgemein bekannt sind, bieten sie uns das dar, was dem Begriff der Wahrheit, den sie lehren wollen, innewohnt, so daß wir, wenn wir uns der der Fabel entsprechenden Vorstellung zuwenden, jene erkennen. Da nun diejenige Erkenntnis eine intuitive ist, die durch die Betrachtung der Vorstellungen gewonnen wird, so ist es unzweifelhaft, daß die Fabeln die Wahrheit, die sie lehren, zur intuitiven Erkenntnis zurückführen. Die intuitive Erkenntnis ist am meisten der Menge angemessen; aus diesem Grund sind auch die Fabeln größtenteils für den Volksmund verfaßt, zumal da sie nur von Dingen reden, die dem Volk bekannt sind. Aber da die intuitive Erkenntnis die größte Hilfe zur Sicherheit der Erkenntnis ist, bringt sie allen, auch den gebildeteren Menschen, einen bedeutenden Nutzen. Sie kommen insofern mit den Beispielerzählungen überein, als sie eine Art der Beispielerzählungen ausmachen, die wir schon vorher anmerkten. Deswegen kann das, was wir oben über die Beispielerzählung darlegten, auch auf die Fabeln Anwendung finden, daß sie nämlich *nützen, um allgemeine Wahrheiten besser zu verstehen, um die einem Begriff zugrundeliegende Wirklichkeit zu zeigen und um eine Wahrheit, die anderweitig angenommen wurde, zu bestätigen*. In diesem Punkte sind die Fabeln ebensoviel wert wie die Beispielerzählungen und übertreffen sie sogar noch in gewissen Fällen, vor allem dort, wo man es mit der ungebildeten breiten Masse zu tun hat, und sie haben auch dort ihren Platz, wo es darum geht, andere Wahrheiten auf die intuitive Erkenntnis zurückzuführen, und wo die Verwendung von Beispielerzählungen nicht erlaubt ist. Denn der Anwendungsbereich von Fabeln ist bedeutend größer als der von Beispielerzählungen, weil man durch Fabeln das lehren kann, was man durch Beispielerzählungen nicht lehren kann. Den Grund dafür kann man aus dem Begriff der moralischen Fabel erkennen, wenn ihn auch der Begriff der rationalen Fabel schon nahelegt. Christus lehrt in dem Gleichnis von dem Bauern, der den Samen auf seinen Acker sät, die Wirksamkeit des göttlichen Wortes und auf welche Weise es in seiner Wirksamkeit behindert werden kann, auf ganz anschauliche Weise, was er durch Beispielerzählungen kaum oder überhaupt nicht hätte lehren können.

§ 308 Die Grundlage der Bedeutung von Fabeln

Das, was in einer Fabel erfunden wird, muß eine Ähnlichkeit haben mit dem, was sie lehrt. Denn die Fabeln müssen die Vorstellung jener Wahrheit, die sie lehren, im Geiste hervorbringen; folglich ist es notwendig, daß sie alle die Dinge, die in dem Begriff jener Wahrheit mit eingeschlossen sind, enthalten. Da nun die Ähnlichkeit durch das gebildet wird, was bei denselben Dingen das gleiche ist, müssen die erfundenen Inhalte der Fabel eine Ähnlichkeit mit dem haben, was sie lehren. [...]

§ 309 Wie wird eine Fabel erfunden

Wer eine Fabel erfinden will, muß die Wahrheit, von der er einen anderen überzeugen will, nehmen, diese dann auf irgendeinen wirklichen Fall anwenden und darauf achten, ob er aus den Dingen, die der breiten Masse bekannt sind, etwas anderes gestalten kann, das eine Ähnlichkeit mit dem Wahren hat hinsichtlich der Dinge, die er lehren will. Denn da die Fabel erfunden wird, um eine Wahrheit zu lehren, muß derjenige, der sie erfinden will, wissen, welche Wahrheit er denn dem anderen beibringen will und diese dann gleichsam als Ausgangspunkt nehmen, von dem er dann die Fabel ableitet. [...]

§ 312 Worüber der Erfinder unterrichtet sein soll

Wer Fabeln erfinden will, muß wissen, was allgemein bekannt ist. Denn das, was in der Fabel erfunden wird, muß der breiten Masse bekannt sein oder, was sich daraus ableitet, muß eine allgemein bekannte Sache sein. Es ist daher klar, daß derjenige, der Fabeln erfinden will, Kenntnisse der Dinge haben muß, die allgemein bekannt sind.

Allgemein Bekanntes nenne ich aber solches, was in der breiten Masse alle kennen und was daher durch allgemeine Erfahrung gelernt wird. Von der Art sind die Dinge, welche die Geschichte von der Stadtmaus und der Landmaus betreffen ... Solche Dinge sind auch diejenigen, die aus der gemeinsamen Erfahrung der Hirten bestehen, z. B. von Wölfen, die den Schafen auflauern, von Hunden, die diese bewachen, von der Angst der unbewaffneten Vögel. Hierzu gehören auch die Dinge, die auf dem Lande von Bauern, in der Stadt von den Bürgern oder Einwohnern, ja sogar am Hof von den Höflingen betrieben werden. Deswegen ist es offensichtlich, daß die Erfinder von Fabeln sich jegliche Erfahrung verschaffen müssen, die überall bei allen Menschen gilt. [...]

§ 316 Der Gebrauch der Fabeln dient zur Eindämmung menschlicher Dummheit

Wenn die Fabeln die Regeln der Klugheit durch ein Argument, das vom Gegenteil gewählt ist, anderen beibringen, dann machen sie die Dummheit desjenigen, der gegen diese Regeln handelt, offensichtlich. Wenn nämlich die Fabel eine bestimmte Regel der Klugheit durch ein Argument, das vom Gegenteil genommen ist, anderen klarmachen soll, dann müssen die Handlungen von Menschen, von Tieren oder von anderen Dingen so erfunden werden, daß sie der Regel der Klugheit, die man lehren will, entgegengesetzt sind. [...] Wo man daher bei Menschen, Tieren oder anderen Dingen, von denen die Fabel redet, die Dummheit verlacht, wird durch die Interpretation das Erfundene bald auf die Wirklichkeit zurückgeführt, so daß es keinen Zweifel mehr gibt, daß die Dummheit desjenigen, der gegen die Regeln der Klugheit handelt, offensichtlich wird. [...]

JOHANN JACOB BREITINGER

Von der Esopischen Fabel (1740) (Auszug)

Die Fabel ist in ihrem Wesen und Ursprung betrachtet nichts anders, als ein lehrreiches Wunderbares. Dieselbe ist erfunden worden, moralische Lehren und Erinnerungen auf eine verdeckte und angenehmergetzende Weise in die Gemüther der Menschen einzuspielen, und diesen sonst trockenen und bittern Wahrheiten, durch die künstliche Verkleidung in eine reizende Maßke, einen so gewissen Eingang in das menschliche Hertz zu verschaffen, daß es sich nicht erwehren kan, ihren heilsamen Nachdruck zu fühlen. Moralische Wahrheiten und Lehren, wenn sie mit dem gebietenden Thon und Ansehen eines Doctors vorgetragen werden, sind immer mit einer heimlichen Vorrückung unsrer moralischen Unvollkommenheit verbunden, und werden daher als so viele Anklagen und Bestrafungen angesehen, die nothwendig eine Beschämung erwecken, und eben deswegen dem stoltzen Menschen nicht anders, als unangenehm und widrig vorkommen müssen. Der angebohrne Hochmuth desselben kan es nicht vertragen, wenn andere sich vermessen, mit einer gebietenden Stimme und Doctor-mässigen Mine seiner Freyheit Gesetze vorzuschreiben, und ihm Schranken zu setzen, noch weniger, wenn diese Erinnerungen und Lehren ihm eine heimliche Röthe auspressen, und ihn vor seinem eigenen Gewissen beschämt machen. Daher kömmt es, daß diese moralischen Wahrheiten, wenn sie in ihrer nackten Gestalt vorgetragen werden, den Menschen insgemein so widrig und verdrießlich vorkommen, daß sie nicht einmahl so viel Gedult haben, solche nur anzuhören.

Weilen aber dennoch diese moralischen Lehren, Erinnerungen und Bestraffungen das einzige Mittel sind, wodurch die Ruhe und Glückseligkeit der Menschen muß befördert werden, so fand man sich genöthigt, auf eine unschuldige List zu gedencken, wie man diese so bittern, zugleich aber auch heilsamen, Wahrheiten durch die Art des Vortrages denselben gantz angenehm machen, und dadurch ihre gewogene Aufmercksamkeit gewinnen könnte. Es fanden sich so gleich zwey Mittel, durch die man diesen Zweck zu erhalten sich getraute, und die in der That ihren zureichenden Grund in der Natur des Menschen haben: Diese sind die Erzehlungen und das Wunderbare; jenes sollte dienen die wahre Absicht des Moralisten künstlich zu verbergen, und allen Verdacht, als ob er mit seinen Vorstellungen befehlen oder beschämen wollte, zu entfernen; dieses aber sollte dem Vortrage selbst eine anzügliche reitzende Kraft mittheilen, sich die aufmercksame Gewogenheit der Leser zu erwerben und sie zu unterhalten. Der Moraliste mußte dann vor allen Dingen das Ansehen eines Gesetzgebers, Lehrers und Richters ablegen, und dagegen den Schein und Titel eines blossen Historici oder Zeugen, der keine andere Absicht hat, als durch angenehme Erzehlungen zu belustigen, an sich nehmen, wofern seine Vorstellungen ihren Zweck in die menschlichen Seelen durchzudringen erhalten sollten: Er mußte also die dogmatische und gebietende Lehrart in die historische verwandeln, und seine wahre Absicht unter dem durchsichtigen Vorhange einer zwar fremden aber allegorischen Geschichte so künstlich zu verbergen wissen, daß der Leser zwar anfänglich diese verborgene Absicht nicht vermuthen würde; hernach aber an dem Ende der Erzehlung aus der Aehnlichkeit des Bildes zu errathen, und den Schluß, *mutato nomine de te fabula narratur*, auf sich zu machen, gezwungen wäre. Dergleichen Erzehlungen ähnlicher Handlungen und Begegnisse, derer Moralität in einem und eben demselben allgemeinen moralischen Lehrsatze gegründet ist, heisset man Beyspiele und Exempel, und sie dienen als so viele Erfahrungen, die Schönheit und die glücklichen Folgen der Tugend, wie eben so wohl die Häßlichkeit und die traurigen Folgen des Lasters vor Augen zu legen. Die Fabel ist demnach nichts anders, als eine Erinnerung, die unter die Allegorie einer Handlung verstecket wird, sie ist eine historisch-symbolische Morale, die durch fremde Beyspiele Klugheit lehret, und eine gantze Reihe von allegorischen Exempeln, so in dieser Absicht entworfen und verfasset wären, dörfte vielleicht, wie der Herr la Motte geschickt angemercket hat, eine Sittenlehre von dem Thun und Lassen der Menschen ausmachen, welche einer methodischer eingerichteten und grade nach dem Menschen zielenden Abhandlung wohl vorzuziehen seyn mögte.

Da nun die Fabel ihre Lehre nicht anders als verdeckt unter einer ähnlichen symbolischen Erzehlung vorstellet, so hat folglich eine jede Fabel zween wesentliche Haupttheile, aus welchen sie bestehet; derer einer in die äusserlichen Sinnen fällt, und gantz sichtbar ist, der andere aber durch die Vergleichung und das Nachdencken entdecket wird. Jenen, nemlich den sichtbaren Theil, können wir füglich den Cörper der Fabel nennen, wie hingegen den unsichtbaren die Seele. Die Lehre ist also die Seele der Fabel, da die Erzehlung nur der Cörper davon ist. Die menschliche Seele ist unstreitig der vornehmere Haupttheil, in dessen Gebrauche auch der Mensch seine gröste Würde suchen muß; der Cörper hingegen muß alleine dienen, die Würckungen der Seele zu offenbaren, und sie zu dem Commercio mit der materialischen Welt tüchtig zu machen; eben so ist die Lehre die Haupt-Absicht der Fabel, und die Erzehlung wird alleine um der Lehre willen erfunden, selbige gantz sicht-

bar, und auch den Sinnen und der Einbildung vernehmlich zu
machen: Wie nun die Vereinigung dieser zween Haupttheile,
der Seele und des Leibes, die in einer vollkommenen Harmonie
ihrer Empfindungen und Würckungen bestehet, erst einen Menschen ausmachet, bestehet auf gleiche Weise das Wesen der Fabel darinnen, daß die Erzehlung in ihren Umständen, eben wie
der Menschliche Córper durch seine Bewegungen, die Schlüsse
und den Willen der Seele so deutlich zu offenbaren aufgelegt
sey, daß man den moralischen Lehrsatz, in welchem die gantze
Erzehlung als ein Beyspiel und eine Erfahrung gegründet ist,
aus derselben unzweifelhaft ersehen könne. Und hierinnen bestehet die Richtigkeit der Fabel, wenn sie nemlich ohne Zweydeutigkeit dasjenige zu verstehen giebt, was man haben will.

Diese nothwendige Harmonie und wesentliche Uebereinstimmung des córperlichen und geistlichen Theiles einer Fabel setzet eine kluge Wahl der Geschichte, und eine eigentliche Bestimmung der Umstände derselben voraus: Denn da die Erzehlung dienen soll, einen gewissen allgemeinen moralischen Lehrsatz und einen andern ähnlichen Fall, der unter demselben mit
eingeschlossen ist, vorzubilden, so muß ja nothwendig die
Wahl der Erzehlung und der Umstände derselben sich nach
dieser Haupt-Absicht einer Fabel richten, und die Umstände
müssen ordentlicher Weise in dieser Absicht gegründet seyn;
also daß man aus der moralischen Absicht einer Fabel zulängliche Gründe geben könne, warum man diese Personen, diese
Handlung, diese Umstände vor andern gewehlet habe: Folglich
sind alle Umstände einer Erzehlung, derer Wahl man nicht aus
der Harmonie und Uebereinstimmung mit der moralischen Absicht rechtfertigen, und von denen man nicht zeigen kan, daß
sie diese Absicht auf einige Weise zu unterstützen und zu
befördern dienen, gantz unnütze und müssig. Dergleichen müssige Umstände aber, wenn sie der Absicht einer Fabel nicht aufhelfen, sind derselben gemeiniglich nachtheilig, und stehen ihr
im Lichte. Und hierinnen bestehet die Einheit der Fabel, wenn
nemlich alle Züge und Linien derselben in einem gewissen Gesichtes-Punct mit einander übereintreffen.

Ferner beruhet auf dieser nothwendigen Uebereinstimmung
der Erzehlung mit der Lehre, als der Haupt-Absicht der Fabel, der wesentliche Unterschied zwischen einer Fabel und einer blossen Erzehlung oder Geschichte: Der Fabulist ist ein
moralischer Lehrer, seine Haupt-Absicht ist die Erbauung und
Verbesserung des Menschen; der Geschicht-Schreiber ist ein
blosser Zeuge dessen, so geschehen ist, und er hat seiner Absicht

und seinem Ammt völlig genug gethan, wenn er umständlich berichtet, was er gesehen und gehöret oder von glaubwürdigen Zeugen vernommen hat. Die Geschichte erzehlet; aber die Fabel lehret, vermahnet, bestraffet: Die Erzehlung ist in der Geschichte wesentlich, und das Erbauliche ist nur zufällig; hergegen ist in der Fabel das Lehrreiche und Erbauliche die Haupt-Absicht, die Erzehlung aber nur das Kleid oder die Maßke, in welche die Lehre künstlich verstecket wird: Die Geschichte beschreibet die Sachen ohne Wahl, wie sie vorfallen, und sie muß sich allein nach der Wahrheit richten; hergegen muß der Fabulist eine solche Erzehlung wehlen, die bequem ist den Lehrsatz, den er in der Absicht hat, deutlich zu machen, er mag nun von ihrer Wahrheit und Würcklichkeit versichert seyn, oder nicht, wenn sie nur möglich ist. Folglich muß man die Erzehlung in der Fabel nicht als einen unbeseelten und abgesonderten Cörper, oder als eine blosse Erzehlung ansehen, sondern als eine Allegorie, oder als ein moralisches Beyspiel, welches neben andern ähnlichen Handlungen in einem allgemeinen Lehrsatze gegründet ist, und uns nothwendig auf die Betrachtung desselben führet, ohne welche die Erzehlung ein leeres Kinderspiel seyn würde.

Die Vergleichung der Erzehlung in der Fabel mit dem menschlichen Cörper führet mich endlich noch auf eine andere Anmerckung. Gleichwie man nemlich eben wegen dieser genauen Harmonie und Vereinigung des menschlichen Cörpers mit der Seele, aus denen blossen Bewegungen und Verrichtungen des Cörpers die verborgenen Gedancken, die Schlüsse und den Zustand, der Seele deutlich erkennen kan; also sollte man auf gleiche Weise aus der Erzehlung, als dem Cörper einer Fabel, und aus den Umständen der ähnlichen Handlung, die darunter verborgene Lehre leicht und ohne tiefes Nachsinnen entdecken können. Diesemnach wäre es gantz unnöthig und überflüssig, die Lehre der Fabel mit ausdrücklichen Worten beyzusetzen; und man könnte das mit gutem Grunde eines jeden eigenem Nachdencken überlassen, weil nicht zu befahren ist, wenn die Wahl und Erfindung der Allegorie glücklich getroffen, daß jemand das Ziel verfehlen würde. Es hat auch Esopus in seinen Fabeln nicht nöthig gehabt die Lehren selbst anzuhengen, denn so viel man aus seiner Geschichte abnehmen kan, sezete er sie bey gewissen Anlässen auf, die sich etwa begaben. Er war ein allegorischer Sitten-Richter, der einem jeden die Umstände, darinnen er sich befand, vor Augen mahlete, und ihn damit veranlassete, dasjenige, was er ihm selbst nicht ausdrücklich sagete, zu gedencken. Er begnügte sich daran, daß er die Lehren in dem Bilde eingeschlossen hatte, und ließ dem Zuhörer die Freude, sie daraus zu ziehen. Und dieses war für denselben auch eine gantz leichte Arbeit, weil er sich allemahl in einem gantz ähnlichen Falle und Zustande befand, als Esopus in der Fabel mit veränderten Personen und Umständen ihm vor Augen legte, so daß er sich nicht erwehren konnte, sich selbst in diesem, dem Scheine nach gantz fremden, Bilde zu erkennen. Mithin da die Leser der Fabeln von ungleichem Geschmacke und Fähigkeit sind, sich auch nicht grad in demjenigen Falle befinden, den man durch ein allegorisches Beyspiel abschildern will, so mag es nichts schaden, wenn der Fabulist die Bemühung seiner Leser um etwas zu erleichtern, und ihnen auf die Spur zu helffen, oder wenigstens sie von ihren glücklich gemachten Entdeckungen zu versichern, die in der Fabel gegründete Lehre mit ausdrücklichen und bequemen Worten aussetzet; jedoch nicht ehender als am Ende. Denn da die Erzehlung in der Fabel eben darum erfunden worden, die moralischen Bestraffungen dadurch gantz verdeckt vorzustellen, und die bittern Wahrheiten durch die Einkleidung in fremde Geschichten recht angenehm zu machen; so ist von sich selbst klar und offenbar, daß dieser Absicht der Erzehlung gemäß die Lehre so lange verborgen bleiben sollte, biß sie sich aus der Erzehlung nach und nach an dem Ende selbst deutlich entdecken würde. Auf diese Weise wird der Geist des Lesers angenehm geübet, und ihm überlassen, sich selbst in dem ähnlichen Beyspiele zu finden, und darinnen seine wahre Gestalt als in einem hellen Spiegel zu erkennen. [...]

Fraget man nun nach der Ursache warum diese historische Lehrart durch Beyspiele einen so grossen Vorzug erhalten, und einen so glücklichen Eingang bey den Menschen gefunden habe, so bitte ich nur folgendes zu bedencken: Erstlich, daß alle Erzehlungen angenehm sind, weil sie unsere Neugierigkeit speisen und vergnügen: Hernach, daß die Exempel als Erfahrungen die Möglichkeit einer Pflicht entdecken, und uns von unsrer Fähigkeit, solche abzustatten, überzeugen: Drittens, daß so ungerne die Menschen sich gerade zu bestraffen lassen, sie so geneigt sind, andrer Leute Thun und Lassen zu richten, worinnen die Fabel als eine Erzehlung fremder Geschichten uns zu statten kömmt, und unsre Tadelsucht angenehm unterhält. Ferner, daß die Allegorie der Fabel den Geist des Menschen angenehm beschäftigt, indem sie ihm viel Dinge auf einmahl zu betrachten vorleget, und ihn angenehm beschäftigt hält, die Aehnlichkeit, so unter denselben waltet, zu entdecken; er wird wegen dieser geschickten Scharfsinnigkeit, mittelst welcher er mehr siehet, als man ihm zeiget, wohl mit ihm selbst zufrieden, und indem er entdecket, was einigermaassen verhüllet war, hålt er sich selbst auf gewisse Weise vor den Erfinder dessen, was man ihm verborgen hatte. Dazu kömmt noch, daß die Allegorie, nachdem wir gantz fertig gewesen sind, fremde Handlungen nach der grösten Schärffe zu beurtheilen, uns auffodert, gleichsam *per Reflexionem* einen Blick in unsern eigenen Busen zu thun, und uns nöthigt in dem Urtheil, so wir allbereit gefället haben, unsre eigene Bestraffung und Verdammung zu finden, wodurch unsrer Eigenliebe, die sich nicht leicht zur Verbesserung der Sitten verstehen kan, wenn sie meint, daß es auf Befehl und aus Gehorsam geschähe, trefflich geglimpfet wird. Demnach machen sich die Fabeln als lehrreiche Beyspiele durch einen Kunstgriff beliebt, welchen Socrates in seinen Gesprächen schon gebraucht hat: Dieser kluge Weltweise hat sich einer Art bedienet, die Leute zu unterrichten und zu bestraffen, ohne daß ihm jemand darüber Feind werden konnte, ungeachtet die Menschen über das Capitel von ihren Fehlern sehr eckel und kützeligt sind: Er wieß ihnen unter einer fremden Begebenheit, die mit der andern eine vollkommene Aehnlichkeit hatte, ihre eigene Geschichte, und überließ seinen Gegnern, ja zwang sie oft einen Schluß wider sich selbst abzufassen: Die Fabeln thun ein gleiches, sie stellen dem Leser eine Erzehlung vor, und beschäftigen ihn mit der Sorge, sich selbst darinnen zu finden; die Bestraffung, die er genöthigt wird, in dieser ähnlichen Abbildung sich selbst zu geben, scheinet nicht geradenweges von des Verfassers Absicht herzurühren, sondern hat das Ansehen einer Folge, die der Leser selbst durch seinen Fleiß und seine Scharfsinnigkeit daraus gezogen und sich zugeeignet hat. [...]

Weil nun Esopus die Fabel zum Unterrichte des gemeinen bürgerlichen Lebens angewendet, so waren seine Lehren meistens gantz bekannte Sätze und Lebens-Regeln, und also mußte er auch zu der allegorischen Vorstellung derselben gantz gewohnte Handlungen und Beyspiele aus dem gemeinen Leben der Menschen entlehnen: Da nun aber die täglichen Geschäfte und Handlungen der Menschen nichts ungemeines oder merckwürdig-reizendes an sich haben, so mußte man nothwendig auf ein neues Mittel bedacht seyn, auch der allegorischen Erzehlung eine anzügliche Kraft und ein reizendes Ansehen mitzutheilen, um ihr also dadurch einen sichern Eingang in das menschliche Hertz aufzuschliessen. Nachdem man nun wahrgenommen, daß alleine das Seltene, Neue und Wunderbare, eine solche erweckende und angenehm-entzückende Kraft auf das menschliche Gemüthe mit sich führet, so war man bedacht, die Erzehlung durch die Neuheit und Seltsamkeit der Vorstellung wunderbar zu machen, und also dem Cörper der Fabel eine ungemeine und reitzende Schönheit beyzulegen. Die Erzehlung bestehet aus zween wesentlichen Haupt-Umständen, dem Umstande der Person, und der Sache oder Handlung; ohne diese kan keine Erzehlung Platz haben. Also muß das Wunderbare, welches in der Erzehlung herrschen soll, sich entweder auf die Handlung selbst, oder auf die Personen, denen selbige zugeschrieben wird, beziehen. Das Wunderbare, das in den täglichen Geschäften und Handlungen der Menschen vorkömmt, bestehet vornehmlich in dem Unvermutheten, so wohl in Absicht auf die Vermessenheit in dem Unterfangen, als die Boßheit oder Thorheit im Ausführen, zuweilen auch in einem gantz unerwarteten Ausgange einer Sache: Weil aber dergleichen wunderbare Handlungen in dem gemeinen Leben der Menschen etwas ungewohntes und seltenes sind; da hingegen die meisten gewöhnlichen Handlungen gar nichts ungemeines oder merckwürdiges an sich haben; so sah man sich gemüssiget, damit die Erzehlung, als der Cörper der Fabel, nicht verächtlich würde, derselben durch die Veränderung und Verwandlung der Personen einen angenehmen Schein des Wunderbaren zuzutheilen. Da nun die Menschen bey aller ihrer Verschiedenheit, dennoch überhaupt betrachtet in einer wesentlichen Gleichheit und Verwandtschaft stehen, so besann man sich, Wesen von einer höhern Natur, die man würcklich zu seyn glaubte, als Götter und Genios; oder solche, die man durch die Freyheit der Dichtung zu Wesen erschuf, als die Tugenden, die Kräfte der Seele, das Glück, die Gelegenheit, etc. in die Erzehlung einzuführen; vornehmlich aber nahm man sich die Freyheit heraus, die Thiere, die Pflantzen, und noch geringere Wesen, nemlich die leblosen Geschöpfe, zu der höhern Natur der vernünftigen Wesen zu erheben, indem man ihnen menschliche Vernunft und Rede mittheilete, damit sie also fähig würden, uns ihren Zustand und ihre Begegnissen in einer uns vernehmlichen Sprache zu erklären, und durch ihr Exempel von ähnlichen moralischen Handlungen unsre Lehrer abzugeben. [...]

Da ich oben gesagt habe, daß die Fabel nichts anders als eine historisch ausgeführte Metapher sey, so muß ich hier noch zum

Beschluß anmercken, daß sie eben so wenig als eine solche beweiset, sondern wie eine andere Allegorie allein zur Absicht hat, zu belustigen und zu erklären, oder auf eine angenehme Weise zu unterrichten, und für solche Leute zu dienen, deren Verstand zur Einsicht philosophischer Erweise viel zu träg und schwach ist. [...]

CHRISTIAN FÜRCHTEGOTT GELLERT

Von dem Nutzen der Fabel (1744) (Auszug)

Da ich hier etwas weniges von dem Nutzen der Fabel sagen will, so könnte ich mich des Ansehens der größten Männer bedienen, wenn er nicht aus der Natur der Fabel hinlänglich erkannt werden könnte. *Eine gute Fabel nutzt indem sie vergnügt;* sie trägt andern die Wahrheit unter glücklich erdachten und wohlgeordneten Bildern vor; daß man aber auf diesen zwar kurzen, doch königlichen Wege am leichtesten in die Gemüther der Menschen dringen könne, wird niemand leugnen, der das menschliche Herz fleißig untersucht hat. Viele schätzen die Fabel deswegen nicht hoch, weil sich ihr Nutzen nicht auf die Gebildeten, sondern auf die Jugend und den Pöbel erstrecket. Aber haben denn diese nicht hauptsächlich Warnungen und Lebensregeln nöthig? Muß man denn allezeit vor Gelehrte schreiben? Verlangt denn das allgemeine Wohl mehr; daß ein jeder Gelehrter in seiner Art eine Menge Bücher habe, durch die er sich bilden und vergnügen kann; als daß auch Ungelehrte Bücher in die Hände bekommen möchten, aus welchen sie gute Sitten und Redlichkeit lernen können. Wenn eine Sache dadurch, daß sie vielen nützlich ist, ihren Werth bekommt, so werden eben dadurch die Fabeln viel gewinnen, weil sie nicht vor scharfsehende Leute geschrieben werden, deren stets sehr wenig sind. Und gesetzt, daß sie auch bloß der Jugend nutzen, so wird dennoch ihr Nutzen schätzbar seyn, weil die gute Bildung der Gemüther und Sitten junger Leute viel zu dem Wohle theils eines jeden insonderheit, theils der Gesellschaft insbesondere abhängt. Bringt der nicht mehr Nutzen, welcher junge Bäumchen ziehet und abwartet, damit sie einmal recht viele Früchte bringen; als der, welcher die Bäume pfropfet? Dahero hat Plato, der alle übrigen Dichter von seinem Reiche ausgeschlossen, denen Fabeldichtern in demselben einen sehr angesehenen Platz eingeräumet. Allein es ist offenbar, daß die Fabel auch für Erwachsene gehöre, weil durch sie das, was sie schon wissen bestätiget wird, und sie durch diese die guten Lehren in ihrem Leben anwenden lernen. Denn wenn ich einen unterrichten will, so ist es nicht nöthig, daß ich ihm stets etwas neues sage. Dahero kann sich das weibliche Geschlecht, und alle, die zwar nicht Gelehrte sind, aber doch den Wohlstand lieben, die Fabel zu nutze machen; *es kann aus den Bildern, mit einem Worte, ein jeder beßer als durch alle philosophische Beweise einsehen was wahr, was recht, was gerecht, was schön, und was anständig ist. – Die Menschen merken sich die Fabeln leicht, und mit Vergnügen,* weil sie von Dingen handeln, die in die Sinne fallen, und eben deswegen, und weil ihr Innhalt kurz ist, so können sie die Fabel lange merken, und von ihr langen und vielfachen Nutzen haben. *Endlich muß man auch den immerwährenden Nutzen der Fabel bedenken.* Die Comödien der Alten, welche auch Tugendschulen waren, gelten heut zu Tage wegen den so sehr verschiednen Sitten der Völker nicht mehr so viel; es sind auch unsre heutigen Comödien nicht zu aller Zeit, und an allen Orten nützlich. Aber die Aesopischen Fabeln sind bey allen Nationen nützlich und geehrt geblieben; und es wird es auch stets eine gute Fabel bleiben, welche sich nicht mit denen einem gewissen Volke eignen Sitten beschäftiget. Denn da sich die Fabel nach dem richtet, was von Natur recht gut, und wohlanständig, oder das Gegentheil davon ist, und worinnen Völker, wenn sie gleich in Ansehung der Zeit und des Orts noch soweit auseinander sind, und nicht alles was menschlich heißt, bey Seite gesetzet haben, recht wunderbar übereinstimmen, so siehet man leicht ein, wie weit sich das Reich und der Nutzen der Fabel erstrecken. In was vor Sprachen ließt man nicht die Aesopischen Fabeln, und sie werden so lange ergötzen, als sich die menschliche Gemüther, nach welchen sie gemacht sind, nicht verändern werden. Da sie nun aber destomehr vergnügen, je mehr sie nützlich sind, und beydes mit einander verbunden ist; so darf nie das Nutzbare von der Fabel getrennet werden. Es werfe mir niemand ein, daraus daß die Fabel nützlich seyn könne, folge nicht, daß sie auch nützlich sey; denn alle Lehren darinnen Weisheit und Tugend vorgetragen wird, haben dieses Schicksal. [...]

Magnus Gottfried Lichtwer

Die beraubte Fabel (1748)

Es zog die Göttinn aller Dichter,
Die Fabel, in ein fremdes Land,
Wo eine Rotte Bösewichter
Sie einsam auf der Straße fand.

Ihr Beutel, den sie liefern müssen,
Befand sich leer; sie soll die Schuld
Mit dem Verlust der Kleider büssen,
Die Göttinn litt es mit Geduld.

Hier wies sich eine Fürstenbeute,
Ein Kleid umschloß das andre Kleid;
Man fand verschiedner Thiere Häute,
Bald die, bald jene Kostbarkeit.

Hilf Himmel, Kleider und kein Ende!
Ihr Götter! schrien sie, habet Dank;
Ihr gebt ein Weib in unsre Hände,
Die mehr trägt, als ein Kleiderschrank.

Sie fuhren fort, noch mancher Plunder
Ward preis; doch eh man sichs versah,
Da sie noch schrien, so stund, o Wunder!
Die helle Wahrheit nackend da.

Die Räuberschaar sah vor sich nieder,
Und sprach: Geschehen ist geschehn,
Man geb ihr ihre Kleider wieder,
Wer kann die Wahrheit nackend sehn?

Gotthold Ephraim Lessing

Von dem Wesen der Fabel (1759) (Auszug)

Jede Erdichtung, womit der Poet eine gewisse Absicht verbindet, heißt seine Fabel. So heißt die Erdichtung, welche er durch die Epopee, durch das Drama herrschen läßt, die Fabel seiner Epopee, die Fabel seines Drama.

Von diesen Fabeln ist hier die Rede nicht. Mein Gegenstand

ist die sogenannte *Aesopische* Fabel. Auch diese ist eine Erdichtung; eine Erdichtung, die auf einen gewissen Zweck abzielet.

Man erlaube mir, gleich Anfangs einen Sprung in die Mitte meiner Materie zu thun, um eine Anmerkung daraus herzuholen, auf die sich eine gewisse Eintheilung der Aesopischen Fabel gründet, deren ich in der Folge zu oft gedenken werde, und die mir so bekannt nicht scheinet, daß ich sie, auf gut Glück, bey meinen Lesern voraussetzen dürfte.

Aesopus machte die meisten seiner Fabeln bey wirklichen Vorfällen. Seine Nachfolger haben sich dergleichen Vorfälle meistens erdichtet, oder auch wohl an ganz und gar keinen Vorfall, sondern bloß an diese oder jene allgemeine Wahrheit, bey Verfertigung der ihrigen, gedacht. Diese begnügten sich folglich, die allgemeine Wahrheit, durch die erdichtete Geschichte ihrer Fabel, erläutert zu haben; wenn jener noch über dieses, die Aehnlichkeit seiner erdichteten Geschichte mit dem gegenwärtigen wirklichen Vorfalle faßlich machen, und zeigen mußte, daß aus beyden, so wohl aus der erdichteten Geschichte als dem wirklichen Vorfalle, sich eben dieselbe Wahrheit bereits ergebe, oder gewiß ergeben werde.

Und hieraus entspringt die Eintheilung in *einfache* und *zusammengesetzte* Fabeln.

Einfach ist die Fabel, wenn ich aus der erdichteten Begebenheit derselben, bloß irgend eine allgemeine Wahrheit folgern lasse. – »Man machte der Löwin den Vorwurf, daß sie nur ein Junges zur Welt brächte. Ja, sprach sie, nur eines; aber einen Löwen.« – Die Wahrheit, welche in dieser Fabel liegt, ὅτι το καλον ουκ εν πληθει, αλλ' αρετη, leuchtet sogleich in die Augen; und die Fabel ist *einfach*, wenn ich es bey dem Ausdrucke dieses allgemeinen Satzes bewenden lasse.

Zusammengesetzt hingegen ist die Fabel, wenn die Wahrheit, die sie uns anschauend zu erkennen giebt, auf einen wirklich geschehenen, oder doch, als wirklich geschehen, angenommenen Fall, weiter angewendet wird. [...]

Ein jedes *Gleichniß*, ein jedes *Emblema* würde eine Fabel seyn, wenn sie nicht eine Mannigfaltigkeit von Bildern, und zwar zu *Einem* Zwecke übereinstimmenden Bildern; wenn sie, mit einem Worte, nicht das *nothwendig* erforderte, was wir durch das Wort *Handlung* ausdrücken.

Eine *Handlung* nenne ich, *eine Folge von Veränderungen, die zusammen Ein Ganzes ausmachen*.

Diese *Einheit des Ganzen* beruhet auf der *Uebereinstimmung aller Theile zu einem Endzwecke*.

Der Endzweck der Fabel, das, wofür die Fabel erfunden wird, ist der moralische Lehrsatz.

Folglich hat die Fabel eine *Handlung,* wenn das, was sie erzehlt, eine Folge von Veränderungen ist, und jede dieser Veränderungen etwas dazu beyträgt, die einzeln Begriffe, aus welchen der moralische Lehrsatz bestehet, anschauend erkennen zu lassen.

Was die Fabel erzehlt, muß eine *Folge von Veränderungen seyn.* Eine Veränderung, oder auch mehrere Veränderungen, die nur *neben einander* bestehen, und nicht *auf einander* folgen, wollen zur Fabel nicht zureichen. Und ich kann es für eine untriegliche Probe ausgeben, daß eine Fabel schlecht ist, daß sie den Namen der Fabel gar nicht verdienet, wenn ihre vermeinte Handlung *sich ganz mahlen läßt*. Sie enthält alsdenn ein blosses Bild, und der Mahler hat keine Fabel, sondern ein *Emblema* gemahlt. [...]

Doch nicht genug, daß das, was die Fabel erzehlt, eine Folge von Veränderungen ist; alle diese Veränderungen müssen zusammen nur einen *einzigen* anschauenden Begriff in mir erwekken. Erwecken sie deren mehrere, liegt mehr als ein moralischer Lehrsatz in der vermeinten Fabel, so fehlt der Handlung ihre Einheit, so fehlt ihr das, was sie eigentlich zur Handlung macht, und kann, richtig zu sprechen, keine *Handlung,* sondern muß eine *Begebenheit* heissen. [...]

— In der Fabel wird *nicht eine jede Wahrheit,* sondern ein allgemeiner moralischer Satz, *nicht unter die Allegorie einer Handlung,* sondern auf einen einzeln Fall, *nicht versteckt oder verkleidet,* sondern so zurückgeführt, daß ich, *nicht bloß einige Aehnlichkeiten mit dem moralischen Satze in ihm entdecke,* sondern diesen ganz anschauend darinn erkenne.

Und das ist das Wesen der Fabel? Das ist es, ganz erschöpft? – Ich wollte es gern meine Leser bereden, wenn ich es nur erst selbst glaubte. – Ich lese bey dem *Aristoteles:* »Eine obrigkeitliche Person durch das Looß ernennen, ist eben als wenn ein Schiffsherr, der einen Steuermann braucht, es auf das Looß ankommen ließe, welcher von seinen Matrosen es seyn sollte, anstatt daß er den allergeschicktesten dazu unter ihnen mit Fleiß aussuchte.« – Hier sind zwey besondere Fälle, die unter eine allgemeine moralische Wahrheit gehören. Der eine ist der sich eben itzt äussernde; der andere ist der erdichtete. Ist dieser erdichtete, eine Fabel? Niemand wird ihn dafür gelten lassen. – Aber wenn es bey dem *Aristoteles* so hieße: »Ihr wollt euren Magistrat durch das Looß ernennen? Ich sorge, es wird euch gehen wie jenem Schiffsherrn, der, als es ihm an einem Steuermanne fehlte etc.« Das verspricht doch eine Fabel? Und warum? Welche Veränderung ist damit vorgegangen? Man betrachte alles genau, und man wird keine finden als diese: Dort ward der Schiffsherr durch ein *als wenn* eingeführt, er ward bloß als *möglich* betrachtet; und hier hat er die *Wirklichkeit* erhalten; es ist hier ein gewisser, es ist *jener* Schiffsherr.

Das trift den Punct! Der *einzelne Fall,* aus welchem die Fabel bestehet, muß als wirklich vorgestellet werden. Begnüge ich mich an der Möglichkeit desselben, so ist es ein *Beyspiel,* eine *Parabel.* [...]

[...] der besondere Fall, aus welchem die Fabel bestehet, muß als wirklich vorgestellt werden; er muß das seyn, was wir in dem strengsten Verstande einen *einzeln* Fall nennen. Aber warum? Wie steht es um die philosophische Ursache? Warum begnügt sich das Exempel der practischen Sittenlehre, wie man die Fabel nennen kann, nicht mit der blossen Möglichkeit, mit der sich die Exempel andrer Wissenschaften begnügen? – Wie viel liesse sich hiervon plaudern, wenn ich bey meinen Lesern gar keine richtige psychologische Begriffe voraussetzen wollte. Ich habe mich oben schon geweigert, die Lehre von der anschauenden Erkenntniß aus unserm Weltweisen abzuschreiben. Und ich will auch hier nicht mehr davon beybringen, als unumgänglich nöthig ist, die Folge meiner Gedanken zu zeigen.

Die anschauende Erkenntnis ist vor sich selbst klar. Die symbolische entlehnet ihre Klarheit von der anschauenden.

Das Allgemeine existiret nur in dem Besondern, und kann nur in dem Besondern anschauend erkannt werden.

Einem allgemeinen symbolischen Schlusse folglich alle die Klarheit zu geben, deren er fähig ist, das ist, ihn so viel als möglich zu erläutern; müssen wir ihn auf das Besondere reduciren, um ihn in diesem anschauend zu erkennen.

Ein Besonderes, in so fern wir das Allgemeine in ihm anschauend erkennen, heißt ein Exempel.

Die allgemeinen symbolischen Schlüsse werden also durch Exempel erläutert. Alle Wissenschaften bestehen aus dergleichen symbolischen Schlüssen; alle Wissenschaften bedürfen daher der Exempel.

Doch die Sittenlehre muß mehr thun, als ihre allgemeinen Schlüsse bloß erläutern; und die Klarheit ist nicht der einzige Vorzug der anschauenden Erkenntniß.

Weil wir durch diese einen Satz geschwinder übersehen, und so in einer kürzern Zeit mehr Bewegungsgründe in ihm entdekken können, als wenn er symbolisch ausgedrückt ist: so hat die anschauende Erkenntniß auch einen weit grössern Einfluß in den Willen, als die symbolische.

Die Grade dieses Einflusses richten sich nach den Graden ihrer Lebhaftigkeit; und die Grade ihrer Lebhaftigkeit, nach den Graden der nähern und mehrern Bestimmungen, in die das Besondere gesetzt wird. Je näher das Besondere bestimmt wird, je mehr sich darinn unterscheiden läßt, desto grösser ist die Lebhaftigkeit der anschauenden Erkenntniß.

Die Möglichkeit ist eine Art des Allgemeinen; denn alles was möglich ist, ist auf verschiedene Art möglich.

Ein Besonderes also, bloß als möglich betrachtet, ist gewissermaaßen noch etwas Allgemeines, und hindert, als dieses, die Lebhaftigkeit der anschauenden Erkenntniß.

Folglich muß es als wirklich betrachtet werden und die Individualität erhalten, unter der es allein wirklich seyn kann, wenn die anschauende Erkenntniß den höchsten Grad ihrer Lebhaftigkeit erreichen, und so mächtig, als möglich, auf den Willen wirken soll.

Das Mehrere aber, das die Sittenlehre, ausser der Erläuterung, ihren allgemeinen Schlüssen schuldig ist, bestehet eben in dieser ihnen zu ertheilenden Fähigkeit auf den Willen zu wirken, die sie durch die anschauende Erkenntniß in dem Wirklichen erhalten, da andere Wissenschaften, denen es um die bloße Erläuterung zu thun ist, sich mit einer geringern Lebhaftigkeit der anschauenden Erkenntniß, deren das Besondere, als bloß möglich betrachtet, fähig ist, begnügen.

Hier bin ich also! Die Fabel erfordert deswegen einen wirklichen Fall, weil man in einem wirklichen Falle mehr Bewegungsgründe und deutlicher unterscheiden kann, als in einem möglichen; weil das Wirkliche eine lebhaftere Ueberzeugung mit sich führet, als das bloß Mögliche. [...]

Und nunmehr glaube ich meine Meinung von dem Wesen der Fabel genugsam verbreitet zu haben. Ich fasse daher alles zusammen und sage: *Wenn wir einen allgemeinen moralischen Satz auf einen besondern Fall zurückführen, diesem besondern Falle die Wirklichkeit ertheilen, und eine Geschichte daraus dichten, in welcher man den allgemeinen Satz anschauend erkennt: so heißt diese Erdichtung eine Fabel.*

Das ist meine Erklärung, und ich hoffe, daß man sie, bey der Anwendung, eben so richtig als fruchtbar finden wird.

LUDWIG HEINRICH JACOB

Ueber die äsopische Fabel der Alten (1785) (Auszug)

1) »Wie kömmt es, daß wir bei allen uns bekannten Völkern, wenn sie auf eine gewisse Stufe der Kultur gekommen sind, die äsopische Fabel antreffen? Wie kamen sie auf deren Erfindung?«

Man weiß, daß die Erfindung der äsopischen Fabel in die ältesten Zeiten gehört, daß sie bei allen rohen Nationen viel gewirkt und in großem Ansehn gestanden, und daß man denjenigen Weisheit und Gelehrsamkeit beigelegt hat, welche sich derselben mit vorzüglicher Geschicklichkeit zu bedienen wußten. Diese allgemeine Bekanntschaft aller Völker mit dieser Fabelgattung erwekt leicht den Gedanken: daß ihre Erfindung in der noch rohen Natur des Menschen selbst ihren Grund haben, und daß die Art, durch dieselbe zu unterrichten, dem menschlichen Geiste natürlich sein müsse. Und in der That findet sich dies so, wenn man dem Gange der Seele, auf welchem sie zu Kenntnissen gelangt, ein wenig nachgeht. Die Elementarkenntnisse des Menschen sind sinnliche Ideen; daher die Armuth an abstrakten Wörtern und der Reichthum an Bildern in der Sprache des ungebildeten Menschen. Er ist bloß der anschauenden Erkenntniß fähig. Durch sie müssen seine Entschlüsse, seine Neigungen, sein Wille geleitet werden. Es gehören eine Menge Erfahrungen dazu, sein Gefühl von Recht und Unrecht, von Tugend und Laster zu bilden, und ihm alle moralischen Verhältnisse empfindbar zu machen. Aus der Vergleichung mehrerer Dinge, welche der Mensch kennen lernt, erhält er gewisse Maaße, und nach diesen werden seine Begriffe von groß und klein, Recht und Unrecht, Tugend und Laster, u. s. w. bestimmt. Jeden neuen Fall kann er nun mit seinen schon gemachten Erfahrungen zusammen halten – vergleichen, über ihn urtheilen. Will er andern dergleichen Verhältnisse begreiflich machen: so muß er ihm seine Erfahrungen als einen Maaßstab vorhalten, d. h. er muß Beispiele, Bilder, Allegorien u. s. w. gebrauchen. Philosophisches Räsonnement, Auseinandersetzung und Entwikkelung der Begriffe kennt dieser nicht, und jener würde ihn nicht verstehen. Diese Art durch Beispiele zu beweisen, Bilder auf Bilder, Gleichnisse auf Gleichnisse zu häufen, ist also dem frühen Zustande des Menschen ganz angemessen; und sie ist selbst bei uns dem gemeinen Manne noch eigen, der ohne die Regeln der Aesthetik zu kennen, oft glüklicher in der

Ausübung derselben ist, als der Gelehrte. Dieser an abstrakte Wörter und Ideen gewöhnt, vergißt den Weg der Natur, und muß erst viele Mühe und Kunst anwenden, um ihn wieder zu finden. Hierdurch sind einige Philosophen verleitet worden, zu glauben, als ob die Volkslehrer jener frühern Zeiten auch erst durch langes philosophisches Nachdenken, ihre Methode, durch Bilder, Allegorien und Fabeln zu lehren, erfunden hätten; da es augenscheinlich ist, daß der Mensch in seiner Kindheit keine andre kennt, und daß die Geschiklichkeit und der Ruhm, den er sich darinnen erwirbt, allein von dem Grade des Verstandes und der natürlichen Anlagen abhängt, in welchem er seine Zeitgenossen übertrifft. Durch Vergleichung einer Menge guter und schlechter Handlungen entsteht das moralische Gefühl, und die Fähigkeit über jede moralische Handlung zu urtheilen, indem er diese nach einer ähnlichen, welche sich in dem Vorrathe seiner Erfahrungen befindet, abmißt. Da aber Leidenschaft oder Unachtsamkeit, oder Nachlässigkeit den Menschen oft verhindern, über Handlungen richtig zu urtheilen: so kömmt es bloß darauf an, ihm einen andern Fall vorzuhalten, wo Interesse und Parteilichkeit ihn nicht mehr hindern, eine richtige Vergleichung anzustellen, welcher aber dem gegebnen Falle in allen den Umständen gleich sein muß, auf welchen die Fällung des Urtheils beruht. Da ferner es nicht darauf ankömmt, ob der Fall wirklich existirt oder nicht, indem bloß ein richtiges Urtheil über den Werth einer Handlung dadurch bewirkt werden soll; so kann man einen ähnlichen Fall erdichten*, und dies scheint mir der Ursprung der äsopischen Fabel. Eine sehr leichte und natürliche Art, die Menschen die Wahrheit zu lehren!

Bei Erdichtung eines solchen Falles kömmt es vorzüglich darauf an, daß die dabei handelnden Personen bekannt sind und einen bestimmten Charakter haben; und auch hierin hat die Natur den Irrthum bei dem sinnlichen Menschen gewissermaßen unmöglich gemacht. Er kennt bloß allgemein auffallende Eigenschaften der Dinge. An der Ceder das Große und Erhabene, am Dornstrauche das Niedrige, Verächtliche und Habsüchtige u. s. w. Wozu viel Nachsinnen, langes mühsames Untersuchen, subtiles Distinguiren erfordert wird – das gehört nicht in das Gebiet des sinnlichen Menschen, folglich auch

---

* Die letztere Art ist weit leichter, und man findet sie daher bei den Alten weit häufiger. Erst spät aber fing der Sprachgebrauch auch an, sie zu unterscheiden, und nannte die ersten Parabeln, die letztern Fabeln (λογός). S. Aristot. Rhet. II, 20.

nicht in das Gebiet der Fabel. Der Mensch ist ein viel zu mannichfaltiges Wesen, hat viel zu viel Seiten, als daß der Fabeldichter ihn sollte eine große Rolle spielen lassen; er will in seiner Erzählung nicht durch aufgeworfene Fragen, durch Disputiren, durch Zweifel unterbrochen sein*. Ein Löwe, ein Fuchs, ein Kiselstein, ein Tieger, ein Schaf etc. etc. Wer denkt nicht sogleich bei allen etwas Bestimmtes? Bei dem Löwen Majestät und Macht, bei dem Fuchse List, bei dem Kieselsteine Härte u. s. w.? Nehme man hierzu noch, daß der sinnliche Mensch allem, was er sieht, Leben zuschreibt, daß seine Sprache alle Erscheinungen so darstellt, als ob Unterredungen, Gedankenreihen selbst zwischen leblosen Dingen wirklich vorgefallen wären; so ist es klar, warum alle physische und superphysische Wesen in dem Reiche der äsopischen Fabel das Bürgerrecht erhalten haben, so bald sie nur bestimmte und allgemein bekannte Charaktere hatten. So viel möcht ich inzwischen auf den Grund, daß die Menschheit in ihrem Kindesalter allenthalben Verstand und Sprache fand, nicht rechnen, als einige neuere Schriftsteller zu thun scheinen. Wirkliche Sprache schrieben die rohesten Menschen den Thieren, Pflanzen und Steinen wohl nicht zu, und eben so wenig Moralität; nur die Armuth der Sprache und der Begriffe zwang sie, die Erscheinungen so vorzustellen**. So bald daher der Dichter die Leidenschaft des andern rege machen, so bald er ihm sein Urtheil zuvor ablokken will, ehe er vergleicht, damit er es nicht wieder zurüknehmen kann; alsdann sucht er Wahrscheinlichkeit des Geschehenen in seine Erdichtung zu bringen: er läßt vernünftige Wesen handeln; denn diese liegen gar nicht außer seinem Gebiet, so bald sie nur obenbenannte Prädikate haben. So Nathan beim David***. Denn bei jener Voraussetzung müßte der Prophet eben das bei dem Könige bewirkt haben, wenn er auch Thiere in seiner Fabel gebraucht hätte: welches doch niemand behaupten wird.

Sich durch Fabeln zu unterrichten, ist also dem noch rohen und bloß sinnlichen Menschen natürlich: indem er nur durch

* Man vergl. Lessings zweite Abh. v. d. Fabel.
** Man sehe I B. Mose, 3. Vielleicht könnte man mich auf Bileams Esel (4 B. Mose, 22) und Achilles Pferde (Hom. Il 19.) verweisen; aber man wird sich erinnern, daß dem erstern Jehova und den letztern Here die Stimme verlieh, daß es also selbst die Alten für ein Wunder hielten, – und als Wunder glaubt es auch wohl unser Pöbel noch.
*** 2 Sam. 12.

Vergleichung einzelner Fälle zu Kenntnissen, Entschließungen, und Ueberzeugungen gelangen kann; und darunter gehören die Fabeln.

2) *Was hatten die Alten bei Erdichtung einer Fabel für einen Zwek?*

Hatten die Alten wirklich die Absicht, einen allgemeinen moralischen Satz dadurch anschauend zu machen, wie die Theorie der Neuern lehrt? – Wir wollen sehen. Als Joas dem Amazia sagen ließ*: »Der Dornstrauch, der in Libanon ist, sandte zum Ceder in Libanon und ließ ihm sagen: Gib deine Tochter meinem Sohne zum Weibe; aber das Wild auf dem Felde in Libanon lief über den Dornstrauch, und zertrat ihn;« sollte da wohl Joas erst den allgemeinen Satz gedacht haben: Ein Schwacher wird verachtet, wenn er sich mit Großen und Mächtigen messen will; und nun sich hingesetzt und diese Fabel erdichtet haben? – Nimmermehr. Er will bloß dem Amazia begreiflich machen, daß er sehr thöricht verfährt, mit ihm anbinden zu wollen: »Du hast die Edomiter geschlagen, des erhebet sich dein Herz. Habe den Ruhm und bleibe daheim. Warum ringest du nach Unglük, daß du fallest und Juda mit dir?« Dies dachte er zuerst, und nun ersann er, ohne an allgemeine Begriffe zu denken, eine Fabel, die auf den gegenwärtigen Fall paßte. Daß sie aber auf mehrere Fälle angewandt werden kann, das hat sie mit dem Beispiele gemein, und die Fabel war erfunden, ehe noch diese Entdekkung gemacht wurde. Die Fabeln der Alten sind alle gelegenheitsweise entstanden, ihr Erdichter dachte schlechterdings an keinen allgemeinen moralischen Satz; und es kann gute Fabeln geben, die bloß auf Einen speciellen Fall passen, und woraus sich kein allgemeiner moralischer Satz folgern läßt. Daher kann man auch keine Fabel der Alten ganz richtig beurtheilen, wenn man nicht die Veranlassung weiß, bei welcher sie erdichtet worden ist**. Erst, als die Fabel ihre eigentliche Einwirkung verlohren hatte, und ihr goldnes Zeitalter vorüber war, als sie mehr ein Gegenstand der Kunst und ein bloßes Spiel des Witzes zu werden anfing, erst da fiel man darauf, aus den Fabeln der Alten allgemeine Lehren, die darin lagen, herauszuziehen, oder sie bei Erdichtung neuer Fabeln zum Grunde zu legen. Es ist aber nichts gewöhnlicher, als daß wir, wenn wir den Gang des menschlichen Geistes erklären wollen,

---

* 2 B. Kön. 14.

** Man kann daher mit Grund schließen, daß alle die allgemeinen moralischen Sätze am Ende der sogenannten äsopischen Fabeln (Lehren, Moralen), Zusätze der spätern Sammler sind.

ihm den Ideengang, dessen wir gewohnt sind, unterschieben. Dies sieht man, so wie aus vielen Erklärungen, auch aus der Theorie von der Fabel der Alten. Viele Untersuchungen der Neuern scheinen voraus zu setzen, als ob der Erfinder die Theorie nach allen Regeln eben so gut studirt habe, als sie selbst, eben so wie sie einen Satz aus der Moral genommen, und diesen in einer Fabel anschaulich vorzustellen gesucht. Es ist aber gewiß, daß jene Fabeldichter die abstrakte Theorie der Fabel eben so wenig kannten, als der ungebildete Mensch die Regeln seiner ihm natürlichen Beredsamkeit. Beide bekümmern sich um die Faßon gar nicht, suchen nur ihren Zweck zu erreichen; und wenn sie hierzu die besten Mittel gebrauchen, so liegt dies bloß in der Anordnung ihrer Natur. Wenn man nachher aus der Sammlung solcher Reden, Lieder und Fabeln, Regeln abstrahiren kann; so beweist dies nur, daß die Empfindungen und Gedanken des Menschen nach bestimmten Regeln geordnet sind, und daß der Mensch diese Regeln, selbst ohne sie zu kennen, befolgt, so lange er der Natur getreu bleibt. Es ging der Fabel, gerade wie der Poesie und Beredsamkeit. Als ihr goldnes Zeitalter blühete, da bekümmerte man sich um keine Theorie. Homer ward Fürst der Dichter und Redner, und kannte die Regeln, die er befolgte, nicht; ja selbst zu den Zeiten des Demosthenes gab es bloß hie und da zerstreute Vorschriften für die Beredsamkeit; der Unterricht darin bestand mehr in praktischen Uebungen, als in Untersuchungen des *Wie?* und *Warum?* So bald aber die Wohlredenheit zum bloßen Spiele der Sophisten herabsinkt, so bald den Dichter und Redner nicht mehr Götter, Helden, Vaterland und Natur begeistern, so bald er bloß anfängt nachzuahmen, das Gelesene anzubringen sucht, und mit fremden Lappen stükt und flikt, oder so bald sein Geist in Ueppigkeit ausartet und die Grenzen der Natur nicht mehr kennt; dann ist es Zeit, die Grammatiker herbei zu holen, damit sie ihm Fesseln anlegen und ihn an das System schmieden. Theorien und Grammatiken sind Gesetze zur Einschränkung des Luxus. Dieser stekt alles mit seinem verderblichen Gifte an. Der Zeitpunkt, welcher vorher geht, ist immer der schönste, bringt immer die stärksten Körper, die größten Geister hervor.

Dies scheint auch auf die äsopische Fabel anwendbar. Sie scheint ursprünglich nichts anders gewesen zu sein, als: Ein erdichteter specieller Fall, welcher mit einem ähnlichen wirklichen speciellen Falle sollte verglichen werden, um ein richtiges Urtheil über letztern zu bewirken. Wird bei der Beurtheilung eines solchen erdichteten Falles bloß auf den allgemeinen Satz gesehen, welcher daraus folgt; so muß das Urtheil schlechterdings oft einseitig und unrichtig ausfallen, und die einzelnen Schönheiten der Fabel müssen ganz verlohren gehen, indem der Dichter bei Erfindung derselben jedesmal auf die Nebenumstände Rüksicht genommen hat, um ihr mit dem jedesmal wirklich existirenden Falle die größte Aehnlichkeit zu geben. Denn der Einfluß der anschauenden Erkenntniß auf den Willen richtet sich bloß nach den wenigern oder mehrern Graden der Lebhaftigkeit, und die Grade der Lebhaftigkeit hången allein von den besondern Bestimmungen der Aehnlichkeit mit dem einzelnen speciellen Falle bei der Fabel ab. So lange also die Fabel isolirt ist, ohne Anwendung auf einen speciellen Fall, ist sie als eine todte Kraft anzusehen, man kann ihre Schönheit bloß in Vergleichung mit einem besondern Falle beurtheilen. Man lese die Fabel Nathans. Die Moral, die sich daraus folgern läßt: »Unschuldige Arme werden oft von måchtigen Reichen unterdrükt« – wie mager! Wie viel tausend Fabeln lassen sich nicht erdichten, um dies auszudrükken! Aber würde von allen diesen tausend Fabeln eine einzige so gut auf die Umstände passen, als die, welche Nathan denselben gemäß erdichtete? – Aus vielen Fabeln der Alten läßt sich nicht einmal ein allgemeiner moralischer Satz ziehen, oder man muß doch lange darüber nachsinnen, fållt bald auf diesen bald auf jenen. Will man sie deswegen von der Zahl åchter Fabeln ausschließen? Nach der Theorie müßte man es. Und diese hat selbst den scharfsinnigen Lessing verleitet, oft ungerecht, wenigstens nicht billig genug, mit den Fabeln der Alten zu verfahren. An den Gemeinsätzen lag den Alten so wenig als den Neuern, die wolten sie weder erkennen, noch zu erkennen geben. Wem fållt zum Beispiel bei der Fabel des Jotham* ein Gemeinsatz ein? Was würde sie noch sein, wenn wir die Veranlassung nicht wüßten, wenn wir uns bloß mit einem troknen Gemeinsatze daraus behelfen sollten? So die Fabel des Menenius**, des Stesichorus***, die åchten Fabeln des Aesop; und so erhalten auch die neuern Fabeln erst dadurch ihren Werth, wenn sie bei vorgekommnen Gelegenheiten verfertigt worden sind, oder wenn sich es trift, daß man sie so anwenden kann, als ob sie auf einen besondern Fall gemacht wåren. Werden sie ohne Veranlassung erzåhlt, so ge-

---

* B. Richt. 9.
** Liv. II, 32.
*** Aristot. Rhet. II, 20.

fallen sie nur, insofern sie schnakisch sind; und der verdrängte wahre Gebrauch der Fabeln mag auch wohl besonders die neuern Dichter vermocht haben, mehr auf das *risum movet* (welches Aesop und seine ächten Brüder als Zwek der Fabel gar nicht kannten) als auf den reellen Nutzen bei Verfertigung derselben zu denken. Demnach müßte man bei Beurtheilung der äsopischen Fabel ohngefähr folgende kritische Regel festsetzen: *Wenn sich bei einer Fabel kein möglicher ähnlicher Fall denken läßt, wo sie mit Nutzen hätte können angewandt werden; so verdient sie den Namen der äsopischen Fabel nicht.* Wir müssen uns begnügen, einen solchen Fall zu erdichten, wenn uns der wirkliche nicht aufbehalten ist. Diese Regel erweitert freilich in gewisser Rüksicht das Gebiet der Fabel, und manche kleine simple kunstlose Erzählung wird einen Platz darin finden; aber man wird auch desto leichter das Wesentliche in der Fabel kennen lernen, und der Harlekin wird, ohnerachtet aller seiner Schwänke und zwerchfellerschütternder Possen, neben dem ehrwürdigen Aesop unerträglich werden. [...]

Christoph Gottfried Bardili

Was ist das Eigenthümliche der Aesopischen Fabel?
(1791) (Auszug)

(Eine psychologische Untersuchung.)

Jede Definition soll, nach Lamberts richtiger Bemerkung, dazu dienen, entweder einen Begrif deutlich zu machen, oder seinen Umfang zu bestimmen. Beides ist bei Werken der schönen Wissenschaften oft äußerst schwer, und so wenig auch der mittelmäßigste Kenner Gefahr läuft die Epopöe mit dem Trauerspiele zu verwechseln, so unbefriedigend sind doch oft die Definitionen der Kritik, wenn die wesentlichen Unterscheidungsmerkmale von beiden so angegeben werden sollen, daß die Erklärung die Stelle des Wortzeichens vollkommen vertreten könnte. Ich gestehe, daß mir bei der Definition der Aesopischen Fabel ähnliche Schwierigkeiten aufstießen, welche durch folgende Zergliederung des Begrifs zum Theil gehoben zu werden scheinen.

Die Aesopische Fabel unterscheidet sich von dem, was Fabel im weitern Sinne des Worts genannt wird, überhaupt dadurch, daß man unter dieser jede mit Absicht verbundene Dichtung, jede in einem Gedichte zum Grunde liegende, wahre oder erdichtete Begegenheit versteht, bei der Aesopischen hingegen allemal *ein einzelner* Erfahrungssatz oder eine praktische Lehre bearbeitet wird.

Aber, wenn die Aesopische Fabel unter die Poesie gehört, so wird jener einzelne Erfahrungssatz, diese praktische Lehre in ihr *poetisch* bearbeitet, und Poesie ist möglichst vollkommene sinnliche Darstellung vermittelst der Rede*. Also muß bei der Aesopischen Fabel ein einzelner Erfahrungssatz oder eine praktische Lehre möglichst vollkommen sinnlich dargestellt werden.

Dies kann geschehen, indem man das dunkle Gefühl von seiner Wahrheit zur klaren Anschauung erhebt *in einem einzelnen Falle*. Allein der Philosoph und Redner, wie überhaupt ein jeder, der sich eines Beispiels, Gleichnisses oder einer Parabel bedient, erhebt einen Erfahrungssatz oder eine praktische Lehre auch zur klaren Anschauung, indem er diese Dinge in einem einzelnen Falle darstellt und für den Blick der Seele konzentrirt, ohne deswegen eine Aesopische Fabel zu dichten. Worin liegt also hier der Unterschied? – Darin, daß der Fabeldichter, *als solcher,* diesen einzelnen Fall *anders* wählt. Er entfernt sich absichtlich so weit als möglich von den Personen, die er treffen will, schaft daher eigene Namen, holt Personen aus entlegenen Weltgegenden, geht ins Thierreich, wenn er noch zu wenige Bekanntschaft mit Menschen andrer Art besitzt, geht in die organische Natur, wie Menenius Agrippa in das Innere unsers Körpers, sogar in das Pflanzenreich, wie ältere orientalische Dichter, überall hin, *wo er noch systemartige Handlung* sieht.

Genauer erwogen heißt das so viel, als, um einen Erfahrungssatz oder eine praktische Lehre in der Seele zur Anschauung zu bringen, wählt der Fabeldichter absichtlich einen solchen einzelnen Fall, *durch welchen seine vorzutragende Wahrheit zum möglichst allgemeinen Naturgesetze wird*. Hat er einen solchen Fall, worin sie als möglichst allgemeines Naturgesetz erscheint, so ist alles gewonnen, was zur Ueberzeugung erfordert wird; denn

a) Allgemeinheit bewirkt in uns die Idee der Nothwendigkeit, daß etwas so sein müsse,

b) sie bestimmt zu Handlungen, indem sie uns jene Idee beibringt.

---

* Meiners hat gezeigt, wie leicht es sei, auch diese Definition zu tadeln. Allein ich suche etwas besseres und finde es nicht.

Daher darf der Fabeldichter so kurz und simpel sein; denn er hat nicht nöthig, wie der Philosoph, innere psychologische Gründe zu Hülfe zu nehmen, um zum Handeln zu bestimmen; er hat nicht nöthig, wie der Redner, äußere Bewegungsgründe aufzusuchen; er darf nicht ausschmücken in dem Grade wie andere Dichter; denn seine Wahrheit bekommt schon alles Licht von dem Falle selbst, in welchem er derselben Wirklichkeit ertheilt, der Fall bringt schon alles wesentliche mit sich durch sein *Wie,* durch seine Beschaffenheit.

Er schließt auch schon Handlung ein, weil ihn der Fabeldichter nirgends hernehmen kann, als wo er noch systemartige Wirkungen sieht; aber es muß ganz einfache Handlung sein, weil der Dichter bloß den einfachen Zweck hat, einen Erfahrungssatz oder eine praktische Lehre in einem solchen einzelnen Falle zu versinnlichen, worin sie als möglichst allgemeines Naturgesetz erscheint. Es wäre daher gegen seinen Zweck, wenn er z. B. die Thiere ganz und gar vermenschlichte. Je entfernter sie im Ganzen von den Personen bleiben, die in ihnen getroffen werden sollen, desto besser! Würden sie ganz Menschen, so wäre die Wahrheit, welche sie als möglichst allgemeines Gesetz gründen sollen, auf diese Art wieder zu eingeschränkt, und die Fiktion ginge nicht nur weiter, als es der Zweck erfordert, sondern sie wäre auch diesem selbst hinderlich.

Durch die charakteristische Beschaffenheit des Falles, den der Fabeldichter, *als solcher,* wählt, ist ihm, wie gezeigt wurde, auch schon die Behandlungsart derselben vorgeschrieben, nehmlich: Kürze und Simplizität, Vermeidung aller Ziererei, Einfachheit der Handlung. Also ist das zweite, wodurch er sich von andern Dichtern, vom Redner und Philosophen unterscheidet, schon im ersten enthalten.

Aesopische Fabel entsteht folglich: Wenn man einen einzelnen Erfahrungssatz oder ein praktisches Dogma so bearbeitet, daß man der Seele die klare (oder sinnliche) Anschauung desselben, in einem solchen einzelnen Falle darbietet (worin es zum möglichst allgemeinen Naturgesetze wird[)]. Versinnlichung einer Wahrheit, indem man sie individualisirt, und ihr doch dabei durchs Individualisieren die möglichste Allgemeinheit giebt. (Letzteres ist nicht beim Gleichniß und nicht beim Exempel.)

Längst bekannte Wahrheiten erhalten auch für die Aufmerksamkeit des Unkultivirten wieder etwas Anziehendes, sobald man beginnt; *es war einmal. Sobald eine Wahrheit gleichsam geschieht,* so gewinnt sie neues Interesse, und man ist alsdann für jeglichen Menschen sogar weiterer Beweisarten überhoben. *Geschieht sie da, wo man sie gar nicht erwartete,* mit andern Worten, wird ihre Anwendbarkeit auf einem Gebiete gezeigt, wo man sie nicht suchte, nicht sah, nicht voraussetzte, wird sie also verallgemeint, so reizt dies noch mehr; und in eben dem Grade, als wir durch die Idee der Allgemeinheit auf ihre Nothwendigkeit geführt werden, bestimmt sie auch zu Handlungen. Wie viel die Vorstellung der Allgemeinheit über uns vermöge, erhellt aus nichts deutlicher als aus dem Einflusse des Beispiels auf unsre eigne Handlungsart. Sind wir noch so sehr von einer praktischen Lehre überzeugt, und wir sehen im Reiche der Sinnlichkeit weit und breit das Gegentheil ausgedrückt, so kostet es Mühe, wenn unsere Leidenschaften nicht endlich auch die Einwilligung des beobachtenden Verstandes erschleichen, und ihn durch sein eignes Gesetz, aus dem Allgemeinen Grundsatze zu bauen, hintergehen sollen.

Die Fabel macht also anschaulich, indem sie in ein Faktum *zusammenzieht,* und auch auf einem fremden Grund und Boden gleichsam naturalisirt, was einem beigebracht werden soll. Die eigentlich poetische Erzählung macht anschaulich, indem sie in Bildern und Vergleichungen *erweitert.* Es erhellt hieraus, daß jene mehr nach einem Gesetze des Verstandes, diese mehr nach den Regeln der Einbildungskraft bearbeitet wird. [...]

Johann Gottfried Herder

Fabel (1801) (Auszug)

Eine Lehre will *Anwendung,* mithin der Vortrag einer Lehre *Darstellung, Einkleidung.* Man muß wißen, wie sie sich beurkunde, und wo möglich durch sich selbst bewähre. Dies ist der Grund der sogenannten *äsopischen Fabel;* zum bloßen Zeitvertreib ward sie nicht erfunden.

Menschen wollen nicht immer gern von andern belehrt, geschweige zurechtgewiesen seyn; sie wollen sich durch Vorhaltung der Sache selbst belehren. Dies thut die Fabel. In ihr wird eine *Handlung* dargestellt, die *durch sich* redet; sage jeder sodann die Lehre sich laut oder still in der Seele.

Und wer könnte uns zu diesem Zweck gewißere Lehren geben, als die *Natur?* Ihr Gang ist vest, ihre Gesetze sind beständig. Die Cypreße und Ceder, der Palmbaum und Ysop, was sie

vor Jahrtausenden waren, sind sie noch. Auch die Wirkung der
Elemente auf sie hat sich nicht verändert. Der Wolf, der Fuchs,
der Tiger sind gleichfalls was sie waren und werden es bleiben.
Die *Haushaltung der Natur* geht fort nach ewigen Gesetzen, in
unveränderlichen Charakteren.

Und an ihr hat sich der menschliche Verstand, ja die Vernunft selbst *zur Regel gebildet.* Ginge es in der Schöpfung wie
in einem Tollhause durch einander, daß Alles heut so, morgen
anders wäre, daß kein *Band der Ursachen und Wirkungen,*
keine *Consequenz der Begebenheiten* statt fände: so fände auch
keine menschliche Vernunft statt; an sie wäre nicht zu gedenken. Daß uns aber allenthalben, unter allen Veränderungen,
Bestandheit, Ordnung, Folge der Dinge vor- und einleuchtet,
daß die Veränderungen selbst *erkennbaren Gesetzen und Regeln* unterworfen sind, und der Mensch, das hülfsbedürftige
Geschöpf, von allen Seiten getrieben ward, diese Gesetze auszuspähen, dieser Ordnung, wenn er nicht unterliegen wollte, zu
folgen; dieser schöne *Naturzwang* hat den menschlichen Verstand gebildet.

Die äsopische Fabel stellet ihn dar. Sie beruht ganz auf der
ewigen *Bestandheit und Consequenz der Natur;* Eines Theils,
wie Jedes in seinem Charakter handle, andern Theils wie aus
Diesem Das folge. Die schönsten und eigentlichen Fabeln sind
also herausgerißene Blätter aus dem Buch der Schöpfung; ihre
Charaktere sind lebendig-fortwährende *ewige Typen,* die vor
uns stehen und uns lehren. Je gemäßer der *Naturordnung* ein
Baum, ein Thier in der Fabel erscheint, so daß, wenn ihm die
Sprache gegeben würde, es in solcher Zusammenstellung nicht
anders sprechen und handeln könnte, je Naturmäßiger die *Zusammenstellung der Dinge selbst*, auch nach kleinen Umständen
in der Fabel ist, um so mehr wird sie nicht etwa nur anmuthig,
sondern *überzeugend.* Mit süßer Naturgewalt zwingt sie uns
die Lehre, die sie in That zeigt, anzuerkennen, indem kein Geschöpf sich dieser großen Kette entziehen kann und menschliche Vernunft eben darinn besteht, *Ordnung der Dinge* anzuerkennen, und sich ihrer *Consequenz* zu fügen.

So betrachteten alle Naturvölker die Fabel. Sie war ihnen
ein *Lehrbuch der Natur,* dem nur ein Schwacher oder Irrer zu
widersprechen wagte. Deßhalb richteten auch die bei Gelegenheit gesagten Fabeln bei der *Menge* so viel aus. Die Fabel *Jothams* von den Bäumen, die einen König begehrten, die Fabel
des *Menenius Agrippa* vom Zwist zwischen Gliedern des
menschlichen Körpers brachten verworrene politische Situatio-

nen unter die *Regel einer hellen Natur-Ansicht;* die Menge ward überzeuget. Deßhalb sprachen nicht etwa nur Morgenländer, sondern wo es die Gelegenheit zuließ, auch Griechen, Römer, ja alle Nationen der Welt in diesem Fabelton, entweder ausdrücklich, oder mit kurzer Anspielung auf diese und jene gleichsam ausgemachte, unwiderstreitbare Fabel. Die Sokratiker, Horaz in seinen Briefen und Satyren, Redner ans Volk, Staatsmänner und Moralisten liebten sie; und je vertrauter ein Volk mit der Natur lebte, je heller es ihre Ordnung anerkannte, je treuer es sich derselben fügte, desto mehr hing es an der Darstellungsart treffender Naturfabeln. Ihnen traute man es zu, ihnen legte man das Geschäft auf, den Verstand und die Sitten junger Menschen der *großen Naturordnung gemäß* zu bilden. [...]

Ueppige Zeiten entwürdigen Alles; so ward auch nach und nach aus der großen Naturlehrerinn und Menschen-Erzieherinn, der Fabel, eine galante Schwätzerinn, oder ein Kindermährchen. Auszeichnend gab hiezu, wie wohl sehr unschuldiger Weise, *la Fontaine* Gelegenheit; Er selbst ein naives Kind der Natur, das in mehreren Dingen die Welt ohne Wißen und Willen zu ärgern das Schicksal hatte. Dem Aesop und andern erzählte er Fabeln auf *seine* Weise nach, und da diese Weise lustig, aber auch so naiv-hinläßig war, als es *seine* Art mit sich brachte; so glaubte fortan Jeder Fabulist, die Fabel *nach La Fontaine's Manier* erzählen zu müßen. Gleich viel was er erzähle; wenn das Mährchen nur *amusire.* So ward die Fabel ihrem Zwecke sowohl als ihrer eigenthümlichen Natur und Welt allmälich entrückt; aus der überzeugenden *Ansicht der großen Naturordnung* trat sie in das Gebiet seiner Spekulationen, in Visitenzimmer voll *Pro* und *Contra's* ein; die Namen der Thiere und Bäume wurden ihr hie und da nur angelogen. [...]

Daher nun der ungeheure Unterschied zwischen der *neuen* und *alten* Fabel, im *Vortrage,* im *Inhalt* und in der *Wirkung.* Dem Vortrage nach will die neue Fabel selten mehr als Zeitkürzen; und wie bald man dieses Fabel-Amusements satt und müde werde, darüber mögen in allen Journalen so viele Französische, Englische, Deutsche Fabeln zeugen. Großentheils überschlägt man sie: »da spricht wieder, denkt man, die Perücke mit der Fontange; mögen sie sprechen!« Die *Zusammenstellung* der Fabelwesen, jemehr sie in die künstliche Welt tritt, kann für das Gesellschaftszimmer auf einen Augenblick amusant gewesen seyn; außer diesem Kreise hat sie bald nicht mehr auf sich, als ein freundliches Gespräch zwischen dem Spiegel und Fächer, der Nadel und Schere. Die *Wirkung* endlich, da eine Darstellung des *höchst Wahren (Fabula veri)* blos amusiren soll, ist traurig. Wie muß es mit Menschen stehen, denen die nothdringendsten Gesetze und Verhältniße der Natur ein Spielwerk, ein Zeitvertreib zum Gähnen sind, bei dem man etwa nur die spaßhaften Eingänge, die lüsternen Digreßionen, oder gar nur die Versification bewundert!

Läugnen können wir es nicht, daß unsre neuere Deutsche Fabel an diesem Becher der *Circe* Theil genommen habe. Unsre trefliche alte Fabulisten, die *Minnesinger,* der *Renner, Boner, Reineke, Burkard Waldis* u. f. in ihrer einfachen Manier und Versart, dünkten der neuen Zeit zu einfach; man folgte also mehr und minder des *la Fontaine* und seiner sinnreichen Nachfolger amusanten Erzählungs- und Versart. In Einleitungen und Digreßionen, denen meistens der Reim ihr *curriculum* vorzeichnete, schlenterte man spaßhaft-langweilig einher; und auch im Inhalt der Fabel erlaubte man sich, sprechen zu laßen, was auf dem Papier irgend sprechen konnte. So ward die wahre, urkundliche Naturpoesie das abgegriffenste Ding, so amusant, daß es fast niemand mehr amusiret.

»Ob wir nicht noch zum *Fabelgebiet der Natur* zurückkehren könnten?« Warum nicht? In den Händen sowohl als im Reich der Natur leben wir, ihr unentwindbar. Wenn nicht Ceder und Cypreße, so wachsen Birke und Fichte vor unsern Augen; wenn nicht Tiger, so kennen wir Wölfe, Bären und Füchse. Ja, entgingen auch sie, die *Naturordnung* bestehet und wird bestehn; sie, der ewige Grund der Fabel. Aus gleicher Tiefe der *Nothwendigkeit* also, des *Natur- und Vernunftbestandes,* der *ewigen Zusammenordnung der Dinge* laßet uns schöpfen, wie die Alten, und die verachtete Schwätzerinn wird wieder, was sie einzig seyn kann und seyn will, eine *Lehrerinn der Menschheit,* zumal der *Jugend und des Volks* werden, außer welchem Kreise ihr Beruf dahin ist.

Wer von uns denkt nicht daran, wie in seinem Leben ihm manchmal zu seinem Schaden im Moment des Handelns das Andenken nur *Einer* Fabel fehlte? Wenn der Fuchs den Bock in den tiefen Brunnen lud, und dann auf seinen Hörnern hinaussprang; wenn den fliehenden Hirsch eben sein gepriesenes Gehörn zwischen den Sträuchen festhielt und seine verachteten leichten Füße ihm nicht mehr halfen; wenn der Schwarz- und Weißfärber zusammenwohnend sich so wenig frommten; wenn der Hund an Besitz verlohr, was er im Schatten haschte; wenn das kleine Thier mit dem gewaltigen Löwen in Gesellschaft jagte u. f.; wer erinnerte sich nicht oft nach dem Ausgange der Begebenheit, daß ihm unglücklich die Fabel entgangen war, als er sie spielte? Und bei großen Begebenheiten der Welt, auch unsrer neuen Geschichte Europa's – mich dünkt, die Fabel derer, die einen Gewinn theilen, ehe sie ihn erjagt hatten, die Fabel der Frösche, die mit dem Klotz unzufrieden sich einen neuen König erbaten, und wie viel andre stellet uns mit jedem neu umgeworfenen Blatt der Weltbegebenheiten dies große lebendige Fabelbuch selbst dar! [...]

Vielleicht scheinets kleinfügig, daß ich über das *Wesen der Fabel* zu reden fortfahre; nur das Wort aber macht irre. Ist Fabel die Darstellung einer in Handlung gesetzten Lehre, so ist sie der Grund *aller* Dichtkunst, mithin der Rede wohl werth. Eben die einfachste Dichtkunst ist die sogenannt-*äsopische Fabel*.

Leßing, dem wir die beste Theorie der Fabel zu danken haben, dem wir uns also auch in Erörterung derselben dankbar anschliessen, erklärt sie so: »wenn wir einen allgemeinen moralischen Satz auf einen besondern Fall zurückführen, diesem besondern Falle die Wirklichkeit ertheilen und eine Geschichte daraus dichten, in welcher man den allgemeinen Satz anschauend erkennt, so heißt diese Erdichtung eine Fabel.« Fühlet man nicht, daß zu Bestimmung der äsopischen Fabel hier etwas fehle. Denn wenn wir auch den Ausdruck »allgemeiner *moralischer* Satz« übersähen, auch nicht fragten: wie ists möglich, daß ich einen *allgemeinen* Satz in einem *besondern* zur Geschichte gedichteten Fall anschauend erkenne? da dies immer doch nur ein besondrer, dazu erdichteter Fall bleibt, in welchem die *Allgemeinheit* einer moralischen Lehre nie anschaubar werden kann: wäre diese ganze Operation der »Zurückführung einer Lehre auf einen besondern Fall, dem ich die Wirklichkeit *ertheile* und eine Geschichte daraus dichte« nicht ohne Grund und Kraft, wenn in der Natur nicht eine *Ordnung,* d. i. eine *Wirklichkeit* da wäre, die in jedem besondern Fall *nach allgemeinen Gesetzen in einer verstehenden Folge als ein Gegebnes* fortexsistiret? Wäre sie nicht da; ich könnte sie nicht dichten, noch weniger würde durch meine Dichtung, als durch eine willkührliche Zusammensetzung irgend ein allgemeiner Satz erkennbar. Eben nur jene *Naturordnung und Naturfolge* nach allgemeinen, daurenden Gesetzen, die der Fabel zum Grunde liegt, macht den allgemeinen Satz in ihr erkennbar; und gelang es dem Dichter nicht seine Lehre auf sie dergestalt zurückzuführen, daß dies Allgemeine, das Unwiderstrebliche dieser Ordnung und Folge in seinem besondern gedichteten Falle sichtbar ward; ganz oder halb ist seine Arbeit verlohren.

Leßing glaubt, daß »die *allgemein bekannten* und unveränderlichen Charaktere der Thiere die eigentliche Ursache seyn, warum sie der Fabulist zu moralischen Wesen erhebt. Die wahre Ursache (sagt er,) warum der Fabulist die Thiere oft zu seiner Absicht bequemer findet als die Menschen, setze ich in die *allgemeinbekannte Bestandheit der Charaktere*«. Soll in diesem zusammengesetzten Ausdruck die *allgemeine Bekanntschaft* mit den Thiercharakteren das Hauptmoment der Ursache seyn, so litte der Satz eine Einschränkung. Manchen Thiercharakter, wie er *jetzt* zum Zweck des Dichters dient, kannte ich vielleicht nicht; aus der Fabel selbst werde ich ihn leicht kennen lernen. Der tiefere Grund liegt, (ich kenne sie vorher oder nicht) in der Thiercharaktere *unveränderlichen Bestandheit,* als einer gegebnen *Naturordnung.* In dieser sind sie *unveränderlich-handelnde* Wesen, und können uns, mehr als der vielseitige, veränderliche Mensch, eine Ansicht der *Naturordnung in ihrer Permanenz und Folge* anschauend zeigen. Pflanzen und Bäume deßgleichen, ja alles, was zu sprechenden *Naturtypen* gehöret. Daher die größere Wirkung der Fabel als der Parabel oder eines Beispiels aus dem Menschenleben. Dieser Mensch handelte so; ein andrer, ja Er selbst zu andrer Zeit kann und wird anders handeln. Der Fuchs in der Fabel aber steht für alle Füchse, die Cypreße für alle Cypreßen.

Auf die Frage, »*wie weit* der Fabulist die Natur der Thiere und andrer niedrigern Geschöpfe erhöhen und *wie nahe* er sie der menschlichen Natur bringen dürfe?« antwortet *Leßing kurz:* »so weit und so nahe er immer will, wenn sie nur in ihrem Charakter denken, reden und handeln. Haben wir ihnen einmal Freiheit und Sprache zugestanden, so müßen wir ihnen zugleich alle Modificationen des Willens und alle Erkenntniße zugestehen, die aus jenen Eigenschaften folgen können, auf welchen unser Vorzug vor ihnen einzig und allein beruhet. Ihr Betragen wird uns im geringsten nicht befremden, wenn es auch *noch so viel* Witz, Scharfsinnigkeit und Vernunft voraussetzt.« Das allgemeine Gefühl, dünkt mich, stehe dieser Schrankenlosen Freiheit entgegen. Warum gefallen uns nicht alle Fabeln, wie jene schlichten äsopischen, oder wie die noch einfachern der Morgenländer? Den Witz, den Scharfsinn, den der Dichter solchem und solchem Thier leiht, finden wir außer Stelle; wir hören den Dichter durch den Mund des Thiers sprechen, und wundern uns, warum Er hinter dieser Maske rede. Ja, wie wäre auch, »*wenn der Charakter der Thiere in Reden wie in Handlungen strenge gehalten werden soll,*« eine so Schrankenlose Annäherung an die menschliche Natur, im Gebrauch ihrer feinsten Vorzüge des Witzes und Geistes denkbar? Der Thiercharakter, mithin die innere Ueberzeugungskraft dessen, was das Thier in *seiner* Natur, als ein Wesen *seiner* Ordnung sprechen soll und kann, ginge damit immer, ganz oder halb verlohren. So, sagen wir, spräche *dies* Thier nicht, wenn es spräche; *der* Witz und Scharfsinn liegt nicht in seiner Lebensweise; wo hat es diese Galanterie gelernet? Ein großer Theil der Französischen Fabeln wird uns daher unschmackhaft. [...]

Seit *Aphthonius* hat man die Fabeln in *vernünftige, sittliche* und *vermischte* eingetheilet; auch *Wolf* und *Leßing* folgten dieser Claßification, jeder mit eigner Bestimmung ihrer Worte. Mich dünkt, die *Adrastea der Natur*, der die Fabel, wenn sie rechter Art ist, dienen muß und dienet, beut uns eine Bestimmung dieser Claßification dar, die schwerlich zu ändern seyn möchte. Macht nämlich die Fabel eine Lehre als *Naturgesetz in einem einzelnen Fall der großen Naturordnung* anschaubar: so ist diese Lehre entweder

1. *Theoretisch.*

Ein Marder fraß den Auerhahn
Den Marder würgt ein Fuchs, den Fuchs des Wolfes Zahn –
Hagedorn.

Welcher Satz aus dieser Intuition gezogen werde, eine *Sittenlehre* wird es nie seyn. Was will, was thut also die Fabel? Sie öfnet uns nur den Anblick der Welt,

Wo oft die Größern sich vom Blut der Kleinern nähren;

damit hat sie ihr Amt gethan, und hätte sie damit nicht viel gezeigt? Nun ziehe jeder sich hieraus nach Herzenslust praktische Lehren. [...]

Diese Fabeln mögen *logische* oder lieber *intellectuelle*, d. i. den *Verstand bildende* Fabeln heißen; sie bilden ihn nach den großen Gesetzen der Natur in ihrer permanenten Ordnung an ewig-veststehenden Charakteren.

Andre Fabeln mögen

2. *Sittlich* heißen; aber wie kann man von Thieren, von Bäumen Sitten lernen? und von welchen Thieren? Vom Wolf? vom Fuchs? vom Marder? Nicht also ists gemeinet.

So contrastirend die Gattungen der Geschöpfe in der Natur über und gegen einander gesetzt sind, so daß alles auf einem ewigen Kampfe und Widerspruch zu beruhen scheinet: so hangt Alles, was Leben hat (und was hätte nicht Leben?) dennoch an Einer Kette, der *Liebe*.

Der Liebe? Nicht anders, und zwar einer sich selbst erhaltenden, dem Ganzen sich aufopfernden Liebe. Jedes Lebende nämlich, (da auf eine harte Weise die Gattungen der Lebendigen einander entgegenstehen,) kämpft für seine Erhaltung; wozu aber strebt selbst dieser Kampf? Um in *seines Gleichen* fortzuleben, also zum Ganzen. Unwißend und von der Natur gezwungen opfert jedes Einzelne sich diesem Zweck auf, zu welchem in und außer seiner Substanz alle Elemente wirken. Abblühet die Blume, sobald sie sich selbst in Samen dargestellt hat; nur zu Hervorbringung dieser keimte, wuchs, blühete sie. So die Geschlechter der Thiere in ihren verschiedenen mühsamen Haushaltungen, Kämpfen und Geschäften. Jugendliche, eheliche Liebe ist allen ihr Ziel, der Zweck ihrer Mühe, die fröhlichste Tendenz ihres Daseyns. Hierauf gehet ihr Fleiß, ihre Kunst, ihre väterliche und mütterliche Sorge.

Die Fabel, die diese *große Haushaltung des Strebens und der Liebe* in einzelnen ausgesuchten Fällen und Momenten darstellt; reich an tausend Lehren ist sie *sittlich* und kann sogar *rührend* werden. Der alte Spruch: »Gehe hin zur Ameise, du Träger« ist in der Fabel von ihr und der Cicada ans Licht gestellt; so manche andre Fabel von der Erziehung der Jungen, vom geselligen Beistande, dem häuslichen Leben der verschiedenen Geschlechter unter einander, von ihrer Treue, ihrer Wachsamkeit, ihrer Freundschaft und Großmuth sind, da diese Sitten aus dem ewigen Naturcharakter und Instinkt der Geschlechter stammen, *Fabeln des großen Natur-Ethos, ethische* Fabeln, die auch uns unsre Pflichten als *Gesetze der Glückseligkeit aller Lebendigen* in ewigen Charakteren vorzeichnen. Eben auf diesem tiefen Grunde eines Natur-Sittengesetzes beruhet ihre mächtige Wirkung. Nur so ist die sittliche, d. i. die ethische Fabel denkbar.

3. Wie wären endlich die Fabeln zu nennen, die den *höheren Gang des Schicksals unter den Lebendigen* bezeichnen? Wir würden sie *dämonische* oder *Schicksalsfabeln* nennen, *Fabeln der Adrastea* oder *Aisa*.

Nicht immer nämlich kann im Naturgange selbst anschaulich gemacht werden, *wie* aus diesem ein Andres *durch innere Consequenz* folge; da tritt nun die *große höhere Folge der Be-*

gebenheiten, die wir bald Zufall, bald Schicksal nennen, ins Spiel und zeigt, wie Dies und Das, wo nicht *aus,* so *nach* einander folgt, durch eine höhere Anordnung. Natürlicher Weise ist sie *vermischt,* theoretisch und praktisch. Der räuberische Adler trägt mit dem Raube einen Funken vom Altar in sein Nest, der es in Flammen setzt, und seine unbefiederten Jungen dem zur Beute giebt, dem er einst Treulos die Jungen geraubet. Die Raubgier des Adlers ist permanent; zwischen seiner vorigen und dieser Unthat aber, wer konnte das Band knüpfen, als die Zeit, das Verhängniß? [...]

»Wo dann bleibt aber das *Lächerliche* (γελοιον) der Fabel, das ihr doch wesentlich angehöret?«

Zuerst weiß man, daß um Lachen zu erregen, es gerade nicht darauf ankommt, daß man selbst und zuerst lache, geschweige daß man sich kneife und
– die Hände gestemmt in keuchende Seiten –
das antiquarische grobe Gelächter in Person darstelle. Etwa nur auf dem Markt des Pöbels und auch da kaum dürfte man durch diese Mittel seinen Zweck erreichen.

Dagegen; gesetzt eine Gesellschaft hätte über eine Materie lange, ernst und sogar zänkisch deraisonniret; ein guter Freund am Ende der Tafel, der bisher geschwiegen, träte hintendrein mit einem Fabelchen hervor, das er trocken, dem Anschein nach Zwecklos, aber sehr treffend, klar und naiv erzählt, und damit jenen ganzen Zwist abthut; erreichte er damit nicht ein *hohes Komisches,* dem die Vernunft selbst zuspräche? Die kleinste Mine des verzerrenden Lachens hätte ihm geschadet: denn eben der feine Ernst war sein treffendes Salz, seine Grazie und Anmuth. Wollen Irrthümer und Fehler der Menschen mit lautem Lachen begrüßt seyn? Warum gaben die Alten, zumal die Morgenländer, ihre Fabel Weisen oder Sklaven in den Mund? Wozu anders, als daß sie nicht ausgelaßen, nicht ungezogen erzählt werden *könnte.* Manche Neuern haben die Sache anders verstanden; der Weise steckt in der Lehre, die Fabel erzählt der Geck oder an Saturnalien etwa der *trunkne* Sklave.

Zweitens. Da also das *Lustige,* das *Scherzhafte* der Fabel in ihrer *Anwendung* mithin in der Beziehung liegt, in welcher sie gesagt wird, und diese an sich schon nicht zart gnug genommen werden kann: was wäre in der Fabel selbst Lächerliches, wenn in ihr alle Wesen als *Naturwesen* handeln? Der Fuchs etwa? der Affe? der Esel? O der alten abgekommenen Späße, die den Fabeldichter selbst so oft zum Affen und Langohr gemacht haben! Kein Witz beinahe kann leichter abgeschmackt werden, als der Fabelwitz, keine Späße sind trivialer als die Eselsspäße; zumal, wenn der bleierne Dichter durch diese Masken spaßet. Wie kurz, wie ziemend sind in der Fabel die Scherze der Alten!

Drittens. Da überdem nichts vorübergehender und feinflüchtiger ist als der Scherz, da das sittsamste Lachen nur am Rande der Lippen hangt, wie der Herz- und Seelenvollste Wink am Blick des Auges; da zumal gereimte Bücherspäße fast durch sich schon von *stereographisch-bleierner* Natur sind, und in ungeschickten oder übertriebenen Nachäffungen gar albern werden; da endlich das Entbehrliche zuerst und am frühesten Ueberdruß macht, und der Gott *Jocus* mit jedem Mondviertheil seine unwesenhafte Gestalt ändert; wer wollte ein Spaasmacher seyn, wo er es nicht seyn darf und nicht seyn sollte? Selbst *la Fontaine's* Scherze, den die Natur doch selbst im Scherz gebildet zu haben schien, haben sich zum Theil überlebt; keiner seiner Nachäffer hat ihn erreicht. Und dann, wäre es wirklich amusant und lustig, wenn ich lese:

> In einem alten Fabelbuche,
> (Der Titelbogen fehlt daran;
> Sonst führt' ichs meinen Lesern an.)
> In einem alten Fabelbuche,
> In welchem ich, wenn ich nicht schlafen kann
> Und sonst zuweilen, mich Raths zu erholen suche –
> In einem alten Fabelbuche –

Ei so wirf das alte Fabelbuch in den Winkel, und erzähle was du darinn fandest. Sind Langweiligkeit, Präambuln und Digreßionen solcher Art naiver Scherz? Gehe man die Scherz-Digreßionen und Spaas-Präambuln der Fabulisten durch; ohn alle Rücksicht auf Theorie der Fabel wünscht man die meisten hinweg. Es sind platte Einschiebsel; auch dem Ausdruck nach haben sich die Meisten selbst überlebt.

Einfalt ist die Grazie der Natur; hohe Naivetät die Grazie der Fabel. Sie ists, die Alles würzt, vom Burlesken niedriger Naturen zum Erhabensten, dem Schweigen. Eben in dem Contrast von Bildungen und Sitten scherzt die Natur unaufhörlich; aber wie ernst scherzt sie, wie consequent ist ihr Persiflage! Die Naturfabel ahme ihr nach; ihr höchster und daurendster Reiz ist stille Größe, schweigende Anmuth besonders in den Fabeln des Schicksals.

[...]

Da nach dieser Theorie die Fabel einen so tiefen Grund, einen so reinen Umriß bekommt; wie vieles schneidet dieser Umriß weg, das, wenn man es genau prüft, die Fabel eben verächtlich gemacht hat! Er schneidet ab

1. Jeden Schnickschnack, der nichts weniger als eine große veste Ordnung der Natur in Lehre darstellt. Holbergs genannte Moral, »daß keine Creatur weniger in Zucht zu halten sei, als eine Ziege,« hat in den Fabelbüchern viele Schwestern, denen Abschied zu geben ist, wenn je die wahre große Naturfabel ihren Werth wieder erhalten soll. Wir sind dieser Kindereien unwichtiger Lehren satt und müde. – Abgeschnitten werden

2. Alle Erzählungen *zusammengeflickter Situationen,* die darauf hinausgehen, daß Thier oder Mensch eine *scharfsinnige Sentenz sage.* Erscheint diese Sentenz nicht, in der Lebensweise der Dargestellten gegründet, jetzt in Handlung sichtbar, so möge der Einfall seyn was er wolle; seine Einkleidung ist keine Natur- und Kunstfabel. Wie manches witzige Histörchen schleicht sich hiemit weg aus dem strengen Gebiet der Fabel.

3. Die angebliche *Moral* der Fabel verschwindet als ein verführendes Scheinwort völlig. Von welchem Thier sollen wir *Moral* lernen? Vom Wolf oder vom Bär? Kein Thier ist der Moral fähig; keins *muß* ihrer fähig seyn, wenn es fabelmäßig, d. i. charakteristisch handeln, und die Fabel nicht selbst vernichten soll. Auch die sittlichen Fabeln nannten wir deshalb nicht moralische, sondern *ethische* Fabeln; an den Sitten, auch der gefälligsten Thiere lernten wir nichts als *Naturordnung.* Moral sagt der Mensch sich selbst; sie entspringt aus *seinem* Verstande, aus *seinem* Herzen. Wozu der Dichter die Fabel darstellte, ist *Lehre,* aus der sodann nach jeder neuen Wendung Jeder sich seine Moral bilden möge. Die Moralisten *in* der Fabel sind langweilige, *alberne* Geschöpfe.

Friedrich Adolf Krummacher

Vorrede zu den Apologen und Paramythien (1810) (Auszug)

[...] Herder sagt, die Fabel wolle durch die darin handelnden Naturwesen die moralischen Gesetze der Schöpfung in ihrer innern Nothwendigkeit zeigen – und es sey in der Fabel, als ob der Schöpfer durch alle Stimmen der Natur geböte, was schon der Mensch sich selber gebietet. – Dies ist auch meine Meinung und Ansicht. – Es war auch unstreitig die Meinung der Alten, obwohl sie dieselbe mehr fühlten, als deutlich dachten und vielweniger Vorberichte darüber schrieben. So wie der höchste Zweck aller Kunst Darstellung des Uebersinnlichen ist, so ist es auch der Zweck der Fabel. Die Fabel ist gleichsam die Exposition eines Drama, welches die Erhabenheit der Freiheit über die Naturgesetze darstellet. –

Die Natur zeigt in allen ihren Erscheinungen überall das Gesetz der *Nothwendigkeit,* dem sie dienet, – insofern wir nehmlich die Erzeugnisse der Natur mit dem Nahmen der Schöpferin selbst belegen, wie gewöhnlich geschieht. Trennen wir aber die Schöpferin von dem Geschöpf vermittelst der Phantasie, welche dem Todten Leben, der Materie Geist verleihet, – denken wir die Natur als ein *Wesen,* das alles hervorbringt, auferzieht und besaamet; so erblicken wir in allen ihren Erscheinungen neben der Nothwendigkeit die *Freiheit.* Sie zeiget diese zuweilen in solchem Maaße, daß es Uebermaaß und Willkühr scheinen könnte – oder es ist vielmehr ein Kampf gegen – und ein Triumph über die Nothwendigkeit, die sie in ihren Fesseln zu halten sucht. Wenn wir Blüthen, Früchte und Blätter unter einander vergleichen, so sehen wir, daß die Natur nicht blos das Ungleichartigste zusammenstellt, sondern auch aus einander hervorbringt. Aus dem stachlichten Rosenstrauche zwischen den gezackten Blättern wächst die Rose; aus der weißen Blume die rothe Erdbeere; zwischen den glatten Nadeln der Tanne der rauhe Tannzapfen. Wenn es nicht das tägliche Anschauen dieses ewig wiederkehrenden Gesetzes der Nothwendigkeit wäre, so würden wir über diese Freiheit erstaunen.

Sirach hat Recht, wenn er sagt, es sey immer eins gegen eins, und zwei gegen zwei. In der Natur ist ein unaufhörliches Kämpfen – die entgegenstrebenden Kräfte bringen ein drittes hervor. Es ist Kampf der Nothwendigkeit und Freiheit – die höhere Entwicklung kann nur durch Gewalt geschehen. Dies zeiget sich schon im Keim der Pflanze, welcher die Hülse zersprengt, zuweilen sie wie eine Exuvie emporhält, und immer vernichtet. – [...]

So ist es auch mit dem Menschen. Ehe er sich selbst zu dem Höchsten auf Erden, zur sittlichen Würde und Freiheit erheben kann, muß die Natur ihren Kampf bestanden haben – sie muß durch einen wunderbaren Streit der Säfte die Periode der Mannbarkeit herbeigeführt haben. [...]

Wo Kampf ist, da ist auch Freiheit, und Freiheit ohne Kampf ist in irdischen Wesen nicht gedenkbar.

Diese Freiheit der Natur – ein Analogon der sittlichen –

zeigt sich auch darin, daß die Natur oft, gleichsam spielend und scherzend, von ihren festbestimmtscheinenden Gesetzen abweicht, blos um davon abzuweichen. So macht sie es bei einigen Pflanzen unmöglich, daß der Blumenstaub zur Pistille gelange. Sie gebraucht aber, damit er dennoch dahin gelange, die Hülfe und den Dienst gewisser Insekten, die ihn dahin fördern müssen, sie mögen wollen oder nicht. Ebenso muß jeder Vogel sein eigenthümliches Nest bauen, als ob dadurch die vielseitige Kunstfertigkeit der alten holden Mutter beurkundet werden sollte.

So ist in der Natur neben der Nothwendigkeit die Freiheit, und diese zusammen erzeugen die *Zweckmäßigkeit* der äußern Form ihrer Erzeugnisse und Erscheinungen, oder ihre *Schicklichkeit*. [...]

Und so hat denn die Natur die höchste aller Ideen, nehmlich die Freiheit, *symbolisch* in Wesen dargestellt, die derselben nicht empfänglich sind, sondern unter dem Zwang einer unerbittlichen Nothwendigkeit stehen. Und so sind diese symbolische Wesen nun fähig, in der Welt der Phantasie als handelnde Personen aufzutreten und ihre Rollen zu spielen. – Freilich aber nur in der Welt der Phantasie. Denn diese, nicht minder Schöpferin als die Natur selbst, identificirt sich in den apologischen Dichtungen mit der Natur, als mit einem gleichfalls geistigen und göttlichen Wesen, – und betrachtet (um es den Verständigen kurz zu sagen) die Form als eine silberne Schale, die *notwendig* den goldenen Apfel enthalten und ihm sich anschließen muß. Hierin liegt der Grund der *innern Nothwendigkeit* der Lehre, welche die apologischen Dichtungen anschaulich machen, und die Herder als ihren Hauptcharakter und Vorzug angiebt.

Aber darin bin ich nicht mehr Herders, noch auch meiner eigenen (in der Vorrede zu den Parabeln und an einem andern Ort* geäußerten) Meinung, daß die Fabel nur einen allgemeinen Erfahrungssatz oder eine praktische Lehre anschaulich machen könne. Ich glaube, daß sie auch das höchste geistige Leben darstellen kann, da sie ja die Blüthe alles geistigen Lebens, die Freiheit, darzustellen vermag. Und eben darum mein' ich auch, die Fabel wieder in ihre poetischen Rechte eingesetzt zu haben, die Aristoteles und Lessing ihr versagen wollten.

Merkwürdig ist es, daß die Apologen vor allen in solchen Zeiten gedichtet und geliebt wurden, wo es dem Menschen

---

* Ueber den Geist und die Form der evangelischen Geschichte.

noth that, sich seiner Freiheit bewußt zu werden. Darum beziehen sich so viele Apologen auf Politik. Man nehme die Fabel Jothams (Richter 9,8.), die des Propheten Nathan, des Hesiodus u. a. Aesop war ein phrygischer Sclave. Sokrates übertrug im Gefängniß die Apologen Aesops in ihr ursprüngliches rythmisches Maaß. Die Fabel des Menenius Agrippa entstand im Tumult des ersten römischen Bürgerzwistes; Phädrus lebte zur Zeit des Tiberius und Sejanus, und Luthers Lieblingslectüre waren Aesops Fabeln. – Es ist, als ob ihnen die Welt der Fabeln als ein Asyl erschienen wäre, wo die Idee der Freiheit unantastbar von der Nothwendigkeit bewahrt würde.

Zu dieser Welt der Fabeln gehören alle von der Natur oder von der Phantasie erzeugte Wesen, so lange sie nemlich noch in ihrer Herrschaft und Beschränkung leben. Auch hier berühren sich die äußersten Enden; – die Naturreiche und das Reich der Phantasie, Pflanzen und Thiere – und Götter. Wo letztere handeln, heißt die Dichtung eine Paramythie. In der Mitte zwischen beiden stehen Kinder und rohe Menschen, bei welchen die Freiheit noch nicht zum Bewußtseyn gelangt ist. Denn wo dieses statt hat, da fällt die Nothwendigkeit weg, und so können nicht diese, wohl aber jene als handelnde Personen in den Apologen auftreten. [...]

GEORG WILHELM FRIEDRICH HEGEL

Die Fabel (1835) (Auszug)

[...]

Von seiten der *Erhabenheit* her sahen wir bereits, daß es der jetzigen Stufe nicht mehr darauf ankommt, das Absolute und Eine durch die Nichtigkeit und Unerheblichkeit der erschaffenen Dinge in seiner ungeteilten Macht zu veranschaulichen, sondern daß wir uns auf der Stufe der Endlichkeit des Bewußtseins und damit auch der Endlichkeit des Inhalts befinden. Wenden wir uns umgekehrt zu dem eigentlichen Symbol, von welchem die vergleichende Kunstform ebenfalls eine Seite in sich aufnehmen sollte, so ist das *Innere*, welches der bisher immer noch unmittelbaren Gestalt, dem Natürlichen, gegenübertritt, wie wir schon bei dem ägyptischen Symbolisieren sahen, das Geistige. Indem nun jenes Natürliche als *selbständig* gelassen und vorgestellt wird, so ist auch das Geistige ein *endlich bestimmtes:* der *Mensch* und seine endlichen Zwecke; und das Natürliche erhält eine – jedoch theoretische – Bezüglichkeit auf diese Zwecke, eine Andeutung und Offenbarung derselben zum Besten und Nutzen des Menschen. Die Erscheinungen der Natur, Gewitter, Vögelflug, Beschaffenheit der Eingeweide usf., werden deshalb jetzt in einem ganz anderen Sinne aufgenommen als in den Anschauungen der Parsen, Inder oder Ägypter, für welche das Göttliche noch in *der* Weise mit dem Natürlichen vereint ist, daß der Mensch in der Natur in einer Welt voll Göttern umherwandelt und sein eigenes Tun darin besteht, in seinem Handeln dieselbe Identität hervorzubringen; wodurch denn dies Tun, insofern es dem natürlichen Sein des Göttlichen angemessen ist, selber als ein Offenbaren und Hervorbringen des Göttlichen im Menschen erscheint. Wenn der Mensch aber in sich zurückgegangen ist und seine Freiheit ahnend sich in sich zusammenschließt, so wird er sich selber Zweck in seiner Individualität; er tut, handelt, arbeitet nach seinem *eigenen Willen,* er hat ein eigenes selbstisches Leben und fühlt die Wesentlichkeit von Zwecken in sich selbst, auf welche das Natürliche eine äußerliche Beziehung erhält. Deshalb vereinzelt sich die Natur nun um ihn her und dient ihm, so daß er in Rücksicht auf das Göttliche in ihr nicht mehr die Anschauung des Absoluten gewinnt, sondern sie nur als ein Mittel betrachtet, durch welches sich die Götter zum Besten seiner Zwecke zu erkennen geben, indem sie ihren Willen dem menschlichen Geist durch das Medium der Natur enthüllen und diesen Willen selber von Menschen erklären lassen. Hier ist also eine Identität des Absoluten und Natürlichen vorausgesetzt, in welcher die *menschlichen* Zwecke die Hauptsache ausmachen. Diese Art der Symbolik nun aber gehört noch nicht zur Kunst, sondern bleibt religiös. Denn der *vates* unternimmt jene Deutung natürlicher Ereignisse nur vornehmlich für praktische Zwecke, sei es im Interesse einzelner Individuen in betreff auf partikuläre Pläne oder des ganzen Volks in Rücksicht auf gemeinsame Taten. Die Poesie dagegen hat auch die praktischen Lagen und Verhältnisse in einer allgemeineren theoretischen Form zu erkennen und auszusprechen.

Was aber hierher muß gerechnet werden, ist eine Naturerscheinung, eine Vorfallenheit, welche ein besonderes Verhältnis, einen Verlauf enthält, der als Symbol für eine allgemeine Bedeutung aus dem Kreise des menschlichen Tuns und Treibens, für eine sittliche Lehre, einen Klugheitssatz genommen werden kann, für eine Bedeutung also, die zu ihrem Inhalt eine Reflexion über die Art und Weise hat, wie es in menschlichen Dingen, d. i. in Sachen des Willens, zugeht oder zugehen sollte.

Hier ist es nicht mehr der göttliche Wille, der sich seiner Innerlichkeit nach dem Menschen durch Naturereignisse und deren religiöse Deutung offenbar macht, sondern ein ganz gewöhnlicher Verlauf natürlicher Vorfälle, aus dessen vereinzelter Darstellung sich in menschlich verständlicher Weise ein sittlicher Satz, eine Warnung, Lehre Klugheitsregel abstrahieren läßt und der um dieser Reflexion willen vorgeführt und der Anschauung dargeboten wird.

Dies ist die Stellung, welche wir hier der Äsopischen Fabel geben können.

a) Die *Äsopische Fabel* nämlich in ihrer ursprünglichen Gestalt ist solches Auffassen eines natürlichen Verhältnisses oder Ereignisses zwischen einzelnen natürlichen Dingen überhaupt, am meisten zwischen Tieren, deren Triebe aus denselben Bedürfnissen des Lebens stammen, die den Menschen als lebendigen bewegen. Dieses Verhältnis oder Ereignis, in seinen allgemeineren Bestimmungen aufgefaßt, ist dadurch von der Art, daß es auch im Kreise des menschlichen Lebens vorkommen kann und durch diese Beziehung erst eine Bedeutsamkeit für den Menschen erhält.

Dieser Bestimmung zufolge ist die echte Äsopische Fabel die Darstellung irgendeines Zustandes der leblosen und belebten Natur oder eines Vorfalls der Tierwelt, der nicht etwa willkürlich ersonnen, sondern nach seinem wirklichen Vorhandensein, nach treuer Beobachtung aufgenommen und dann *so* wiedererzählt wird, daß sich daraus in Beziehung auf das menschliche Dasein und näher auf die praktische Seite desselben, auf die Klugheit und Sittlichkeit des Handelns, eine allgemeine Lehre entnehmen läßt. Das *erste* Erfordernis ist deshalb darin zu suchen, daß der bestimmte Fall, der die sogenannte Moral liefern soll, nicht nur *erdichtet* und, hauptsächlich, daß er nicht der Art und Weise, wie dergleichen Erscheinungen wirklich in der Natur existieren, *zuwider* erdichtet sei. Näher sodann muß die Erzählung *zweitens* den Fall nicht schon selber in seiner Allgemeinheit, sondern, wie dies wiederum in der äußeren Realität der Typus für alles Geschehen ist, seiner konkreten Einzelheit nach und als ein wirkliches Ereignis berichten.

Diese ursprüngliche Form der Fabel gibt ihr *drittens* endlich die meiste Naivität, weil der Lehrzweck und das Herausheben allgemeiner nützlicher Bedeutungen dann nur als das später Herzukommende, nicht aber als das erscheint, was von Hause aus beabsichtigt war. Deshalb werden die anziehendsten unter den sogenannten Äsopischen Fabeln die sein, welche der angegebenen Bestimmung entsprechen und Handlungen, wenn man diesen Namen gebrauchen will, oder Verhältnisse und Ereignisse erzählen, die teils den Instikt der Tiere zu ihrer Grundlage haben, teils sonst ein natürliches Verhältnis aussprechen, teils sich überhaupt für sich zutragen können, ohne nur von der willkürlichen Vorstellung zusammengestellt zu sein. Dabei ist es denn aber leicht ersichtlich, daß das den Äsopischen Fabeln in jetziger Gestalt angehängte *»fabula docet«* entweder die Darstellung matt macht oder häufig wie die Faust auf das Auge paßt, so daß oft vielmehr die entgegengesetzte Lehre oder mehrere besser abgeleitet werden könnten.

Einige Beispiele mögen zur Beleuchtung dieses eigentlichen Begriffs der Äsopischen Fabel hier angeführt werden.

Eiche und Rohr z. B. stehen im Sturmwinde da; das schwanke Rohr wird nur gebeugt, die starre Eiche bricht. Dies ist ein Fall, der bei starkem Sturm sich häufig genug wirklich zugetragen hat; moralisch genommen, ist es ein hochstehender unbeugsamer Mensch einem geringeren gegenüber, der sich in untergeordneten Verhältnissen durch Fügsamkeit zu erhalten weiß, während jener durch Hartnäckigkeit und Trotz zugrunde geht. – Ebenso verhält es sich mit der durch Phädrus aufbewahrten Fabel von den Schwalben. Die Schwalben sehen mit anderen Vögeln zu, wie ein Ackersmann den Leinsamen sät, aus welchem auch die Stricke für den Vogelfang gedreht werden. Die vorsichtigen Schwalben fliegen davon; die übrigen Vögel glauben's nicht: sie bleiben sorglos daheim und werden gefangen. Auch hier liegt ein wirkliches Naturphänomen zugrunde. Es ist bekannt, daß die Schwalben zur Herbstzeit nach südlicheren Gegenden ziehen und deshalb zur Zeit des Vogelfangs nicht da sind. Das gleiche läßt sich auch über die Fabel von der Fledermaus sagen, welche am Tage und zur Nachtzeit verachtet wird, weil sie weder dem Tage noch der Nacht angehört. – Solchen prosaischen wirklichen Fällen wird eine allgemeinere Deutung aufs Menschliche gegeben, wie auch jetzt noch etwa fromme Leute aus allem, was vorkommt, eine erbauliche Nutzanwendung zu ziehen wissen. Dabei ist es aber nicht notwendig, daß das eigentliche Naturphänomen jedesmal sogleich in die Augen springe. In der Fabel z. B. vom Fuchs und Raben ist das wirkliche Faktum nicht im ersten Augenblicke zu erkennen, obschon es nicht gänzlich fehlt; denn es ist die Art der Raben und Krähen, daß sie zu krächzen anfangen, wenn sie fremde Gegenstände, Menschen, Tiere vor sich in Bewegung sehen. [...]

Von Äsop selber heißt es, er sei ein mißgestalteter, buckeliger Sklave gewesen; sein Aufenthalt wird nach Phrygien verlegt, nach dem Lande, welches den Übergang von dem unmittelbar Symbolischen und dem Gebundensein an das Natürliche zu dem Lande macht, in welchem der Mensch anfängt, das Geistige und sich selbst zu fassen. In dieser Beziehung sieht er zwar das Tierische und Natürliche überhaupt nicht, wie die Inder und Ägypter, als etwas für sich Hohes und Göttliches an, sondern betrachtet es mit prosaischen Augen als etwas, dessen Verhältnisse nur dienen, das menschliche Tun und Lassen vorstellig zu machen; dennoch aber sind seine Einfälle nur witzig, ohne Energie des Geistes oder Tiefe der Einsicht und substantiellen Anschauung, ohne Poesie und Philosophie. Seine Ansichten und Lehren erweisen sich wohl als sinnreich und klug, aber es bleibt nur gleichsam eine Grübelei im kleinen, welche, statt freie Gestalten aus freiem Geiste zu erschaffen, nur gegebenen, vorgefundenen Stoffen, den bestimmten Instinkten und Trieben der Tiere, kleinen täglichen Vorfällen irgendeine weiter anwendbare Seite abgewinnt, weil er seine Lehren nicht offen sagen darf, sondern sie nur versteckt, in einem Rätsel gleichsam, zu verstehen geben kann, das zugleich immer gelöst ist. Im Sklaven fängt die Prosa an, und so ist auch diese ganze Gattung prosaisch.

Dessenunerachtet haben diese alten Erfindungen beinahe alle Völker und Zeiten durchlaufen, und sosehr auch jede Nation, die überhaupt in ihrer Literatur Fabeln kennt, sich mehrere Fabeldichter zu besitzen rühmen mag, so sind deren Poeme doch meist Reproduktionen jener ersten Einfälle, nur in den jedesmaligen Zeitgeschmack übersetzt; und was diese Fabeldichter zu dem ererbten Stock an Erfindungen hinzugetan haben, ist weit hinter jenen Originalien zurückgeblieben.

b) Nun finden sich aber unter den Äsopischen auch eine Menge von Fabeln, welche in Erfindung und Ausführung von großer Dürftigkeit, vor allem aber bloß für den Zweck der Lehre erfunden sind, so daß die Tiere oder auch Götter nur zur *Einkleidung* gehören. Doch sind sie davon entfernt, der Tiernatur Gewalt anzutun, wie es etwa bei modernen der Fall ist: wie die Pfeffelschen Fabeln von einem Hamster, der im Herbst einen Vorrat einsammelte, welche Vorsicht ein anderer unterlassen haben und darauf zum Betteln und Verhungern herabgebracht worden sein soll; oder vom Fuchs, Spürhund und Luchs, von denen erzählt wird, daß sie mit ihren einseitigen Talenten der List, des feinen Geruchs und scharfen Gesichts vor Jupiter traten, um eine gleiche Verteilung ihrer Naturgabe zu erlangen, nach deren Bewilligung es aber heißt: »Der Fuchs ist vor den Kopf geschlagen, der Spürhund taugt nicht mehr zum Jagen, der Argus Luchs bekommt den Star.« Daß der Hamster keine Früchte einträgt, daß diese drei anderen Tiere in den Zufall oder in die Natur der Gleichmäßigkeit jener Eigenschaften geraten, ist der Natur ganz und gar zuwider und dadurch matt. Besser als diese Fabeln ist deshalb die von der Ameise und der Zikade, besser als diese wieder die vom Hirsch mit den prächtigen Geweihen und den dünnen Läufen.

In dem Sinne solcher Fabeln ist man es denn auch gewohnt geworden, in der Fabel überhaupt sich die Lehre als das erste *so* vorzustellen, daß das erzählte Ereignis selbst *bloße* Einkleidung und deshalb eine zum Behufe der Lehre ganz *erdichtete* Begebenheit sei. Solche Einkleidungen aber, besonders wenn der beschriebene Vorfall sich unter bestimmten Tieren ihrem Naturcharakter nach gar nicht hat zutragen können, sind höchst matte, weniger als nichts bedeutende Erfindungen. Denn das Sinnreiche einer Fabel besteht nur darin, dem sonst schon Daseienden und Gestalteten nun auch noch einen allgemeineren Sinn außer dem, welchen es unmittelbar hat, zuzuteilen. – Weiter sodann hat man in der Voraussetzung, das Wesen der Fabel sei allein darin zu suchen, daß Tiere anstatt der Menschen handeln und sprechen, die Frage aufgeworfen, was das Anziehende von diesem Tausche ausmache. Viel Anziehendes jedoch kann in solchem Ankleiden eines Menschen als Tier nicht liegen, wenn es noch mehr oder etwas anderes als in einer Affen- und Hundekomödie sein soll, wo im Gegenteil der Kontrast der tierischen Natur mit ihrem Aufsehen und menschlichen Tun, außer dem Anblick der Geschicklichkeit der Dressur, das einzige Interesse bleibt. Breitinger führt daher das *Wunderbare* als den eigentlichen Reiz an. In den ursprünglichen Fabeln aber ist das Auftreten von redenden Tieren *nicht* als etwas Ungewöhnliches und Wunderbares hingestellt; weshalb auch Lessing meint, die Einführung der Tiere gewähre einen großen Vorteil für die *Verständlichkeit und Abkürzung* der Exposition durch die Bekanntschaft mit den Eigenschaften der Tiere, mit der List des Fuchses, der Großmut der Löwen, der Gefräßigkeit und Gewalttätigkeit des Wolfes, so daß an die Stelle der Abstraktionen: listig, großmütig, sogleich ein bestimmtes Bild vor die Vorstellung trete. Dieser Vorteil ändert jedoch nichts Wesentliches an dem trivialen Verhältnisse der bloßen Einkleidung, und im ganzen ist es sogar unvorteilhaft, uns Tiere statt

Menschen vorzuführen, weil die Tiergestalt dann immer eine Maske bleibt, welche die Bedeutung in betreff auf ihre *Verständlichkeit* ebensosehr *verhüllt* als erklärt. [...]

OTTO CRUSIUS

Fabel, Aufstand und Moral* (1913)

[...] Die Geschichte der Fabel in Europa beginnt mit dem Aufsteigen der niedern Volksschichten, der Bauern und Halbbürtigen, im antiken Leben und der antiken Dichtung. Die ältesten Fabeln sprechen die ethischen und wirtschaftlichen Ideale dieser Kreise aus – im Stil Nietzsches könnte man sagen: die Fabelen begleiten den Bauernaufstand in die Moral.

Das früheste fabelähnliche Gebilde, das wir besitzen, ist ein Blatt aus einer Gedichtsammlung des Hesiod [...]. Hesiod hat einen Kampf ums Recht auszufechten. Die streitenden Parteien und Grundsätze verkörpern sich ihm in einer beziehungsreichen Fabel – er kennt die Mittel, mit denen er seine Dorfgenossen packen kann. Unverkennbar handelt sichs um eine Neuschöpfung, eine *Improvisation:* man denke sich den Dichter unter seinen Hörern in griechischer Berglandschaft, während die Nachtigall in den Büschen lockt, einsame Adler über den Gipfeln kreisen und Habichte und Turmfalken herniederstoßen:

Vom Habicht und der Nachtigall

Jetzt sei den Fürsten ein Märlein erzählt – sie verstehen es sicher.
So zur Nachtigall einst, der melodischen, sagte der Habicht,
Da er sie hoch im Gewölk als Raub in den Krallen einhertrug –
Sie wehklagte und schrie, zerfleischt von den klammernden Krallen,
Jammervoll, doch Er mit herrischen Dränen begann so:
»Törin, was schreist du nur? Ein Stärkerer hält dich gefangen,
Und so schön du auch singst, wie Ich dich führe, so gehst du –
Will ich, so freß ich dich auf zum Mahl – oder laß dich fliegen...«

---

* Titel vom Hg.

Es ist klar, der Dichter sieht in der Nachtigall sich, im Habicht die Fürsten – der königliche Vogel des Zeus wird nicht als ihr Repräsentant gewählt. Auf den ersten Blick scheint es, als ob das »Recht des Stärkeren« gepredigt werden sollte. Aber es scheint nur so. Die Fabel wirkt »im Gegensinn«, wie die Rede des Mark Anton bei Shakespeare; sie ist ein Signal zum Kampf gegen den Adel. Ein Mißverständnis kann nicht aufkommen: dafür sorgt der Preis der Gerechtigkeit (Dike), der gleich darauf den Gegnern wie ein spiegelnder Schild entgegengehalten wird: »Recht geht doch über Gewalttat« und »Selber bereitet sich Kummer, wer andern Kummer bereitet«. Recht ist nicht, was »dem Stärkern Nutzen bringt«: über den schwankenden Sprüchen und Satzungen schwebt sternengleich das ewige Recht – Dike, die zum Himmel geschwebt ist –, und wehe den Königen, die ihm zuwider handeln. Man sieht, hier beginnt der Kampf um die Grundlagen der Ethik; in Platons Gorgias, bei Macchiavelli und Nietzsche stehen sich die gleichen Heerscharen kämpfend gegenüber. Der böotische Sänger, aus dem delphische Weisheit spricht, sieht den Frieden dort, wo ihn Platon und das Christentum suchten.

Diese älteste europäische Fabel mag aus dem Zusammenhang gelöst und als Litteraturwerk betrachtet recht farblos und formlos erscheinen. Wem sie der Dichter-Prophet vorträgt, den wird sie packen: das elementare Pathos eines »Kampfes ums Recht« hat in ihr einen starken bildmäßigen Ausdruck gewonnen.

Theophil Spoerri

Der Aufstand der Fabel (1942) (Auszug)

Die Fabeln La Fontaine's gehören wie kein anderes Werk zum »ewigen Vorrat« französischer Poesie. Kein Künstler berührt wie dieser in der Seele seines Volkes so viele Tasten und mit so feinem Anschlag. Keines andern Resonanzen gehen so weit. Vom Kind bis zum Greis, vom Literaten bis zum Mann auf der Strasse stehen alle im Banne seiner Dichtung.

Als vor dem ersten Weltkrieg eine führende Zeitschrift eine Umfrage darüber anstellte, welche sechs Bücher man als lebenslang auf eine einsame Insel Verbannter mitnehmen würde, antworteten die Geistesgrössen dieser Zeit mit sehr verschiedenen Wunschzetteln – bei allen figurierte als Kern der geistigen

Notration das La Fontaine'sche Fabelbuch. So war es seit seinem
Erscheinen bis auf den heutigen Tag.

Das Wunder dieses Werkes und seiner Wirkungen lässt eine
Reihe von aufregenden Fragen wach werden: Warum war solches Schicksal gerade der Fabel beschieden und nicht dem Drama, nicht dem Epos, nicht der Hymne und keiner der grossen
geltenden Formen? Wie ist der Fabel, die der niederen populären Literatur wie Sagen, Märchen, Volksbücher, Rätsel, Sprichwörter, Anekdoten, Witze angehört, dieser Durchbruch in die
oberste Schicht geglückt? Warum ist dieses Ereignis einmalig
geblieben, und warum geschah dieses eine Mal gerade in jenem
Augenblick – beim letzten Aufblühen der grossen klassischen
Formen? Was bedeutet der Aufstand der Fabel?

I.

Die sagenhafte Gestalt des Sklaven Aesop steht am Anfang
der abendländischen Fabeltradition. Im Ionien des sechsten
vorchristlichen Jahrhunderts war die Herrenschicht, in deren
Palästen die Gesänge Homers geklungen hatten, am Zusammenbrechen, während die grossen Handelsstädte mächtig emporstrebten. Das Volk, das sich an den Dreiwegen, auf dem
Markte und an den Landungsplätzen sammelte, verlangte nicht
mehr, von Göttern und Helden zu hören. An Stelle des Epos
trat die Prosaerzählung: Schelmenstreiche und Tiermärchen, in
denen der kleine Mann sich wieder erkannte. Sie stellen ihn
dar, wie er sich durch seine Findigkeit und seinen Mutterwitz
gegen die Ungerechtigkeit der Grossen wehrt. So zeigt das
Volksbuch vom phrygischen Sklaven Aesop die Ueberlegenheit
seines Helden, indem es ihn aus allen bedrängten Lagen durch
das Erzählen einer Fabel einen Ausweg finden lässt. Der missgestaltete Sklave wird zum Symbol der unteren Welt. Um ihn
herum kristallisiert sich die ganze Fabelliteratur.

Aus dem späteren hellenischen Aesop-Roman kann man
schliessen, wie das ursprüngliche Volksbuch aussah. Es war wie
sein mittelalterlich-nordisches Gegenstück, der Till Eulenspiegel (die Vorstufe zum Schelmenroman, ja zum modernen Roman überhaupt) eine populäre Geschichtenzusammenballung.
Es ist immer der gleiche Vorgang: Um bestimmte Typen oder
Personen gruppieren sich eine Anzahl Geschichten, Anekdoten,
dumme und kluge Streiche, Witzworte. Der Zusammenhang
der Erzählungen mit der Zentralfigur kann eng oder locker,
notwendig oder zufällig sein. Bald ist mehr die lyrischsprudelnde Fabulierfreudigkeit des Volkes im Vordergrund, bald

der Hang zum Grübeln, das tiefsinnige Bohren nach den Daseinsproblemen.

Die Erdnähe der unteren Volksschicht – jene »Elementarstufe der geistigen Entwicklung, wo der Mensch noch ganz auf du und du mit Tier und Pflanze und aller Kreatur zu verkehren vermag« (Crusius) – zeigt sich in der Vorliebe für das Tiermärchen. Es wird bei Aesop zum Ausdruck einer Philosophie der Entrechteten und Unterdrückten. Die Schelmenstreiche des Reinhart Fuchs wiederum sind die Rache des unter den mittelalterlichen Feudalherren leidenden Volkes. Auch die Negersklaven Nordamerikas stellen in den Erzählungen des »Uncle Remus« ihre geträumte Notwehr dar in der Gestalt des Hasen, des ewigen »Karnickels«, das durch seine Schlauheit sich immer wieder den Anschlägen des Fuchses zu entwinden versteht. Der moderne Mickey-mouse-Film ist die neueste Variante des uralten Motivs von der Ueberlegenheit des Unterdrückten. Die bedrohende Macht ist hier die Maschine, die zum Schicksal gewordene Technik.

Angesichts all dieser Spielformen wird uns bewusst, wie bedeutsam der Umstand ist, dass die aesopische Tradition die Fabel als Ausdrucksmittel verwendet. Sie spiegelt die griechische Geistigkeit wieder. Als Mittelding zwischen Spruchweisheit und Märchen ist sie zugleich lehrhaft und erzählend. »Logos« und »Mythos« sind alte Bezeichnungen für die Fabel. Die »Moral von der Geschichte« ist aber nicht moralisch, sondern existenziell – Ausdruck nüchterner Lebenserfahrung, wie sie in den Sprichwörtern und Redensarten eines durch jahrtausendalte Daseinsnot gewitzigten Volkes ihren Niederschlag findet. Die aus Resignation und Ressentiment gespiesene Sklaven- und Lakaienmoral wird immer wieder zum Schrei der leidenden Kreatur, zum Ausdruck der Hoffnung aller Hilflosen auf eine bessere Zeit, auf ein kommendes Heil.

Diese dunkel strömende Flut der volkstümlichen Tradition, die durch lange Zeiten hindurch nur mündlich weiter gegeben wird, tritt zuweilen an die Oberfläche und befruchtet die Pflanzgärten der hohen Literatur. Der Athener lebte von früh auf in der Welt der äsopischen Fabeln. An ihnen lernte das Kind lesen und schreiben und hellenische Sittenlehre. Die Historiker und Popularphilosophen liebten es, in ihre Reden Fabeln einzustreuen. Gelegentlich versuchen die Dichter, Fabeln zu einem literarischen Kleinod zu formen. Sokrates hat, wie die berühmte Stelle aus Platons Phaedon erzählt, als letztes irdisches Werk, bevor er im Kerker den Giftbecher trank, aesopische Fabeln in Verse gesetzt. Zu ihrem Unheil fiel die Fabel in die Hand der Rhetoren. Der römische Freigelassene Phaedrus aus dem ersten Jahrhundert und der Grieche Babrios aus dem zweiten Jahrhundert machen aus ihr eine Schulübung, doch gelingt es ihnen hie und da, den Kontakt mit der lebendigen Tradition wieder herzustellen und einen volleren Ton erklingen zu lassen. Avianus und Aphtonius führen die Konvention weiter, und alles mündet in das mittelalterliche Sammelbecken: den *Romulus* oder *Aesopus latinus*. Auf ihm beruhen die in England des 12. und 13. Jahrhunderts entstandenen *Romulus Nilantii* und *Romulus Neveleti*, die wiederum den versifizierten französischen, nach Aesop benannten *Ysopets* zugrunde liegen. Die wichtigste unter diesen Fabelsammlungen ist der *Esope* der Marie de France, der seinerseits auf die lateinische moralisch-allegorische Dichtung gewirkt hat. Diese Fabeltradition, zu der im 14. Jahrhundert der Aesop-Roman in der Fassung des byzantinischen Mönches Planudes Maximus stösst, lebt zur Zeit der Renaissance neu auf. Es sind vor allem zu nennen das *Hecatomythium* des italienischen Humanisten Abstemius (Lorenzo Bevilacqua), Bibliothekar des Hofes von Urbino am Ende des 15. Jahrhunderts, die italienischen Fabeln des Verdizotti und die französischen Fabeln von Gilles Corrozet und Guillaume Haudent aus der Mitte des 16. Jahrhunderts. Die ganze griechisch-lateinische Ueberlieferung wurde gesammelt im 17. Jahrhundert durch Isaac Nevelet, Sohn eines in die Schweiz emigrierten Protestanten. Seine *Mythologia aesopica* erschien 1610 und 1660 in Frankfurt mit gemütvollen Holzschnitten des Nürnberger Kleinmeisters Virgil Solis. Diese Sammlung von 782 Fabel-Fassungen ist die Hauptquelle La Fontaine's.

II.

La Fontaine greift mit genialem Spürsinn durch alle rhetorischen Verbildungen hindurch in die Tiefe der *lebendigen Tradition* hinein. Das zeigt sich darin, daß er seinen Fabeln das Volksbuch vom Sklaven Aesop voranstellt. Er hat selbständig und mit vollendeter Grazie den Planudes Maximus in ein zartes, schalkhaftes Kunstwerk umgewandelt.

In der *Epître à Monseigneur le Dauphin*, in der *Préface*, in der *Vie d'Esope* und in der gereimten Epistel *A Monseigneur le Dauphin* gibt er die kostbarsten Hinweise auf den Sinn seines Werkes durch die immer wieder betonte Anknüpfung an Aesop.

Den Reigen der Fabeln beginnt er mit der harmlosen Erzählung *La Cigale et la Fourmi*. Schon hier, wo er durch den beschwingten Anfang

> La Cigale, ayant chanté
> Tout l'été...

und durch leichte Retouchen am traditionellen Text die zwei Figuren, die Hausfrau und die Abenteurerin, zu Trägerinnen ewig entgegengesetzter Lebenshaltungen macht, bringt der Dichter die Kommentatoren in Verlegenheit. [...]
Wohin neigte denn der Dichter selber? Wohl nach der Seite der unbesorgten, leichtlebigen Sängerin. Dennoch gibt er der Ameise das letzte Wort. Und was das bedeutet, zeigt die Fabel: *La Mouche et la Fourmi* (IV, 3). Zwei Welten stehen sich hier gegenüber: die Herrenschicht in ihrer dekorativen Scheingrösse – ihr Untergang wird angekündigt in Tönen, die an die kommende Revolution mahnen – und die Welt des arbeitsamen, vorsorgenden Bürgers, der für die Oberen nur Verachtung übrig hat:

> Cessez donc de tenir un langage si vain:
> N'ayez plus ces hautes pensées...
> Adieu: je perds le temps; laissez-moi travailler.

Taine stellt den adligen Parasiten dem sachlichen Bürger gegenüber, wie er hier auftritt: »l'animal bourgeois par excellence ... d'un esprit net, ferme et pratique, qui raisonne avec autant de précision qu'il calcule, railleur comme un homme d'affaires, incisif comme un avocat.« Und das Thema, das der Dichter selber angibt, lautet:

> Je vous enseignerai par là
> Ce que c'est qu'une fausse ou véritable gloire.

Unmissverständlich zeigt er seine Meinung, indem er in der unmittelbar darauffolgenden Fabel *Le Jardinier et son seigneur* (IV, 4) hüllenlos, in menschlichen Gestalten die beiden Welten darstellt. Sie beginnt mit der Beschreibung eines sauber abgegrenzten, sorgfältig gepflegten Gartens. Das Idyll wird durch einen Hasen gestört – cette félicité par un lièvre troublée – und der naive Bürger wendet sich hilfesuchend an den Dorfpatron. Nun stürzt das Verhängnis über den kleinen Mann herein. Der Herr kommt mit Gefolge und Meute, schäkert schamlos mit der Tochter, lässt sich grossartig bewirten und beschenken, entfesselt dann mit Hörnern und Trompeten die wilde Jagd. Der Garten wird bis auf den Grund verwüstet:

> Le pauvre potager: adieu planches, carreaux;

> Adieu chicorée et porreaux;
> Adieu de quoi mettre au potage.

Damit der hohe Herr zu Pferd dem Hasen nachsetzen kann, muss man die lebende Hecke aufreissen:

> Non pas trou, mais trouée, horrible et large plaie
> Que l'on fit à la pauvre haie.

Die Steigerung der Sprache (trou – trouée) und der affektische Ton (horrible et large plaie – pauvre haie) lässt uns die Verletzung der Natur als ein furchtbares Verbrechen empfinden. Ce sont là jeux de prince – sagt resigniert der grausam geschädigte Bürger.

Nun gehen uns die Augen auf über die wahre Bedeutung der Fabel. Der Dichter hat sie in ihrem ursprünglichen Sinn wieder entdeckt. Indem er ahnungslos ein vorhandenes Gefäss, eine traditionelle literarische Gattung in die Hände nahm, ist er von ihrem Geist angesteckt worden. Der Duft, der noch von alters her an ihr haftete, weckte in ihm etwas Untergründiges. Ein Hauch aus den ewigen Niederungen der Welt weht ihn an. Er stellt sich, ohne dass es ihm zunächst bewusst wird, auf die Seite der bedrängten Kreatur. Er schaut sich die Welt zum erstenmal von unten an. Die obere Welt, zu der er sich zählt, erscheint ihm in ungewohnter Beleuchtung. Er sieht die Grossen in ihrer ganzen Brutalität, Machtgier und Heuchelei.

Die zweite Sammlung der Fabeln ist der Favoritin des Sonnenkönigs gewidmet und beginnt mit der Fabel: *Les Animaux malades de la peste* (VII, 1). In den apokalyptischen Tönen des Eingangs klingt wie eine Ahnung des kommenden Untergangs. Das Ganze ist eine blutige Anklage gegen die herrschende Schicht.

Nirgends finden wir so bittere Wahrheiten über den Hof und die Höflinge wie in den Büchern, die unter der Widmung an Mme de Montespan stehen. Erstaunliche Kühnheiten treten uns da entgegen, wie die durch Reimwirkung unterstrichene Ironisierung des Königstitels (VII, 7):

> Ce Monseigneur du Lion-là
> Fut parent de Caligula.

oder die Definition des Hofes (VIII, 14):

> Je définis la cour un pays où les gens,
> Tristes, gais, prêts à tout, à tout indifférents,
> Sont ce qu'il plaît au Prince, ou, s'ils ne peuvent l'être
> Tâchent du moins de le paraître:
> Peuple caméléon, peuple singe du maître;

On dirait qu'un esprit anime mille corps:
C'est bien là que les gens sont de simples ressorts.
[...]

Es kommt uns immer deutlicher zum Bewusstsein, was der Aufstand der Fabel bedeutet. Wir waren gewohnt, sie als ein harmloses Feuerwerk zu betrachten, das La Fontaine mit grosser Kunst zur Ergötzung von Jung und Alt spielen lässt. Nun wird es vor unsern Augen zum Feuerbrand, der aus den Kellergewölben der Paläste aufsteigt und verheerend zu den hohen Prunksälen hinaufzüngelt.

Wir stehen an einer Wende der Zeiten.

Die Epoche der grossen Formen ist zu Ende. Die Könige und Helden haben ausgespielt. Die Herren haben nichts mehr zu sagen. Sie haben keine Autorität mehr. Zu lange haben sie ihre Stellung missbraucht, ihre Mission verraten. Noch stehen die prunkvollen Dekorationen, aber hinter allem Gepränge gähnt die Leere. Das Stück ist aus.

Eine neue barbarische Welt ist im Anzug. Die Grundwasser der Menschheit steigen empor. Die Kleinen lehnen sich auf gegen die Grossen, die Bürger gegen die Adligen, die werktätige Welt der Ameisen gegen die festlich-müssige Welt der Drohnen. Auf der Sonnenhöhe der klassischen Zeit hört man schon das dumpfe Grollen der Masse.

Noch während La Fontaine seine letzten Fabeln dichtet, treibt der Sonnenkönig durch die Aufhebung des Ediktes von Nantes den regsten Teil seines Volkes in die Emigration. Unter der Führung Englands entstehen die neuen bürgerlich-liberalen Lebensformen, denen die französische Revolution weltweite Resonanz geben wird. Nach langer Unterdrückung erhebt sich das Volk, und in elementarem Ausbruch verwandelt es Literatur in blutige Realität.

III.

Wäre das alles, so bedeutete der Aufstand der Fabel für uns nichts anderes als eine historische Erinnerung. Ihre ewigmenschliche Lebendigkeit bekam die Fabel dadurch, dass dem Impuls von unten der Geist der oberen Schicht entgegenkam. Auf das aus dem Schatten Emporsteigende fiel der letzte Glanz aus der feudalen Welt.

Während der Leerlauf des heroisch-adligen Lebens in dem grossartig feierlichen Marionettenspiel des Hofes von Versailles mechanisch weiterging, hatte der klassische Geist sich eine letzte Stätte in der Seele der Dichter geschaffen. Dort entfaltete er sich zu seiner edelsten Blüte.

Es gehört zum Wesen des Klassischen, dass es alles adelt, was es berührt. Durch die Verbindung mit der hohen Poesie wird der Notschrei des Unterdrückten zum Ausdruck einer tiefsinnigen Lebensauffassung.

Der Sinn der La Fontaine'schen Welt schimmert schon durch die erste Fabel. Die eigentliche Sünde der Grille wird durch die Frage der Ameise aufgedeckt:

> Que faisiez-vous au temps chaud?

Die Bettlerin antwortet:

> Nuit et jour à tout venant
> Je chantais...

In dieser wahllosen Unangepaßtheit liegt der schwache Punkt: nuit et jour – keine Unterscheidung der Zeiten; à tout venant – keine Unterscheidung der Menschen. Was für La Fontaine der Wechsel der Jahreszeiten bedeutet, zeigt die Fabel *L'Astrologue qui se laisse tomber dans un puits* (II, 13). Die Erzählung umfasst vier ganze Verse. Sie gibt bloss die Blickrichtung an: man muss nicht nach oben, sondern nach unten schauen:

> Un Astrologue un jour se laissa choir
> Au fond d'un puits. On lui dit: »Pauvre bête,
> Tandis qu'à peine à tes pieds tu peux voir,
> Penses-tu lire au-dessus de ta tête?«

Die »Moral« weitet sich gewaltig aus. Der Dichter spricht aus der Fülle des Herzens. Zuerst wendet er sich zornig gegen die magisch-abergläubische Naturbetrachtung der metaphysischen Zeiten. Dann ertönt mit hymnischer Gewalt sein modernes Glaubensbekenntnis:

> Le firmament se meut, les astres font leur cours,
> Le soleil nous luit tous les jours,
> Tous les jours sa clarté succède à l'ombre noire,
> Sans que nous en puissions autre chose inférer
> Que la nécessité de luire et d'éclairer,
> D'amener les saisons, de mûrir les semences,
> De verser sur les corps certaines influences.
> Du reste, en quoi répond au sort toujours divers
> Ce train toujours égal dont marche l'Univers?

Die an Bossuet's majestätischen Rhythmus erinnernde Regelmässigkeit des letzten Verses (.–...–/.–...–) zeigt das Höchste an, was der Mensch erkennen kann: den grossen stillen Gang des Weltgeschehens, die gesetzmässige Folge der Zeiten und die klare Ordnung des Raumes. Die Ueberheblichkeit derjenigen, die sich nicht beugen können vor dem hohen Gesetz der Natur, erregt den Dichter aufs tiefste: — Je m'emporte un peu trop — Souffleurs nennt er die Alchemisten, weil sie in ihren Ofen blasend den Stein der Weisen herzustellen suchen. Windbeutel, Charlatane sind sie für ihn alle. Der Spekulant, der ins Wasser fiel ist für ihn der Inbegriff für alle Träumer — ceux qui baîllent aux chimères. [...]

Das Fabelbuch La Fontaine's ist eine Gesamtabrechnung mit allen Abenteurern und Illusionisten, ob sie sich selber oder andere täuschen. Er zählt dazu nicht nur diejenigen, die die Wirklichkeit anders sehen, als sie ist, sondern auch diejenigen, die etwas vormachen, das sie nicht sind — alle Geschwollenen, Wichtigtuer, Pedanten, Heuchler und Bonzen. [...]

Die grosse Sünde ist überall, dass die Menschen sich nicht in ihren Grenzen halten, sie wollen alle über sich hinaus —

La sotte vanité jointe avecque l'envie
Deux pivots sur qui roule aujourd'hui notre vie (V, 1)

Klein sein ist für La Fontaine nicht eine unglückliche Zufälligkeit, sondern die Grundnorm der menschlichen Existenz. Die Froschperspektive ist die wahre Basis des Erkennens. Man sieht die Welt, wie sie wirklich ist, nur dann, wenn man sie von unten sieht.

Die Illustration zu dieser Philosophie der Kleinheit ist seine Lieblingsfabel:

Le Chéne et le Roseau (I, 22).

Dem Dichter lag die aesopische Fassung im *Nevelet* vor:
»Ein Schilfrohr und ein Olivenbaum stritten über ihre Festigkeit und Stärke. Das Schilfrohr, dem der Olivenbaum vorwarf, dass es schwach sei und sich allen Winden beuge, antwortete nichts. Aber es wartete ein Weilchen, bis ein starker Windstoss kam: das Schilfrohr, vom Winde bewegt und gebogen, kam unbehelligt davon; der Olivenbaum, auf seine Wurzeln gestützt, widerstand den Winden, wurde dann aber durch ihre Gewalt gebrochen und zeigte so, dass er sich fälschlich seiner Kraft gerühmt hatte. Diese Fabel lehrt also, dass diejenigen, die den Umständen und den ihnen Ueberlegenen nicht widerstehen, stärker sind als diejenigen, die wider die Mächtigen streiten.« (Nach der Uebertragung von R. Bray, p. 77.)

La Fontaine verwandelt das Mechanische und Didaktische in ein Menschliches und Geschautes. Der Eichbaum stellt sich mit

Corneille'schem Pathos vor; er vergleicht sich in seiner Anmassung mit dem Kaukasus. Das Gefühl der Macht steigert sich am Gegensatz zum schwachen, windbewegten Rohr. Mit herablassender Gönnerhaftigkeit bietet er seinen Schutz an. Aber sein Mitleid ist eine versteckte Form seines Hochmuts.

Das Schilfrohr lässt sich nicht imponieren, es antwortet mit bissiger Ironie:

> Votre compassion...
> Part d'un bon naturel; mais quittez ce souci.

Scharf und spitz tönen die letzten Worte. Man merkt, dass der Begönnerte pikiert ist.

La Fontaine kannte diese Situation, war er doch sein Leben lang abhängig gewesen von der Gunst der Grossen. Die Reihe beginnt mit Fouquet, dem Hochfahrenden, dessen Wahlspruch war: *Quo non ascendam?* Aber gerade an Fouquet erlebt er, was später in seiner Fabel Gestalt wird. Der Sturz Fouquet's, das Signal der absoluten Machtergreifung durch Ludwig XIV, wirkte erschütternd auf die Zeitgenossen. Und in dem tapferen Brief, in dem La Fontaine das Ereignis berichtet, steht ein lateinisches Zitat, das im Keim die Fabel vom Eichbaum vorwegnimmt: *Feriunt summos fulmine montes* – die Götter treffen mit dem Blitz die höchsten Berge. Der Vergleich mit dem Kaukasus bekommt angesichts dieser Worte eine reale Bedeutung. Ist nicht im Augenblick, da er diesen Brief schrieb, der zündende Funke in die Seele des Dichters gefallen? Und musste nicht angesichts der Zusammenbrüche grosser Herren wie La Rochefoucauld, Grammont, Bussy-Rabutin, in ihm der Gedanke aufsteigen, dass die ganze Herrenschicht, ja das Königtum selbst das Schicksal der gefällten Eiche erleben könnte?

Die sozial-politische Seite des Geschehens ist aber in der Fabel nur die Vorderansicht. Der eigentliche Kern liegt tiefer. Er enthüllt sich, wenn man darauf achtet, gegen wen die Rede des Eichbaums gerichtet ist. Der Anfang und der Schluss sind eine Anklage gegen die Natur:

> Vous avez bien sujet d'accuser la nature...
> La nature envers vous me semble bien injuste.

Der Protest gegen die Natur ist die tragische Schuld, die das Verhängnis ins Rollen bringt. Die Fabel wird zum Drama. Die Rache der Natur wird in drohenden Worten angekündigt, und die Strafe des Schuldigen erfolgt als unausweichliches Schicksal.

Das Leben und Weben der Natur ist kein zufälliger

1   Schmuck, keine blosse Einkleidung. Es gehört zur Substanz der
Fabel. Die Natur ist die Seele des Dramas. Sie ist verkörpert
im Wind. In einem wunderbar weiten Vers wird das Reich der
Lüfte vor das Gefühl hingezaubert:
5   Sur les humides bords des royaumes du vent.
Am Anfang regt sich nur ein blosser Hauch, der uns in wei-
chen Reibelauten leise aber spürbar anweht –
            Le moindre vent qui d'aventure
            Fait rider la face de l'eau...
10 Die Eiche aber fordert den Sturm heraus in einer Trotzrede,
deren Entladung in dem syntaktisch und rhythmisch bis aufs
Aeusserste gespannten »brave« erfolgt:
            Cependant que mon front, au Caucase pareil,
            Non content d'arrêter les rayons du soleil,
15   Brave l'effort de la tempête.
Der Vermessene wagt es, die entfesselten Lüfte herbeizurufen:
            Tout vous est aquilon, tout me semble zéphir...
            Je vous défendrais de l'orage.
Beängstigend betont das Schilfrohr die Bedrohlichkeit der
20 Winde:
            Les vents me sont moins qu'à vous redoutables.
            ...Vous avez jusqu'ici
            Contre leurs coups épouvantables
            Résisté...
25   Mais attendons la fin.
Und nun bricht in mächtiger symphonischer Steigerung der
verheerende Sturm los:
            Du bout de l'horizon accourt avec furie
            Le plus terrible des enfants
30   Que le Nord eût porté jusque-là dans ses flancs.
Der Kampf beginnt:
            L'arbre tient bon; le Roseau plie
            Le vent redouble ses efforts
Und schon erfolgt die Katastrophe. Die Dimensionen weiten
35 sich ins Unendliche, und das innere Auge folgt der Linie des
Falles vom Himmel bis zum Totenreich:
            Et fait si bien qu'il déracine
            Celui de qui la tête au ciel était voisine,
            Et dont les pieds touchaient à l'empire des morts.
40 Der letzte Klang ist »morts«. Das Spiel ist zu Ende.
    [...]

IV.

Die Verwandlung ins Ewigmenschliche geschieht in der La Fontaine'schen Fabel durch den Zauber der Form.

Auf dem Boden der formalen Betrachtung tritt uns noch einmal ihre ganze Problematik entgegen. Nirgends so wie hier scheint der Dichter an die Tradition gebunden zu sein. Man kann nicht nur den Inhalt der Fabel, sondern auch die einzelnen Züge auf zahlreiche Vorlagen zurückführen. Wo bleibt da – ausser in gelegentlichen Zutaten – die Originalität des Dichters? Wie kann man da noch von einem einmaligen und entscheidenden Ereignis sprechen?

[...]

Das hohe Ziel des klassischen Menschen ist das Vollkommene – das zur Erfüllung Kommende. Er verweilt nicht beim Weg, bei der Bewegung, bei der erregenden Andeutung. Er ist dem Resultat, dem Ende der Vollendung zugewandt. Das französische »perfection« zeigt noch deutlicher, worum es geht: Es kommt auf eine »Durch-Arbeitung« des Vorhandenen Ueberlieferten, Stofflichen an. Eine leise Betonung, eine fast unmerkliche Sichtung der Bildelemente, ein letzter vereinfachender Zug genügt, und die Schlacken, die der Fabel anhafteten, fallen ab, durchsichtig tritt das Ewigmenschliche in Erscheinung. Durch die formende Kraft erlangt das Zufälligste unvergängliche Geltung. Das Vorübergehende erhält Dauer. Das Vereinzelte findet seinen Platz in der Ordnung des Ganzen. Das Verschwommene reift zur Gestalt.

Gestalt heisst Sichtbarwerden des Sinnes. Etwas, das sich selber suchte, findet seine Form; an diesem Aeusseren wird das Innerste offenbar.

Das La Fontaine'sche Schilfrohr ist ein Sinnbild für das Formgesetz der Fabel.

Die Fabel ist *klein*.

Ihr Format ist kein Zufall. Im Bereich des Epischen ist sie das kleinste, unscheinbarste Gebilde. Im zarten Zauber der Kleinheit tritt uns aber der ewige Sinn des Kleinseins entgegen. Das Schilfrohr La Fontaine's will nicht mehr sein, als es ist. Grösse macht geschwollen; der Stolze ist so von sich selbst erfüllt, dass er darob steif und dumm wird. Das Kleine hat die schwere Kunst der Anpassung gelernt.

Die Fabel ist *beweglich* wie das Schilfrohr.

Der Wechsel der langen und kurzen Verse, die freie, lockere Form ist der Ausdruck einer entspannten, gelösten Seele, die, frei von den Versteifungen des Geistes, dem Wechsel des Geschehens folgen, den Zusammenhang mit der Realität bewahren kann.

Die Fabel lebt wie das Schilfrohr im *Zwischenreich des Flüssigen und Festen*. Vom beweglichen Element des Seelischen umspült, wurzelt sie doch im festen Grund der objektiven Welt. Klassische Kunst ist immer Synthese, Gleichgewicht der Kräfte. Wie die klarspiegelnde Wasserfläche leise zittert von der Regung aus der Tiefe, so klingt in der vollendeten Gestalt die seelische Schwingung nach. Aber der letzte Akzent ruht auf der *klaren Vision*. Die Fabel La Fontaine's strebt wie alle klassische Form zum reinen Umriss, zur geometrisch durchgebildeten Sichtbarkeit. Sichtbarkeit ist der Prüfstein der Realität.

Der äusseren Klarheit entspricht aber die *innere Ruhe;* das anschauliche Bild wächst aus der beschaulichen Seele. Dass die Fabel ihrer Natur nach ein Mittelding ist zwischen Mythus und Moral, zwischen Bild und Erkenntnis, kommt ihr hier zustatten. Und dass der französische Geist wie der griechische an der Logik der Form wie an der Form der Logik sich erfreut, hat als beglückende Fügung der Geschichte das Wunder der La Fontaine'schen Fabel möglich gemacht.

Alle formenden Kräfte La Fontaine's wachsen aus seinem ehrfurchtsvoll-liebenden Verhältnis zur *Natur*. Natur bedeutet für ihn ursprüngliches Leben. Unter dem Einfluss der indischen Fabel ist der Dichter immer kühner zu diesem an Rousseau mahnenden Naturbegriff durchgestossen. Aber die beherrschende Idee blieb die klassische: Natur als ewige Konstante der Menschlichkeit. Wenn auch ein tiefer Herzton alles durchdringt, so wird doch nie vom Gefühl die geistige Klarheit getrübt. Der eigentliche Glanz der Fabel kommt von ihrem unbeirrbaren Realitätssinn.

Das ist der *Grundvorgang* in jeder Fabel, dass zuerst in irgend einer Weise der Kontakt mit dem Realen verloren geht, dann aber erfolgt mit einem Ruck die heilsame Korrektur, und beglückt wendet sich der Geist der neu gewonnenen Einsicht zu. Die Störung geschieht immer durch eine Bewegung nach oben – veranlasst durch irgend einen anmassenden oder begehrlichen Anspruch des Geistes, durch eine fixe Idee, durch eine Versponnenheit der träumenden Seele. Die »Umkehr« geschieht in einem unsanften Zusammenstoss mit der Wirklichkeit, durch einen Fall oder ein Fallenlassen, eine Wendung von oben nach unten.

Die Fabel, »une ample comédie à cent actes divers« (V, 1),

ist der Komödie verwandt, die auch den Protest der Natur gegen die Verstiegenheiten des Geistes darstellt; sie macht sich lustig über alle diejenigen, die zu hoch hinaus wollen.

Ob es nun der Frosch ist, der sich zur Grösse des Ochsen aufblähen will, oder der Astrologe, der mit dem Blick nach oben den offenen Schacht zu seinen Füssen übersieht, ob die junge Bäuerin mit dem Milchhafen auf dem Kopf ins Tanzen kommt, weil sie an hüpfende Kälblein denkt, oder der Rabe mit dem Käse vom Fuchs betört seine sangliche Begabung zeigen möchte – der Umschlag kommt für alle: die Froschhaut platzt, der Sterndeuter fällt ins Wasser, die Milch wird verschüttet, und der Käse entgleitet dem Schnabel.

Mit den einfachsten sprachlichen Mitteln spinnt der Dichter seinen Partner ein und zieht ihn unwiderstehlich in diesen elementaren Vorgang, in diese Doppelbewegung der Abkehr und Rückwendung zum Leben. [...]

Als Anwalt der Natur und Wortführer der kreatürlichen Welt konnte der Dichter seine Vision nirgends besser verkörpern als in der *Gestalt der Tiere*. Das Animalische ist keine Verkleidung, sondern Substanz. »L'homme n'est ni ange ni bête, et le malheur veut que qui veut faire l'ange fait la bête.« Dieser Gedanke Pascal's ist das Grundthema der La Fontaine'schen Fabel. Es gibt kein besseres Mittel, den Menschen aus seinem Grössenwahn herunterzuholen, als dadurch, dass man ihn an seine Animalität erinnert. Doch ist für den Dichter das Animale kein verächtlicher Naturzustand, – der Mensch ist um so wirklicher, als er durch alle Umhüllungen hindurch den kreatürlichen Kern erkennen lässt.

[...]

Literatur

Ausgabe: Henri Régnier, *Oeuvres de J. de la Fontaine*. Les Grands Ecrivains de la France. Paris 1921 (zitiert: Régnier).
Zur Geschichte und Deutung der Fabel: Giambattista Vico, *La Scienza Nuova*. 1744. Otto Crusius, *Fragmente aus der Geschichte der Fabel*, Einleitung zu: Kleuken, Buch der Fabeln. 1922. Aug. Hausrath, *Fabel*, Real-Enzyclopaedie VI 1704 ff. – *Die Aesoplegende*, Nachwort zu: Aesopische Fabeln. München 1940. Max Staege, *Die Geschichte der deutschen Fabeltheorie*, Sprache und Dichtung. Bern 1929.
Zum Leben und Werk La Fontaine's: Paul Mesnard, *Notice biographique* in der Ausgabe Régnier. Louis Roche, *La vie de Jean de La Fontaine*. Paris 1913. G. Michaut, *La Fontaine*. Paris 1913. Jean Giraudoux, *Les cinq Tentations de La Fontaine*. Paris 1938.

1 *Zu den Fabeln La Fontaine's:* H. Taine, *La Fontaine et ses Fables.* Paris 1869. Saint-Marc Girardin, *La Fontaine et les Fabulistes.* Paris 1867. Karl Vossler, *La Fontaine und sein Fabelwerk.* Heidelberg 1919. F. Boillot, *Les Impressions sensorielles chez La Fontaine.* Paris 1926. F. Gohin, *L'Art de La Fontaine dans ses Fables.* Paris 1929. René Bray, *Les Fabeles de la Fontaine.* Paris 1929. Elisabeth Brock, *Die letzte Fabel.* Unveröffentlicht.

DOLF STERNBERGER

Über eine Fabel von Lessing (1950)

Karl Jaspers gewidmet

Die Fabel heißt »Der Esel mit dem Löwen« und lautet folgendermaßen:

»Als der Esel mit dem Löwen des Äsopus, der ihn statt seines Jägerhorns brauchte, nach dem Walde ging, begegnete ihm ein anderer Esel von seiner Bekanntschaft und rief ihm zu: Guten Tag, mein Bruder! – Unverschämter! war die Antwort.«

Sie ist noch nicht vollständig erzählt, es folgt noch etwas nach, aber wir wollen fürs erste annehmen, sie wäre zu Ende; sie könnte ja auch hier zu Ende sein, denn sie gibt auch so einen runden Sinn. Sie ist wunderbar knapp und prägnant erzählt, enthält kein überflüssiges Wort, ist vollkommen begreiflich und mutet ganz wie eine klassische Fabel an. Obendrein nennt sie selbst den Klassiker der Fabeln, den Äsopus, beiläufig und wie zum Spaß – »der Löwe des Äsopus«, das ist der altbekannte, wohlvertraute, der keiner näheren oder weiteren Beschreibung bedarf, nicht irgendein Löwe, sondern eben dieser klassische Löwe. Und in dieser Berufung, in diesem Ausweis liegt auch zugleich ein literarisches Programm, nämlich es wird Einverständnis darüber verlangt oder vielmehr mit anmutig leichter Hand vorausgesetzt, daß hier nichts wesentlich Neues, Originales, aus dem Grunde der Natur oder des Genius Erschaffenes vorgetragen, daß vielmehr nur aus guten alten, überlieferten, gleichsam kanonischen Figuren und auch nach dem Schema der alten überlieferten Gattung (eben der Fabel) ein leicht verändertes Spiel zusammengesetzt wird. Diese alten Figuren, will das heißen, der Löwe des Äsopus und der Esel des Äsopus und der Wolf und das Schaf und der Fuchs und all die anderen – dieser Vorrat reicht vollkommen aus, noch für lange, vielleicht für ewige Zeiten, man braucht durchaus nichts hinzu zu erfinden; bringt man sie nur in die rechte Konstellation, so werden sie auch immer von neuem reden und bedeuten. Eine solche typische Konstellation wird hier vorgestellt: der Esel mit dem Löwen. So geht es in der Welt zu. So geht es einem, wenn man als harmloser Normal-Esel des Wegs kommt und begegnet einem Artgenossen, der heraufgekommen ist und den Löwen begleiten darf (wenn er ihm auch in Wahrheit nur als Schreier dient, als Hifthorn, das Wild zu schrecken). Eine solche Antwort muß man von dem Löwen-Esel gewärtigen, wenn man naiv und zutraulich genug ist, ihn als Bruder zu begrüßen, also über den natürlichen die gesellschaftlichen Gefühle zu vernachlässigen. Was lernt man daraus? – Man muß sich mit dem Weltlauf abfinden, obwohl oder gerade weil man ihn genau erkennt – das ist die Lehre aller rechten Fabeln –, in unserem Falle also: man wird gut tun, einen solchen Löwendiener trotz aller Artverwandtschaft nicht als »Bruder« anzureden, man wird entweder einen anderen Weg gehen oder aber eine stumme Verbeugung machen. Oder auch: man wird kein Esel sein, denn hier zeigt sich, daß man ein Esel sein müßte, wenn man ein Esel wäre.

So trocken wäre die »Moral« – aber Fabeln haben keine Moral außer jener einen: Seht, so geht es zu in der Welt, welche bittere und heitere Weltkenntnis denn freilich eine unerläßliche Voraussetzung allen ernstlichen moralischen Handelns ist, wenn es nicht in idealischen Illusionen verfliegen oder verschwimmen soll – so trocken also wäre die Moral dieser Fabel von Lessing, wenn sie wirklich eine klassische Fabel oder wenn sie an diesem Punkt schon zu Ende wäre. Sie geht aber noch weiter. Der harmlose und brüderliche Esel steckt den »Unverschämten« nicht ein, sondern er setzt eine neue Antwort drauf, und diese richtet sich nicht bloß an den artvergessenen Löwendiener, sondern sie ist ein wenig auch zugleich an der Rampe und ins Publikum gesprochen. Hier ist der Schluß, wie er wirklich da steht:

»Unverschämter! war die Antwort. – Und warum das? fuhr jener Esel fort. – Bist du deswegen, weil du mit einem Löwen gehst, besser als ich? Mehr als ein Esel?«

Diese Replik ändert die Situation und die Meinung gründlich. Sie gleicht sogar einem Signal zur Änderung des Weltlaufs. Der so spricht, wächst im selben Augenblick über die Rolle des Fabel-Esels hinaus – des Fabel-Esels, der dahin trabt und die Säcke trägt oder durch unklugen Rechtssinn die Beute und sein eignes Leben an den Löwen verliert oder eben auch sich dummdreist bläht, weil er mit seiner Stimme die Tiere für den König scheuchen kann. Man ist versucht, den, der hier so kämpferisch die Stimme erhebt, aus dem Eselsstande zu erheben, da solches Selbstbewußtsein offenbar der überlieferten Rolle widerstreitet, welche zumeist gerade durch die Verkennung seiner Befugnis und durch naive Aufblähung seiner Ohnmacht bezeichnet ist. Ein Esel, der auftrumpft und widerspricht, zur Ordnung ruft und recht behält – in der Fabelwelt wie vor den Lesern –, der ist kaum noch ein Esel zu nennen. Er redet ja fast wie ein edles Pferd. (Oder redet er wie ein Ochse?) Der Weltlauf also soll verändert werden – das ist ein revolutionärer Ton. Wir sollen uns – so tönt es von der Rampe her – gerade nicht damit abfinden, daß der Löwen-Esel, daß die Schranze sich derart spreizt und in frechem Hochmut ihresgleichen verleugnet. Und dieser Fürstenknecht selbst soll aus seiner angemaßten Position, wenn nicht aus der sozialen, so doch aus der moralischen Position herausgepfiffen, er soll von der Fürstenpartei abgesprengt, an seine Herkunft erinnert und kräftig zur Solidarität, zur »Brüderlichkeit« ermahnt werden – denn an diese appelliert ja die Anrede »Guten Tag, mein Bruder«. Der Löwe freilich bleibt aus dem Spiel – so weit geht die Revolution nicht –, bleibt überhaupt blaß; es ist fraglich, ob er jenem Wortwechsel auch nur das Ohr, geschweige sein Interesse geschenkt hat: hier handelt es sich um eine Sache, die die Esel untereinander auszumachen haben. Was wird sich ereignen, wenn die beiden einander abermals begegnen? Der selbstbewußte Normal-Esel wird abermals grüßen, wenn auch nicht mehr naiv und zutraulich wie zuvor, sondern entweder fordernden und prüfenden Blicks und Tons oder aber eisig und blicklos – vielleicht wird er auch die brüderliche Anrede weglassen – oder wenn er es ganz unterlassen sollte, auch nur stumm mit dem Kopf zu nicken, so unterläßt er es gewiß nicht aus kluger Einsicht in den Weltlauf und die schlimme Ordnung der Dinge, sondern gerade aus Trotz und weil er von der Fruchtlosigkeit seines vorigen Appells überzeugt ist. Der andere aber – wird er sich über sein schlechtes Gewissen (denn er hat jetzt ein Gewissen, was er zuvor nicht hatte!) mit vermehrter Frechheit hinwegsetzen und, im Falle des Grußes, jenem abermals über den Mund fahren? Wird er sich mit einem huldvollen oder gar mit einem verlegenen Kopfnicken bescheiden? Oder wird er sich des Zwischenfalls reuig erinnern, sich zu seiner »Eselheit« bekehren und den brüderlichen Gruß brüderlich erwidern auf die Gefahr hin, in den Augen des Löwen an Geltung zu verlieren – was er freilich in Wahrheit gar nicht zu befürchten braucht, da der Löwe offenbar recht wohl weiß, daß er es mit einem gewöhnlichen Esel zu tun hat? Oder wird er am Ende schon beizeiten die Konsequenzen ziehen, seine unwürdige, selbst eines Esels unwürdige Rolle erkennen, seine Eitelkeit preisgeben und den Dienst des Löwen quittieren also, daß er künftig seinen Brüdern und Verwandten allzeit frei und offen wird begegnen und ins Gesicht sehen können? – Ich weiß nicht, ob dieser Katalog vollständig, ob die moralischen Möglichkeiten für den Fall der Wiederholung, die Möglichkeiten der revolutionären Veränderung erschöpft sind – aber so viel ist sicher: daß mindestens diese Möglichkeiten offenstehen, daß also die Wirkung jenes Appells von Esel zu Esel offen bleibt, und daß der Fall sich so, wie ihn die Fabel berichtet, gewiß nicht wiederholen wird.

Genau aus diesem Grunde aber ist diese Fabel von Lessing keine klassische Fabel. Denn die klassische Fabel greift nicht anders als erkennend in den Weltlauf ein, und ihre Gültigkeit schreibt sich davon her, daß sie in knappem Bild und Vorgang faßt, was hier und heute, aber doch auch von je und für alle Zukunft da und dort und immer wieder begegnet, was sich gerade so und durchaus nicht anders wiederholt. Diese aber setzt ein Ende und einen Anfang. Ihre Pointe liegt gerade darin, daß sie ihre eigne Gültigkeit aufzuheben trachtet, daß sie die Wiederholung auszuschließen bezweckt. Darum ist sie keine klassische Fabel, wenn anders sie überhaupt noch eine Fabel heißen darf.

Nun ist aber diese Fabel von Lessing gar nicht frei und neu erfunden. Jener literarische Traditionalismus, der sich schon in der beiläufigen Erwähnung des Äsopus kundtat, ist nicht bloß eine stilistische Geste – wie man danach noch vermuten könnte –, sondern er ist ganz solide befolgt worden: die Fabel hat ein antikes Muster, und wie wenig es ihrem Autor in den Sinn kam, sich hierdurch als Nachahmer bloßzustellen, wie sehr er vielmehr gerade in der Bearbeitung, Abwandlung und Weiterbildung der Vorlagen das Wesen solcher Kunstübung erblickte, das zeigt der einfache Umstand, daß die antike Vorlage gleich unter der Überschrift offen angegeben ist: »Phädrus lib. I Fab. 11.« Lesen wir nach, was bei Phädrus, dem »Freigelassenen des Augustus«, der unter Tiberius und Caligula seine fünf Bücher »Äsopischer Fabeln« geschrieben und veröffentlicht hat, in dieser elften Fabel seines ersten Buches steht, so finden wir zwar den Löwen und auch den einen Esel, der ihm dient, aber von dem zweiten nicht die mindeste Spur. Die Vorlage hat genau das zum Inhalt, was bei Lessing in dem kurzen Beisatz resümiert wird, daß der Löwe jenen ersten Esel »statt seines Jägerhorns brauchte«: Phädrus schildert das ebenso ingeniöse wie bequeme Jagdverfahren des großen Herrn, wie der das Wild erlegt, das jener ihm durch sein Geschrei aus dem Versteck zutreibt. Und schließt dann folgendermaßen*:

Des Mordens müd', ruft er den Esel vor
Und heißt ihn schweigen. Drauf der eitle Narr:
»Wie dünkt dir, Freundchen, meiner Stimme Leistung?«
»Ei!« spricht der, »trefflich! Ja, hätt' ich's gewußt nicht,
Wes Geistes Kind du, riß' ich selbst auch aus.«

Was hier die Pointe, ist dort bei Lessing nur noch die vorausgesetzte Situation oder die Gelegenheit, eine ganz neue Begegnung und Figur einzuführen. So weit also wäre es leicht und rasch bestätigt, daß Lessings Fabel nicht klassisch ist, mindestens mit ihrer klassischen Vorlage nicht eben viel gemein hat – sie ist ihm in diesem Fall kaum mehr als Anlaß. Indessen läßt sich noch ein andrer, gründlicherer Einwand aus dem Gedicht des Phädrus gewinnen: es hat nämlich eine formulierte »Moral«, ein »Merke«, eine allgemeine Regel, womit es sogar eröffnet wird wie übrigens fast alle seine Gedichte, und diese sieht auf den ersten Blick einer tendenziösen Parole, wie sie der Lessingsche Bürger-Esel aussprach, nicht unähnlich:

Der Schwächling, der sein Lob posaunt, täuscht nur
Den Unbekannten; wer ihn kennt, verhöhnt ihn.

Wie man es so häufig findet, vermag auch hier die abgezogene Regel den Sinn und das Verhältnis, welches hernach durch Figur und Vorgang der anschauenden Erkenntnis dargeboten wird, nicht vollkommen auszuschöpfen – in der Erzählung steckt mehr als in diesem Merkspruch, vor allem eine sehr bestimmte Konstellation von Macht und Dienst und Opfer, die da in aller Nacktheit vorgeführt wird, im Sprüchlein aber reichlich abgeblaßt nur wiederkehrt. Dort steht der eitle Löwen-Diener, nur Werkzeug und nicht einmal »unabkömmlich«, zwischem dem wilden Herrscher – wenn er sich für diesmal auch jovial und bloß ironisch gibt – auf der einen, dem verschreckten Tiervolk auf der andren Seite; hier hingegen ein recht allgemeiner »Schwächling« zwischen einem, der ihn als

* In der Verdeutschung von Dr. Johannes Siebelis, erschienen in der Langenscheidtschen Bibliothek sämtlicher griechischen und römischen Klassiker, Stuttgart 1857.

solchen kennt, und andren, die ihn nicht kennen, womit denn ersichtlich nur ein unspezifisches Element aus der Dichte des konkreten Bilds herausgezogen ist. Die Moral enthält weniger als die Geschichte, von der sie die Moral ist. Schon dies erweist, daß ein Merkspruch solcher Art der Fabel selbst nicht notwendig zugehört,· man kann ihn auch weglassen und dem Leser oder Hörer die Nuß ganz rund und ungeknackt darbieten: so geht am Ende weniger vom Kern verloren. Jener Solidaritätsappell des Lessingschen Normal-Esels mit seiner teils selbstbewußten, teils auch aufmuckenden Tonart (»Bist du besser als ich?« – das klingt wie mit der Hand im Hosensack gesprochen): das ist nicht abgezogene Regel oder Anleitung zum Verständnis, sondern das gehört zum Vorgang, bildet sogar geradezu seine Pointe. Mit dem Merkspruch des Phädrus kann ein Redner zwar eine politische Figur oder Gruppe enthüllend treffen und solchen Esel dem allgemeinen Gelächter, vielleicht gar dem Aufstand preisgeben, aber das kann er noch besser mit der Fabel selbst ohne den Merkspruch des Phädrus, und zudem geht die Veränderung, die er derart möglicherweise hervorruft, in der ganz andren Sphäre der politischen Wirklichkeit vor sich, also durchaus jenseits der Fabel und gewiß ohne deren Gültigkeit zu vermindern oder gar aufzuheben. Conclusio: Phädrus liber I Fabula 11 vermag die These, Lessings Fabel sei keine klassische Fabel, nicht im geringsten zu beeinträchtigen, vielmehr nur zu bekräftigen.

Dies aber noch aus einem anderen nicht sowohl formellen als vielmehr sehr substantiellen Grunde: bei Phädrus gibt es nur einen Esel, bei Lessing deren zwei. In einer alten oder klassischen Fabel wäre eine solche Begegnung von Esel und Esel, wäre eine Mehrzahl von Individuen gleicher Gattung gar nicht möglich. Der Wolf und das Lamm, le corbeau et le renard, der Fuchs und der Storch, der Weih, der Frosch und die Maus, la cigale et la fourmi und so fort und so fort – und so auch »der Esel mit dem Löwen auf der Jagd«: das sind alles klassische Ensembles. Eine Gattung kommt stets nur einmal vor, und zwar als rundes Exemplar, welches eben die Gattung in ihrer spezifischen Macht oder Ohnmacht, Schlauheit oder Dummheit, List oder Kraft repräsentiert. Es kann gar nicht zwei Exemplare geben, das Exemplar ist seinem Wesen nach immer in der Einzahl, sonst wäre es kein Exemplar und nicht exemplarisch. Denn das Exemplar ist kein Individuum. Als Exemplar geht es gleichsam in der vorgezeichneten Bahn, macht es die vorgeprägte Figur, spielt es die vorgeschriebene Rolle. Gerade dadurch ist die Fabel fähig, eine politische Situation des menschlichen und also geschichtlichen Lebens, worin Individuen auf ihren eigenen Wegen und mit ihren eigenen Motiven zusammentreffen, gleichsam mit einem Schlag zu deuten: wir erkennen durch diese Fabel plötzlich, welche Rolle wir Individuen in diesem Fall und in dieser Lage spielen, was für eine Figur wir in diesem Augenblick machen, was für eine Bahn wir betreten haben – der Augenblick, der Kasus, die Konstellation wird exemplarisch, gerinnt zum Beispiel, subsumiert sich, durchaus anschaulich, unter das pralle Bild der Fabel, wir werden uns selbst gewahr und mögen nun Bahn, Figur und Rolle entweder annehmen oder ablehnen, wir können, in jedem Fall, wieder Individuen werden. In jener Fabel von Lessing aber vermischen sich die Sphären: es gibt darin zwei Exemplare einer Gattung, eines mit dem richtigen und eines mit dem falschen Bewußtsein, einen art- oder klassenbewußten und einen artvergessenen Esel, einen der stolz ist, ein Esel zu sein und einen, der mehr zu sein meint als ein Esel, aber eben in Wahrheit doch auch nichts andres ist als ein Esel. Die Korrektur des individuellen, abweichenden Bewußtseins, Selbstgefühls und sozialen Verhaltens ist der Zweck, die unbestreitbare reelle *Gleichheit* der Individuen einer Gattung die Pointe der Fabel. Was einer auch denken und sich einbilden mag: asinus ist gleich asinus, kraft der Asinität, die alle einzelnen asini von Natur zu solchen macht und ebendarum als Idee auch moralisch einigen soll. In dem Phänomen der Mehrzahl von Exemplaren – daß dem, der mit dem Löwen daherkommt, sein Ebenbild als peinlicher Mahner begegnet und ihn an seine Bestimmung erinnert, wie vom Himmel gesandt, hinterm Baum hervor und unangenehm brüderlich grüßend –, in diesem Phänomen der Mehrzahl und des Ebenbilds steckt sofort die Wirklichkeit der Individuen und das Problem der Gleichheit, welches beides nicht auseinandergetrennt werden kann. In der Fabel selbst noch treten wir aus der Fabel heraus, nämlich aus dem Exemplarischen ins Individuelle und aus der anschauenden Erkenntnis ins moralisch-soziale Postulat. Darum vollends ist es eine *moderne* Fabel.

Noch ein Wort zur Erläuterung. In der alten Fabel (wozu nicht nur Äsop und Phädrus, sondern auch Lafontaine gerechnet werden muß) gibt es natürlich auch Mehrzahl, nur nicht Mehrzahl von Individuen einer Gattung. In den äsopischen Geschichten ist die Mehrzahl freilich seltener als die deutlich exemplarische Einzahl – wofür die Beispiele oben schon aufgeführt wurden. Wenn aber eine Mehrzahl auftritt, so erstens in Gestalt der geschlossenen Gruppe – »die Gänse« (und der Marder) oder »die Frösche« (und der Esel) oder die Mücken (beim Honig) –, das ist also jedesmal das Gänse-, Frosch- oder Mückenvolk im ganzen, welches sich denn auch völlig ein-artig aufführt, jeweils wie ein einziges Wesen. Dies ist überhaupt kein echter Plural, sondern (wenn der Ausdruck erlaubt ist) eher ein Total. Zweitens kommt das Plurale-tantum vor, wofür die Fabel »Boves et axes« das Beispiel bietet: die Rinder, die den Wagen ziehen, streiten mit den Achsen, auf denen die Last ruht, um das größere Verdienst. Wiederum ist die Mehrzahl fast unwesentlich, es könnte fast ebensogut ein Rind mit einer Achse (eines zweirädrigen Karrens) streiten, aber man fühlt, daß hier die Mehrzahl – eben im Sinne des Plurale-tantum – eher noch exemplarischer wirkt, als es die Einzahl täte. Selbstverständlich sprechen beide Parteien nur mit je einer einzigen Stimme. Drittens gibt es das Phänomen der Herde oder, wenn sie klein ist, der Gruppe, die wohl auch einmal gezählt wird, dann aber nur, weil es etwa der Löwe darauf anlegt, die »Einigkeit« dreier weidender Rinder zu sprengen – zu teilen, um zu herrschen oder vielmehr zu fressen. Auch dann haben alle drei selbstverständlich nur eine Stimme und nur eine Rolle, sei es auch diejenige, voneinander getrennt zu werden. Endlich ließen sich noch jene Verwandtpaare anführen von dem Schema »Feldmaus und Stadtmaus« oder »Hofhund und Jagdhund«, wobei indessen die Mehrzahl und die Gleichheit nur Schein ist, da es ja vielmehr gerade auf die Differenz der Arten oder Spielarten wie der Rollen ankommt. Niemals tritt die Rolle in einen Widerspruch zur Art noch das Wesen zur Haltung. Phädrus I, 11 zeigte dies deutlich genug: dieser alte Esel, indem er so eitel vor dem Löwen seine Stimme und ihre furchtbare Wirkung anpreist, verläßt und verleugnet nicht seine »Eselheit«, sondern erfüllt und bewährt sie gerade, wenn auch kläglich. Dafür ist er eben Esel. Hätte er geschwiegen und sich bescheidentlich getrollt, so hätte er nicht eselhaft gehandelt, wäre er kein Esel gewesen, jedenfalls kein Fabel-Esel. In der Fabel von Lessing aber tritt derselbe Esel (wenn es noch derselbe wäre!) durch seine Höflingsrolle in Widerspruch zu seiner Esel-Art, sein Betragen verleugnet sein Wesen – so ist jedenfalls die Meinung. Versucht man, die Lessingsche Absicht umgekehrt in Figuren nach dem einfachen Sinn der alten Fabel zu übersetzen, so müßte – ich sagte es schon einmal – notwendig einer der beiden Esel verwandelt werden: läßt man es bei dem Ensemble des Phädrus, so muß in Gottes Namen der begegnende Bekannte seiner Rolle wegen mindestens zum Maulesel, wo nicht zum Kalb oder Schwein (was immerhin eine Stallbekanntschaft sein könnte) sich erniedrigen. Dieses Wesen könnte aber nicht »Bruder« sagen und schon gar nicht die Fanfare der Solidarität blasen. Zweck, Hergang und Pointe verwirren sich alsbald – mit einem Wort: das Problem der Gleichheit oder besser, die Gleichheit als Problem wie als Postulat ist mit den Mitteln und Figuren der alten Fabel schlechterdings nicht darzustellen.

Worin besteht nun aber das Postulat eigentlich? Was verlangt dieser schlichte Esel mit seiner mannhaften, aber auch vulgär aufbegehrenden Sprache von dem aufgeblasenen Löwen-Esel? Oder: was fordert der Bürger vom Höfling (denn auf diesen Gegensatz, der übrigens unsere ganze frühklassische Literatur durchzieht, läuft die Differenz der beiden Esel hinaus)? Er fordert mit Logik und einem gewissen Anstand, aber doch auch trotzig und mit »Stirn« – was für eine treffende Metapher übrigens! –, daß dieser über seiner (zweifelhaften) Rolle seine Art nicht vergesse, daß er, obwohl Höfling, doch auch Mensch sei und sich gegen seinesgleichen, seien sie auch niederen Standes, menschlich betrage. Die Asinität steht hier für die Humanität, die Eselheit für die Menschheit und Menschlichkeit, und es ist allerdings nicht zu leugnen, daß dieses Fabelgleichnis etwas Fatales für den Menschen und die Humanität hat. Den witzigen Autor hat dies offenbar nicht gestört. Es ist, als ob sich hier die antike Erbschaft, nämlich die von Phädrus übernommene Figur des Esels, gegen die moderne Absicht kehrte, indem der selbstbewußte Bürger am Ende doch auch ein Esel bleibt, ja auf seine Eselheit pocht, und indem er derart seine Meinung durch seine Natur zu desavouieren in Gefahr ist. Kaum ist die Gleichheit ein Problem und ein Postulat geworden, gerät sie derart auch schon ins Zwielicht – mindestens insoweit, als sie durch die Fabel demonstriert werden soll. Der Höfling muß freilich ein Esel sein, dumm anmaßend und in seiner Eitelkeit sich selbst verkennend – der Höfling freilich, da ihn die Fabel treffen soll; aber auch der Bürger, der doch das natürliche Recht und Wesen vertritt? Wiederum muß er's indessen, da es ja andernfalls um die Gleichheit geschehen wäre.

Was soll's also: ist der Höfling ein Mensch, so kann man ihn eigentlich nicht gut einen Esel heißen, so müßte er vielmehr im Guten aus seiner bloßen Einbildung herausgeholt und für die

Bürgerschaft gewonnen werden (erstes Stadium der Revolution: Nationalversammlung, Verfassung, Abschaffung des Adels); ist er aber kein Mensch, sondern ein unverbesserlicher Esel, so lohnt's nicht, ihn über seine Natur aufzuklären, so müßte er vielmehr im Bösen ausgestoßen werden (zweites Stadium der Revolution: Gesetzgebende Versammlung, Schreckensherrschaft, Septembermorde). Beides liegt hier im Keim ineinander, aber unentschieden, eben im Zwielicht. Wie denn auch jene Replik des bürgerlichen Esels – »Bist du deswegen, weil du mit einem Löwen gehst, besser als ich? Mehr als ein Esel?« – zwischen aufklärender und aufständischer Tonart eine bedenkliche Mitte hält: man weiß nicht recht, ob es sanft oder schrill klingt, ob der Sprecher den Kopf bloß verwundert schüttelt oder aber drohend aufwirft. Immerhin war der erste, naive Versuch der Fraternisierung – »Guten Tag, mein Bruder« – gründlich fehlgeschlagen, dies ist nun der zweite, noch nicht ohne Hoffnung, aber doch schon von ferne grollend. Der Löwe freilich bleibt ganz aus dem Spiel – die Fabel ist 1753 zuerst veröffentlicht worden, vierzig Jahre vor der Hinrichtung Ludwigs des Sechzehnten. Der Löwe ist noch unbestrittenes altes Fabelwesen, verharrt in der Identität von Rolle und Art, Stand, Macht und Wesen: dafür bleibt er auch im Hintergrund, er ist da, aber er handelt nicht – wie ein konstitutioneller König. Die Woge leckt bis an die Stufen des Throns, nicht weiter.

Wäre die Fabel radikal, so müßte schließlich auch der Löwe noch zum Esel werden ... aber dann löste sie allerdings endgültig sich selbst auf, dann fiele die Differenz der Gleichen, ob sie auch bloß in der Einbildung zu existieren schien, in sich zusammen, dann bedürfte es gar keiner Fabelfigur und keiner Tierlarve mehr (welche sich ja hier, bei Lessing, schon bedenklich lüftet, da jener zweite oder bürgerliche Esel am Ende doch sein Menschenantlitz zeigt), dann träten eben die Menschen aus den abgeworfenen Masken hervor, die Fabel hörte auf und es begänne: das Drama. Wie ja in der Tat bei Lessing die Fabel historisch in den letzten Zügen liegt und zugleich das bürgerliche Drama anhebt, das wir das klassische nennen. Immerhin verdient es bei dieser Gelegenheit angemerkt zu werden, daß die zentrale menschlich-unmenschliche Figur des Höflings auch im Drama noch und bis in Schiller hinein einen Rest vom Fabeltier bewahrt hat, zwar nichts vom Esel, aber vom Wurm (Sekretarius) und vom Kalb (Hofmarschall); der Name ist stets ein Element der Physiognomie. Und daß vollends im »Tau-

cher«, welcher die Situation des Bürgers bei Hofe gleichsam in
einer Alptraumvision durchblicken läßt – »Unter Larven die
einzig fühlende Brust« – (wenn anders man diese Deutung annehmen will), die Höflinge, aber nur sie allein, sich wieder zu
veritablen und gefährlichen Fabelwesen verlarvt, verschalt,
verschuppt und verkrustet haben: der stachliche Rochen, der
Klippenfisch und des Hammers greuliche Ungestalt. Dies nur
beiläufig.

In unserer Fabel von Lessing steht der Löwe im Hintergrund, die beiden Esel sind die Akteure. Der Appell, mit dem
ihr kurzer Wortwechsel schließt, ist zweideutig. Er ist es aber
nicht nur darum, weil er noch gewinnend und schon abweisend
zugleich sich anhört, nicht nur wegen des Tons, sondern auch
wegen des Zweckes. Setzen wir nämlich den Fall, der höfische
(aber freilich höfliche) Esel zeigte sich der Aufklärung zugänglich, die ihm da zuteil wird – wie soll sie enden? Wird er die
Rolle des Löwenbegleiters weiter spielen können, obgleich er
nun eingesehen hat, daß er »nichts Besseres« ist als ein Esel?
Kann er seinen »Stand« bewahren, wenn er die »Privilegien«
aufgibt? Was ist aber ein Stand ohne Privilegien? Stand mag
meinetwegen Stand bleiben, aber der Mensch muß in jedem
Falle Mensch sein und sich als Mensch bekennen – das ist hier
offenbar die Meinung. Eine vorrevolutionäre, eine noch unent-
schiedne Meinung. Aber wie soll entschieden werden?

Die Fabel von Lessing enthält schon eine captatio benevolen-
tiae oder vielmehr malevolentiae insofern, als der Löwenbeglei-
ter eigentlich ein Parvenü ist und kein Herr von Stand und
Geburt. Von Geburt ist er eben wirklich nur ein Esel, und man
sieht ihm das an, obgleich er's verleugnen möchte. Da der
Löwe Löwe geblieben ist, gewinnt die Asinität den Charakter
einer Klasse. Der Parvenü wird hier zur Klassendisziplin zurückgerufen – das ist buchstäblich der Vorgang. Der Aristo-
krat von Geblüt kommt, vom Löwen abgesehen, in dem Ensemble gar nicht vor, kann auch gar nicht vorkommen, denn das
müßte ja ein andres Wesen sein und gerade nicht ein Esel. Er
ist aber zweifellos auch gemeint, er muß sich's ebenso anhören
wie der Parvenü. Der Löwen-Esel kann bestenfalls ein geadel-
ter Beamter in fürstlichen Diensten sein, ein Hofbeamter in der
Stellung des Jägerhorns. Denn es gibt hier, genau besehen,
überhaupt nur noch einen einzigen »Stand«, den des Löwen,
und außerdem den tiers état oder die Klasse der gleichen Esel.
Der Adel aber gilt insgeheim schon als abgeschafft, bevor noch
die Revolution begonnen hat. Diese Captatio läßt also den

Mann, der dem Throne nahesteht, von vornherein als einen Arrivierten erscheinen, den nicht einmal der »Zufall« der Geburt auszeichnet, denn er ist als Esel geboren wie jeder andre Esel auch. Seine Stellung – nicht seinen Stand – verdankt er ausschließlich der Tatsache, daß er (seiner Stimme wegen) dem Löwen-Fürsten nützlich ist, welcher Umstand freilich auch wiederum seiner natürlichen Gaben und daraus folgenden Leistung zugeschrieben werden kann. Wenn die Dinge wirklich so zusammenhängen, wenn dieser Esel seine Gabe für ein Vorrecht und seine Stellung für einen Stand hält, dann ist allerdings sein falsches Bewußtsein zu tadeln, sein unbrüderliches Betragen und sein Dünkel zu verurteilen. Denn genau dieses moralisch-soziale Phänomen des *Dünkels* ist es, was in Lessings Fabel polemisch festgehalten wird. Wenn man sie nämlich buchstäblich nimmt.

Insoweit fällt die Entscheidung leicht: wir entscheiden uns gegen den Dünkel. Aber dieselbe Fabel, wie sie sich jetzt expliziert hat, macht auch vollkommen deutlich, daß dieses Phänomen des Dünkels erst auftritt nicht nur mit der Konzeption der Gleichheit, nicht nur mit der Leugnung der Stände und der (stillschweigenden) Abschaffung des Adels, sondern vor allem mit der Möglichkeit und Wirklichkeit des Aufstiegs. Dieser Esel ist auf Grund seiner Talente aufgestiegen, oben angelangt (parvenu) oder angekommen (arrivé). Aufgestiegen zu einer »Stellung« oder zu einem sozialen Ort, der als solcher vorgegeben ist und an dem zuvor ein andrer gestanden hat (daher: Stand), ein andrer und eben kein Esel. Diese andre *Art* haftet dem Ort oder der Stelle noch an, und dies eben ist es, was den Aufstieg als solchen so problematisch macht. Am andren Ort muß der Aufsteigende auch selbst ein andrer werden, andre Fähigkeiten entwickeln, andre Formen annehmen, andre Tugenden und andre Laster üben. Er ist hier nicht unter Eseln, er befindet sich im Milieu des Löwen. Es ist Schwäche, wenn er sich bloß anpaßt, aber es ist unvermeidlich, daß er sich wandelt, denn er hat ein Amt auszuüben, eine Stellung auszufüllen, er muß seiner Rolle gewachsen sein. Er muß sich wandeln, aber er muß sich freilich nicht verleugnen. Der Arrivierte, weil er nicht von Stand ist, hat einen schweren Stand. Hat er sich aber gewandelt oder gebildet – worauf er sich aber nichts einbilden darf, sonst ist die Wandlung unvollkommen –, so ist er nicht mehr derselbe, ist er seinem »Bruder« nicht mehr gleich. Daß er ihm nun den Gruß verweigert, ihn zu übersehen versucht, ihn darum gar einen Unverschämten schilt und ihn verachtet

– das alles kann darum noch nicht gerechtfertigt werden, aber das sind auch wiederum nur die Eierschalen, die ihm noch anhaften, es sind die Zeichen, daß er seine Rolle noch gar nicht perfekt zu spielen versteht. Sonst würde er ja nicht derart aus der Rolle fallen. Denken wir hier kasuistisch weiter und nehmen wir an, er bildete sich weiter aus, vervollkommnete sich in der Wandlung, würde wirklich vornehm, so könnte ihm dergleichen nicht mehr passieren. Er wüßte sich zu benehmen, auch gegen Geringe, auch gegen frühere Bekannte. Er gewänne Lebensart, Standesart, Autorität. (Es wird dann allerdings auch fraglich, ob ihn der entgegenkommende Esel seiner Bekanntschaft noch als »Bruder« begrüßte.) Er betrüge sich gegen seinesgleichen, als ob er ihnen gleich wäre, und zwar gerade deswegen, weil er ihnen endgültig nicht mehr gleicht, weil er verwandelt ist. Nur der Parvenü, das ist der Unfertige, zeigt Dünkel, weswegen Dünkel oder Einbildung in einer nichts als ständisch geordneten Gesellschaft gar nicht vorkommt. Der Verdacht des Dünkels freilich, von unten herauf geäußert oder schlimm gefühlt – der Verdacht scheint übrigens verbreiteter als der Dünkel selbst –, beginnt erst dann gefährlich zu schwelen, wenn sich der schlichte Esel mit dem Löwen-Esel zu vergleichen unternimmt. Wenn die andere Stellung (»mit dem Löwen«) nicht aus anderer Art begriffen, sondern durch den schieren und groben Komparativ bezeichnet wird: »Bist du deswegen besser als ich? Mehr als ein Esel?« Da nun aber im Falle unserer Fabel der Esel, der mit dem Löwen geht, leider immer noch ein Esel ist, nämlich sich noch nicht genug verwandelt hat, kann er hierauf auch nicht mehr antworten, jedenfalls nicht mit »Nein«, wie ihm doch zu wünschen wäre. Nein, ich bin nicht mehr als ein Esel, sondern anders als ein Esel – so müßte er antworten können. Dann läge alles anders, dann könnten und müßten wir uns moralisch gegen den schlichten Esel und seinen unpassenden, subalternen Komparativ entscheiden.

Wie ist dieses Pro und Contra zu entwirren? Wie die Gleichheit der Art, der Menschenart (humanitas) mit der Differenz der Stände oder Rollen zu vereinen? Das ist hier die Frage. Aufstieg schafft Parvenüs, Parvenüs zeigen Dünkel, Dünkel fordert zur Vergleichung heraus, Vergleichung zerstört. Anerkennung andrerseits – Anerkennung, die wechselweise im Tauschverfahren von den einen erwartet, von den andren gezollt wird –, Anerkennung ist nur wie Leim, womit man Scherben aneinander klebt. Wir wollen aber nicht Scherben, sondern ein Ganzes, eine Ordnung. Dort, bei Lessing, zeigte sich das Bestreben an, in der sozialen Differenz die Gleichheit durchzusetzen. (Der Parvenü war ein schiefes Beispiel der Differenz, der Komparativ oder die Vergleichung ein fatales Mittel, an die Gleichheit zu erinnern.) *Jetzt kommt es darauf an, im Medium der Gleichheit die soziale Differenz zu rekonstruieren, aber richtig und mit Autorität.* Wichtig ist, in wessen Auftrag ein Amt verwaltet wird – das Jägerhorn des Löwen zu spielen, ist eine unwürdige Rolle, denn der jagt nur zu seinem Profit. Nur der menschliche Auftrag und Dienst kann neue Stände gründen. Aber das ist eine praktische Aufgabe, keine literarische mehr.

KARL EMMERICH

Vorwort zu Der Wolf und das Pferd (1960)

Im 18. Jahrhundert erreichte die deutsche Fabeldichtung eine seit der Zeit der Reformation nicht mehr gekannte Blüte. Wie schon zweihundert Jahre zuvor, trat die Fabel auch jetzt in den Dienst einer großen geistigen Bewegung: als »gefällige Tochter der Moral« wurde sie zur vorherrschenden Dichtungsgattung der gelehrten Aufklärung. Die bürgerlichen Dichter sahen in ihrem allegorischen und didaktischen Charakter das beste Mittel, neue moralische Anschauungen, Sittenlehren und Lebensmaximen zu popularisieren, die denen der höfischen Gesellschaft entgegengesetzt waren.

Johann George Bock stellte 1743 seiner Fabelausgabe ein »Verzeichnis der Sachen und Sittenlehren, die in diesem Werk unter Fabeln abgehandelt sind«, voraus. Seine Fabeln, die in ihren Morallehren für die ganze Fabeldichtung der frühen Aufklärung stehen können, polemisieren gegen Müßiggang und Laster, gegen Hochmut und Schwelgerei; sie preisen das Lob der Arbeit, die bürgerliche Tüchtigkeit, die Ehrlichkeit und Genügsamkeit gegenüber Geiz, Begierde und Eigenliebe. Hier werden das Tugendideal und das neue Menschenbild des Bürgers proklamiert, wird sein Selbstbewußtsein geweckt und gestärkt.

Da das Bürgertum mit dem berechtigten Anspruch auftrat, die Interessen der gesamten Nation, mit Ausnahme des ersten Standes, zu vertreten, wandte sich die Fabel an die breiten

Schichten des Volkes. Ihre Belehrung und ihre Erziehung im Sinne einer antifeudalen Moral machten den sozialen Inhalt und die praktische Funktion der Fabel aus.

Der Weg der Fabel zum Leser führte im 18. Jahrhundert vorwiegend über literarische Zeitschriften, Almanache, Kalender und Taschenbücher, die in jedem Bürgerhaus und auch schon bei den Bauern zu finden waren. Die meisten Fabeln erschienen in gesonderten Buchausgaben. Viele Fabeldichter übten pädagogische Berufe aus, die ihnen unmittelbaren Kontakt mit dem Volk ermöglichten. Probleme des alltäglichen Lebens, Sorgen und Nöte der einfachen Menschen wurden dadurch in die Fabel einbezogen. Nicht selten gingen in die Moral der Fabel Erfahrungen des Volkes ein, wie sie sich so prägnant in Spruchweisheiten und Sprichwörtern ausdrücken. Die Sentenzen vom Hochmut, der vor dem Fall kommt, vom Krug, der so lange zu Wasser geht, bis er bricht, findet man ebenso häufig wie das Bild des Wolfes im Schafspelz oder des Hundes, der den Mond anbellt. Kann man in diesen volkstümlichen Zügen eine der Ursachen der Beliebtheit und Popularität der Fabel sehen, so liegt eine zweite in ihrem allegorischen Charakter. In dem Gleichnis konnten nicht nur allgemeine Sittenlehren anschaulich demonstriert werden, es konnten auch den Mächtigen der Welt Wahrheiten gesagt werden, die sonst nicht öffentlich ausgesprochen werden durften. Mit der Fabel konnte man den Sack schlagen und den Träger meinen. Die Kritik war aber als Kritik noch so deutlich erkennbar, daß die meisten Fabelsammlungen anonym erschienen.

Fabeldichtung ist Tendenzdichtung ersten Ranges, aber der Charakter der Tendenz wandelt sich im Laufe des Jahrhunderts. Während die Fabel in der frühen Aufklärung vorwiegend moralische Lehren und neue sittliche Prinzipien vermittelt, erweitert sich ihre Tendenz nach der Jahrhundertmitte zur sozialen Kritik und zur Anklage des Duodezabsolutismus und wird in den Zeiten zugespitzter Klassenkämpfe zur direkten politischen Kritik an den Handlungen feudalabsolutistischer Herrscher und ihres Machtapparates. Diese Entwicklung zeigt sich sowohl in der äsopischen Fabel oder Tierfabel als auch in der »menschlichen« Fabel, deren Stoff unter Verzicht auf tierische Einkleidung anderen Zeiten, Ländern und gesellschaftlichen Verhältnissen entnommen ist.

Um die Belehrung, das zentrale Anliegen der Fabel der Aufklärung, wirksamer werden zu lassen, kommt ein zweites Moment hinzu: das Vergnügen. Belehren und Vergnügen stehen als Forderung untrennbar nebeneinander. Die Fabel bereitet Vergnügen durch Scherz und Spott, durch Ironie und Satire, mit denen der Fabeldichter Fehler und Schwächen seiner Mitmenschen aufgreift und darstellt. Durch karikaturistische Überhöhung werden diese Gebrechen sinnfälliger und offensichtlicher gemacht und so dem allgemeinen Gelächter preisgegeben. Der Leser, der die negativen Figuren der Fabel auslachen kann, vollzieht damit bereits ein Urteil. In der moraldidaktischen Fabel der gelehrten Aufklärung lacht man noch ausschließlich über charakterliche Unzulänglichkeiten und vergnügt sich an der oft humorvollen Darstellungsweise. Die sozialkritische Fabel verlangt schon die schärfere Form der Satire, die sich jedoch vorwiegend gegen die Vertreter des Mittelstandes bei Hofe oder im eigenen Lager des Bürgertums richtet. In jenen Fabeln, in denen die Herrschenden in tierischer Verkleidung auftreten und in denen nicht mehr nur Kritik an menschlichen Schwächen, sondern auch an gesellschaftlichen Mißständen geäußert wird, bleibt das Lachen jedoch meist aus. Die eigene Schwäche erlaubt es dem Bürgertum in Deutschland noch nicht, die verhaßten Fürsten zu verlachen. Wenn Pfeffel in seiner Fabel »Rezept wider den Krieg« die Monarchen als feige Memmen lächerlich macht, so stellt das einen bemerkenswerten, vereinzelt dastehenden Vorstoß dar.

Unter den Fabeln des 18. Jahrhunderts nimmt die Tierfabel den breitesten Raum ein. Für sie sind reichlich Quellen und Vorlagen in fremden Literaturen vorhanden. Die eigene Tradition aus der Reformation ist im 17. Jahrhundert unterbrochen worden und bleibt auch im folgenden Jahrhundert verschüttet. Ein Versuch der Wiederbelebung durch die Herausgabe der Fabeln des Burkhard Waldis durch Zachariä im Jahre 1771 bleibt ohne Wirkung und Nachfolge. So orientieren sich die ersten Fabeldichter der Aufklärung einmal auf die antike Fabeldichtung Äsops und Phädrus', zum anderen auf die französische Schule, auf La Fontaine und La Motte. [...]

Lessing und Herder bezeichnen die Wende in der Fabeldichtung.

Zu Beginn der siebziger Jahre hat sich die bürgerliche Klasse konsolidiert und tritt mehr und mehr in die Arena der politischen und ideologischen Auseinandersetzung mit dem Feudalabsolutismus ein. Soziale und politische Kritik wird immer mehr zum Anliegen der Fabeldichter. Die Widersprüche zwischen den Volksmassen, namentlich den Bauern, und allen in der Hierarchie des Absolutismus auftretenden Unterdrückern

– vom Fürsten über den Kameralisten bis zum Amtmann – verschärfen sich. Diesen verschärften sozialen Widersprüchen und dem aktiveren Bewußtsein breiter Volksschichten als Mitstreiter bürgerlicher Emanzipation muß Rechnung getragen werden. Haben die Fabeldichter in der ersten Hälfte des 18. Jahrhunderts in den Personenkreis, der moralisch belehrt und gebessert werden soll, auch die Spitzen der absolutistischen Hierarchie miteinbezogen, so treten die Beispiele aufgeklärter und »erzogener« Landesväter jetzt mit dem Beginn revolutionärer Aktionen zur Einschränkung der Macht der Fürsten mehr und mehr in den Hintergrund. »Wenn du nicht die Macht hast«, so heißt es bei Meineke in der Fabel vom Bock, »den Lastern der Großen dich mit Nachdruck zu widersetzen, so ist es Unsinn, sich zu ihrem Reformator aufzuwerfen.«

Aber auch das Bild des Volkes ändert sich. An die Stelle des patriarchalischen Landmannes, dessen Rechtschaffenheit, Fleiß und Naivität bisher moraldidaktisch dem lasterhaften Treiben am Hofe gegenübergestellt wurde, tritt jetzt häufig der geschundene Bauer. Der Gegensatz von Palast und Hütte wird jetzt nicht mehr nur moralisch, sondern auch sozial erfaßt. Den Peinigern des Volkes, so lehren es Göz (»Der Fuchs und die Henne«), Schlez (»Der Wolf und der Marder«) und Bretschneider (»Der Reichstag der Spatzen«), kann und muß durch aktive Selbsthilfe entgegengetreten werden.

[...]

Der neue ideelle Gehalt der Fabeldichtung ist auch ablesbar an der Beschaffenheit bestimmter tierischer Charaktere und deren Veränderung. In seinen »Abhandlungen über die Fabel« erklärt Lessing die Verwendung von Tieren als handelnde Personen aus dem unveränderlichen Feststehen der Tiercharaktere. Um anschaulich zu werden und zu überzeugen, braucht die Fabel leicht erkennbare und unveränderliche Charaktertypen. Je einseitiger und bekannter ein Charakter ist, desto besser kann er in einer Analogie verwendet werden. Es finden sich daher in der Fabeldichtung aller Länder und Zeiten immer wieder Tiere, die konstante Charaktereigenschaften haben. Der Löwe ist ein starkes, räuberisches und grausames Tier, dabei nicht frei von Furcht, denn er läßt sich von dem Geschrei eines Hahns in die Flucht schlagen. Der Fuchs ist listig und verschlagen, dabei nicht ohne Klugheit, aber ebenfalls räuberisch und feige. Der Esel ist furchtsam und ein wenig dumm, der Wolf ein grausamer, heimtückischer Räuber. Das Pferd, jung, stark und edel, ist stolz, oft eitel und überheblich, wodurch es zu Schaden kommt. Bär und Hund sind unfreie, dienende Tiere von niedriger Gesinnung, der erste ist dazu oft seiner Natur entfremdet. Der Tiger schließlich ist wie der Wolf ein grausamer und blutrünstiger Räuber. Diese und zahlreiche andere Tiere, bei denen individuelle Züge weitgehend getilgt und nur besondere Seiten ihrer Natur hervorgehoben sind, müssen natürlich vom Fabeldichter über bloße Instinkthandlungen und mechanische Notwendigkeit zur Vernunft erhoben werden, wodurch sie zu sittlichen Wesen und damit reif zur Analogie werden. Ihre Natur, ihre Fähigkeiten und ihre Sitten dürfen sie dabei allerdings nicht verlieren, sondern diese müssen nur »vernünftig« gemacht werden, wenn der Charakter der Fabel nicht zerstört werden soll.

Um nun die Fabelaussage wirksamer zu machen, werden die Tiere in ein System sozialer Beziehungen gebracht. Gerade hier zeigt sich die Veränderung der in den Fabeln aufgegriffenen Probleme und deren Rückwirkung auf die Fabelgestalten. In dem weiten Raum der Fabel von Stoppe bis Fischer wird immer stärker die Ausprägung einer sozialen Typisierung der handelnden Tiere sichtbar, wie es die neuen gesellschaftlichen Aufgaben bedingen.

Der Löwe ist dabei in seiner sozialen Typik am eindeutigsten und konstantesten. Er ist der allgemein gefürchtete Despot und Tyrann, ganz gleich ob als König, Fürst oder Großsultan. Der Fuchs ist ein Mann des Hofes, ein Parteigänger des Königs, »Minister und feist wie Junker Falstaff« (Pfeffel). Der Esel wird den stolzen Müßiggängern als hart arbeitendes Tier gegenübergestellt; in der sozialen Rangordnung der sozialen Gesellschaft steht er ganz unten, wobei er direkt dem Bauern und dem unterdrückten Bürger gleichgesetzt wird. Der Tiger tritt oft als »König der Tiere« an die Stelle des Löwen; er befriedigt seine räuberischen Gelüste mit Hilfe der Macht, die er als »Mächtiger« hat. Der Hund bleibt zwar ein unfreies Tier, aber er ist in erster Linie der Hofhund, der alle niedrigen Charakterzüge annimmt, die den Höfling kennzeichnen; im Auftrag seines Herrn jagt er schwächere Tiere zu Tode und wird daher vom Fabeldichter mit dem Amtmann verglichen, der die Bauern schindet.

Allmählich treten die verhüllenden tierischen Verhältnisse immer mehr vor der direkten Aussage zurück. Pfeffel setzt Tiere und Menschen in unmittelbare handlungsmäßige Beziehung, wobei die Tiere oft einen ausgeprägten menschlichen Charakter haben, also weit über ihre Natur hinaus erhöht sind.

So unterhalten sich Pferd und Junker, Jäger und Hermelin wie Mensch mit Mensch, und die tierische Einkleidung besteht nur noch in einer tarnenden Benennung. »Daher kömmt es denn auch, daß in mancher Fabel außer den Namen nichts allegorisch ist, sondern alles der wirklichen Welt zugehört«, heißt es in einer zeitgenössischen Rezension. Das führt zu Veränderungen und Auflösungserscheinungen des Genres der Tierfabel.

In dem Bestreben, die gesellschaftliche Wirklichkeit direkter widerzuspiegeln und sie transparent zu machen, werden Formen des Zusammenlebens der Menschen auf die Tierwelt übertragen, beziehungsweise werden diese Verhältnisse in einer losen tierischen Einkleidung dargestellt. Ein besonders anschauliches Beispiel für die Auflösung der Tierfabel durch die Einsetzung menschlicher Charaktere und die Übertragung gesellschaftlicher Prozesse auf tierische Verhältnisse ist Pfeffels Fabel »Rezept wider den Krieg«. Pfeffel will hier eine ganz bestimmte gesellschaftliche Situation vorstellen und an ihr eine politische Lehre demonstrieren. Das bedingt eine breite Darlegung »gesellschaftlicher« Typen und »gesellschaftlicher« Probleme. Einschränkung der Fabelhandlung und der mit ihr verbundenen Charaktere läßt die Didaktik direkter und unmittelbarer werden, zeigt aber auch zugleich die Problematik dieser Fabelauflösung: die in der Fabel agierenden Tiere treten nicht mehr mit der inneren Notwendigkeit auf, die sich aus ihrer Natur ergibt. Die Tiere sprechen und handeln nicht mehr ihrem Charakter gemäß, sondern sie sind vermaskierte Menschen, Akteure menschlicher Handlungen. Die ihnen in den Mund gelegte Moral erscheint als rhetorische Abstraktion des Dichters und verliert, da ihr nicht die poetische Umsetzung in eine äsopische Fabelhandlung vorangegangen ist, an Sinnfälligkeit und Überzeugungskraft. Der Versuch, in der sozialkritischen Fabel neue Stoffbereiche zu erfassen und damit die Beschränkung der moraldidaktischen Fabel zu überwinden, muß zu ästhetischen Konsequenzen führen. Durch Allegorie und Didaktik notwendigerweise beschränkt, ist die Fabel nicht imstande, auch nur annähernd die Totalität gesellschaftlicher Prozesse widerzuspiegeln. Eine breite Darstellung der Probleme des zeitgenössischen bürgerlichen Lebens in Deutschland, der nationalen Fragen, wie sie sich in der vorrevolutionären Phase der Aufklärung entwickelt haben, kann nur in den großen Formen der Dichtung gegeben werden. Ein Vergleich von Pfeffels Fabel »Rezept wider den Krieg« mit Schillers Drama »Kabale und Liebe« zeigt das deutlich. In seiner Fabel, unmittelbar nach

Ausbruch des amerikanischen Unabhängigkeitskrieges entstanden, prangert Pfeffel den Verkauf deutscher Landeskinder durch die Fürsten an. Er greift hier ein heißes politisches Eisen auf, das auch Schiller in seinem Drama behandelt. Pfeffel kann in seiner Fabel jedoch natürlicherweise nicht die Höhe der Kritik des Soldatenverkaufs erreichen, die Schillers Drama auszeichnet. So rücken in der zweiten Hälfte des 18. Jahrhunderts Drama und Roman mehr und mehr in den Vordergrund, und im Zusammenhang damit verliert die Fabel, indem sie gleichzeitig den Höhepunkt ihrer Aussagekraft erreicht hat, ihre beherrschende Position. Als kleine Form politisch-aggressiver Kritik lebt sie jedoch weiter und greift in Zeiten zugespitzter Klassenkämpfe unmittelbar in die politischen Auseinandersetzungen des Tages ein. Während der Französischen Revolution erscheinen in Deutschland mehrere anonyme Ausgaben »Politischer Fabeln«, die die revolutionäre Stimmung in den Volksmassen und unter bürgerlichen Intellektuellen widerspiegeln. Kürze und Prägnanz des Ausdrucks, Anschaulichkeit und Überzeugungskraft, verbunden mit einer politischen Didaktik, bringen so die Fabel am Ausgang des Jahrhunderts noch einmal zu hoher Publikumswirkung.

QUELLENVERZEICHNIS

Für die Wiedergabe der Texte gilt: Beiträge, die Neueditionen entnommen sind, wurden nicht geändert. Die Orthographie der älteren Originalen entnommenen Texte wurde gewahrt. Unterschiedliche Schrifttypen wurden nicht deutlich gemacht. Alle Hervorhebungen im Text (Fettdruck u. ä.) sind einheitlich kursiv gedruckt.

Erasmus Alberus
Die Fabeln des Erasmus Alberus. Hrsg. von Wilhelm Braune. Halle 1892. (Neudrucke deutscher Literaturwerke. 104–107).) S. IX u. S. 2 f.

Christoph Gottfried Bardili
Was ist das Eigenthümliche der Aesopischen Fabel? In: Berlinische Monatsschrift. 18. Bd. Berlin 1791, S. 54–61.

Ulrich Boner
Ulrich Boner, Der Edelstein. Hrsg. von Franz Pfeiffer. Leipzig 1844. (Dichtungen des deutschen Mittelalters. Bd. 4.) S. 1–5.

Johann Jacob Breitinger
Johann Jacob Breitinger, Critische Dichtkunst. Zürich 1740. Bd. I, Abschnitt 7. S. 164–262.

August Buchner
August Buchner, Anleitung zur deutschen Poeterey/Poet. Hrsg. von Marian Szyrocki. Tübingen 1966. (Deutsche Neudrucke. Reihe Barock. Bd. 5.) S. 1–9.

Otto Crusius
Otto Crusius, Einleitung zu C. H. Kleukens (Hg.), Das Buch der Fabeln. Leipzig 1913. S. IX–XI.

Karl Emmerich
Karl Emmerich, Der Wolf und das Pferd. Darmstadt 1960. S. 5–24.

Christian Fürchtegott Gellert
Christian Fürchtegott Gellert, Schriften zur Theorie der Fabel. Hist.-krit. Ausgabe, bearbeitet von Siegfried Scheibe. Tübingen 1966. S. 57 f.

Georg Wilhelm Friedrich Hegel
Georg Wilhelm Friedrich Hegel, Werke in 20 Bänden. Bd. 13: Vorlesungen über die Ästhetik I. Frankfurt 1970. S. 492–499.

Johann Gottfried Herder
 Johann Gottfried Herder, Werke. Hrsg. von B. Suphan. Bd. 23. Berlin 1885. S. 252–273.

Ludwig Heinrich Jacob
 Über die äsopische Fabel der Alten. In: Berlinische Monatsschrift. 5. Bd. Berlin 1785, S. 300–316.

Hans Wilhelm Kirchhof
 Wendunmuth von Hans Wilhelm Kirchhof. Hrsg. von Hermann Österley. Tübingen 1869. (Bibliothek des Litterarischen Vereins in Stuttgart. Bd. 98) S. 225–229.

Friedrich Adolf Krummacher
 Friedrich Adolf Krummacher, Apologen und Paramythien. Düsburg u. Essen 1810. S. IV–XXVI.

Gotthold Ephraim Lessing
 Gotthold Ephraim Lessing, Sämtliche Schriften. Hrsg. von Karl Lachmann, 3. Aufl. von Franz Muncker. Stuttgart 1891, Bd. 7. S. 418–446.

Magnus Gottfried Lichtwer
 Die beraubte Fabel. In: Fabeldichter, Satiriker und Popularphilosophen des 18. Jahrhunderts. Hrsg. von Jacob Minor. Berlin u. Stuttgart 1885. S. 13 f.

Martin Luther
 Etliche Fabeln aus dem Esopo verdeudscht: Vorrede. In: Weimarer Ausgabe Bd. 50 (1914; Neudruck 1967), S. 452–455.
 Vom Han und Perlen. Ebenda, S. 455.

Johannes Mathesius
 Johannes Mathesius, Ausgewählte Werke, 3. Bd.: Luthers Leben in Predigten. Hrsg. von Georg Loesche. Prag 1898. (Bibliothek deutscher Schriftsteller aus Böhmen. Bd. 9) S. 137–154.

Wolfgang Rauscher
 Wolfgang Rauscher, Oel und Wein Deß Mitleidigen Samaritans Für die Wunden der Sünder. Das ist: Catholische, mit Christlichem Ernst, Geist-reicher Schärpffe und Mildigkeit vermischte Predigen ..., 2. Tl. Dillingen 1690, S. 206 ff.; hier zitiert nach: Elfriede Moser-Rath, Predigtmärlein der Barockzeit. Berlin 1964. S. 22–26.

Anton Menon Schupp
 Fabul-Hanß. In: Johann Balthasar Schupp, Schriften. Hanau 1663 S. 839–847.

Theophil Spoerri
Der Aufstand der Fabel. In: Trivium 1,1 (1942), S. 31–62.

Heinrich Steinhöwel
Steinhöwels Äsop. Hrsg. von Hermann Österley. Tübingen 1873. (Bibliothek des Litterarischen Vereins in Stuttgart. Bd. 117) S. 4–6 u. S. 38–40.

Dolf Sternberger
Dolf Sternberger, Über eine Fabel von Lessing. In: Ders., Figuren der Fabel. Berlin 1950, S. 71–92.

Christian Wolff
Christian Wolff, Philosophia practica universalis..., II 2, § 302–316. Frankfurt u. Leipzig 1738 f. Aus dem Lateinischen von Hermann Kleber und Josef M. Werle. (Die Querverweise innerhalb des Textes wurden in der Übersetzung nicht wiedergegeben.)

KOMMENTAR
VON JOSEF M. WERLE

Verzeichnis der abgekürzt zitierten Literatur:

W. *Briegel-Florig:* Geschichte der Fabelforschung in Deutschland, Diss. Freiburg i. Br. 1965; zitiert: *Briegel-Florig.*

K. *Doderer:* Fabel. Formen, Figuren, Lehren. Zürich und Freiburg i. Br. 1970; dtv/WR 1977; zitiert: *Doderer.*

E. *Leibfried:* Fabel. Stuttgart 1967, 1976³ (= SM 66); zitiert: *Leibfried.*

Paulys Realencyclopädie der classischen Altertumswissenschaft. Stuttgart 1893 ff.; zitiert: RE.

A. *Schirokauer:* Die Stellung Äsops in der Literatur des Mittelalters. In: Festschrift für Wolfgang Stammler, Berlin u. Bielefeld 1953; zitiert: *Schirokauer.*

M. *Staege:* Die Geschichte der deutschen Fabeltheorie, Diss. Basel 1929, Reprint 1970; zitiert: *Staege.*

S. 1–3

Ulrich Boner, 1324–1349 nachweisbarer Dominikaner aus angesehener Berner Familie, schrieb um 1349/50 100 gereimte Fabeln nach lateinischen Quellen unter dem Titel *Der Edelstein.* Die volkstümlich-spruchhafte Einkleidung der auf dem Denken und dem Weltbild des Bürgertums basierenden moralischen Nutzanwendung der Fabeln war mit Ursache für die Beliebtheit, der sich Boners *Edelstein* erfreute. Für die Resonanz, die dieses Werk fand, spricht sowohl die Verbreitung in zahlreichen Handschriften als auch die Tatsache, daß der *Edelstein* als eines der ersten deutschsprachigen Bücher 1461 von Albrecht Pfister in Bamberg gedruckt wurde. 1757 wurde das Werk von J. J. Breitinger wiederentdeckt und erregte dann auch das Interesse G. E. Lessings (s. G. E. Lessing, *Über die sogenannten Fabeln aus den Zeiten der Minnesinger. Erste Entdeckung.* In: Zur Geschichte und Litteratur. 1. Beytrag, Braunschweig 1773; ders.: *Zweyte Entdeckung.* In: Zur Geschichte und Litteratur. 5. Beytrag, Braunschweig 1781).

Boner betrachtet, in scholastischer Denkweise, die Schöpfung als Spiegel (s. u.); sie kann dem Menschen Anleitung für richtiges Handeln geben. Dies zu bewerkstelligen ist auch Aufgabe bestimmter literarischer Texte, die mit unter den neutestamentlichen Verkündigungsauftrag fallen: sie sollen zu ehrenhaftem und gottgefälligem Handeln und Denken hinführen. Die von Boner gewählte Vermittlungsform Fabel scheint ihm dazu geeignet. Sein Insistieren auf der richtigen Weise, die Texte zu rezipieren, kann in diesem Zusammenhang Hinweis auf Boners Auffassung über die Vermittlungsstruktur der Texte sein: »wer oben hin die bîschaft sicht«, der hat nicht viel Nutzen davon; der Leser soll herausfinden, »waz in der bîschaft/verborgen guoter sinnen ist/dar zuo vil manger hôher list:/die den narren frömde sint.« Obwohl es auf den ersten Blick scheinen mag, als wären diese Ausführungen lediglich Explikationen des antiken Topos von der unscheinbaren Hülle und dem guten Kern, deutet das demonstrative Beharren auf Tieferliegendes: Boner insistiert auf seinen Leseanweisungen und er muß dies tun, um die relativ offenen Fabeltexte mit ihren möglichen Sinnschichten einzuengen in die Richtung, in der seine Autorenintention liegt.

Was hier bei Boner lediglich am Rande und gleichsam indirekt als Konstituens der Gattung Fabel aufscheint: die Nichteindeutigkeit, wird erst im Zeitalter der Reformation von E. Alberus und Martin Luther aufgegriffen und aufgewertet: als Ansatz zur direkten, didaktisch vielschichtigen Einflußnahme (vgl. S. 131).

Hier bei Boner ist es jedoch weniger die Einsicht in eine bestimmte Textstruktur als vielmehr eine bestimmte Weltanschauung, konkreter: eine bestimmte Ontologie, die ihn veranlaßt, die richtige Lesart immer wieder zu betonen: blind ist der sehende Narr, um in Boners Bild zu bleiben, wenn er eine zentrale Grundannahme des Hochmittelalters nicht beachtet: *Realia,* wirkliche Dinge, sind nicht die konkreten, sinnlich direkt wahrnehmbaren Dinge und Gegenstände. Ihnen kommt lediglich Verweisungscharakter zu (vgl. oben: die Natur als Spiegel). Diese ontologische Grundannahme appliziert Boner auf die Texte, er tut dies um so leichter und um so lieber, als die Fabeln mit ihren (angehängten) Moralen einen Analogieaufbau nahelegen:

»Alles Einzelne und Tatsächliche der Erscheinungswelt wird auf seinen Gehalt an Allgemeinem hin angesehen und abgeschätzt. Genau das tut die Fabel. Der erzählte Vorgang ist nicht an sich wahr, im Gegenteil; aber er wird wahr, weil er die Idee sichtbar werden läßt, die *Moral,* die sich auf keine andere Weise darstellen kann als auf diese an-deutende und auszudeutende. *Die Fabel liefert im flüchtigen, wertlosen Stoff eine bleibende Lehre;* sie ist damit: Scholastik, angepaßt dem Fassungsvermögen des Kindes und des ungelehrten Laien. Das mhd. Wort für Fabel ist *bîspel = exemplum,* Erläuterung, Sinnbild, das nicht meint, was es sagt, sondern etwas reflektiert, dem mehr Wirklichkeit zukommt als der vorgespiegelten Märchen-Realität. *Bîspel* deutet von der angeblichen Realität der Handlung weg zu der allegorischen, auf die allein es ankommt.« (Schirokauer, 183)

S. 1, Z. 17
bîschaft oder *bîspel* dient bei U. Boner u. a. als Bezeichnung für die *äsopische Fabel.* Der Gebrauch des Terminus war jedoch nicht gattungsspezifisch eingeengt: »...›bîspel‹ oder ›Beispiel‹ wurden alle erklärenden oder veranschaulichenden Geschichten oder Predigtmärlein genannt, deren Arten heute mit verschiedenen Namen belegt werden, aber die äsopische Fabel bildete doch den Hauptteil der mit ›bîspel‹ bezeichneten Erzählungen.« (Briegel-Florig, 21) Der Terminus *fabele* hingegen diente zur Bezeichnung für erdichtetes/unwahres Gerede.

Literatur:
De Boor, H.: Über Fabel und Bîspel. Vortrag. In: Sitzungsberichte der Bayer. Akademie d. Wiss., Phil.-histor. Klasse, 1966, H. 1; vgl. dazu G. Schütze, 22.

S. 1, Z. 30
Johann von *Rinkenberg*, 1291–1351 nachweisbarer Minnesänger und Berner Ratsherr.

S. 1, Z. 33
Boners *Edelstein* ist die erste umfassende deutschsprachige Bearbeitung des antiken Fabelkorpus. Ein Überblick über die von Boner benutzten Quellen findet sich bei Robert-Henri Blaser, Ulrich Boner, un fabuliste suisse du 14e siècle. Thèse Paris, Mulhouse 1949, 53–163.

S. 2, Z. 18 ff.
Toposhafte, seit der Antike übliche Pro- oder Epilogbemerkung über die unscheinbare Hülle und den guten Kern der Fabel. Auf diese Differenz hinzuweisen ist auch Aufgabe der folgenden Fabel *von einem hanen und einem edlen steine,* die später auch den Anfang der Fabelsammlungen von Heinrich Steinhöwel, Erasmus Alberus, Martin Luther u. a. bildet. Diese Einleitungsfabeln sind aufschlußreich insofern, als sie das jeweilige Verständnis der literarischen Form artikulieren und z. T. Leseanweisungen enthalten, d. h. indirekt auch Aufschluß über die intendierte Funktion geben. Denn obwohl diese Fabel bis spät in die Reformationszeit ihre Funktion als Topos behält, d. h. inhaltlich keine Veränderungen erfährt, scheint in den jeweils angehängten *Moralen*, wenn auch nur schwach, das jeweilige Autoreninteresse reflexiv auf. (Eine genaue, im weitesten Sinne rezeptionsästhetisch orientierte Analyse der betreffenden Texte ist Desiderat.)
Boner nimmt den Gedanken im Epilog *von dem ende diss buoches* noch einmal auf:

Von dem Ende diss Buoches

Wer die bîschaft merken wil,
der setz sich ûf des endes zil.
der nutz lît an dem ende gar
der bîschaft, wer sîn nimet war.
diu getât ist nicht alsô gewesen
der bîschaft, als mans hœret lesen.
dar umb list man ein bîschaft guot,
daz wîser werd des menschen muot.
hundert bîschaft hab ich geleit

> an diz buoch, die nicht bekleit
> sint mit kluogen worten.
> einvalt an allen orten
> und ungezieret sint mîn wort;
> doch hânt si kluoger sinnen hort.
> ein dürre schal dik in ir treit
> ein kernen grôzer süezekeit.
> ein kleiner garte dik gebirt
> die vrucht, der man getrœstet wirt.
> slechtiu wort und slecht geticht
> diu lobt man in der welt nu nicht.
> wels wort krump sint gevlochten,
> der hât nu vast gevochten.
> wem slechtiu wort niut nütze sint,
> kein nutz er von den krumben nint.
> ez predigt manger hôhen rât,
> der doch sich selben nicht verstât.
> der wol daz swert gebrûchen kan,
> dem ist ez nütz: vil manig man
> treit sper, mezzer unde swert,
> diu doch sint kleines nutzes wert
> in sîner hant. – Ein ende hât
> daz buoch, daz hie geschriben stât.
> Wer daz list oder hœret lesen,
> der müeze sælig iemer wesen.

(Text nach F. Pfeiffer, op. cit., p. 184)

»Wer die Fabeln verstehen will, der denke nur an das Ende: da liegt ihre Nutzanwendung. Hundert Fabeln habe ich in diesem Büchlein niedergeschrieben, sachlich und ungekünstelt. Aber sie enthalten viel an tiefer Bedeutung. Eine harte Schale birgt oft einen süßen Kern; ein kleiner Garten bringt oft nahrhafte Frucht. Schlichte Worte und einfache Verse werden heutzutage nicht geschätzt. Wer aber die Reime drechselt, hat Erfolg. Wem einfache Worte keinen Nutzen bringen, dem aber nützen auch die verkünstelten nichts. Wer das Schwert gut führt, dem ist es nütze; viele aber haben Speere, Messer und Schwerter, ohne daß sie damit etwas anzufangen wissen. Und so endet dieses Buch. Wer es liest oder es sich vorlesen läßt, der möge selig werden.« (in der nhd. Übertragung von Doris Fouquet, 69).

Zu dem Topos vom guten Kern und der unscheinbaren Hülle vgl. Staege 3 ff.

Literatur zu Ulrich Boner:
Eine Darstellung der Druckgeschichte des *Edelstein* sowie eine ausführliche Bibliographie finden sich in dem Einleitungsband von *Doris Fouquet* zu: Der Edelstein, Faksimile der ersten Druckausgabe Bamberg 1461, Stuttgart 1972.

Allgemeine Untersuchungen:
Das wachsende Interesse, das in den letzten Jahren der Gattung Fabel entgegengebracht wird, lenkte die Aufmerksamkeit auch wieder auf die Fabeln des späten Mittelalters:
Klaus Grubmüller: Meister Esopus. Untersuchungen zu Geschichte und Funktion der Fabel im Mittelalter. München 1977.*
Gundolf Schütze: Gesellschaftskritische Tendenzen in deutschen Tierfabeln des 13. bis 15. Jahrhunderts. Bern und Frankfurt 1973.
Margret Vollrath: Die Moral der Fabeln im 13. und 14. Jahrhundert in ihrer Beziehung zu den gesellschaftlichen Verhältnissen unter besonderer Berücksichtigung von Boners Edelstein. Diss. Jena 1966.

S. 3–7
Heinrich Steinhöwel (1412–1478) war ein bedeutender Übersetzer des Frühhumanismus. Auf seinen ausgedehnten Studienreisen hatte er in Padua die klassische und die neuitalienische Literatur kennengelernt. Seine profunden Kenntnisse werden deutlich, wenn man sich die Reihe der antiken und zeitgenössischen Gewährsmänner, die er als Vorlagen für seinen *Esopus* nennt, vor Augen führt: Romulus, Avianus, ›Doligamus‹ (= Angelo Politiano. Vgl. dazu: T. O. Achelis, Die Fabel Doligami, in: Rheinisches Museum für Philologie N. F. 73, 1920, S. 102–123), Petrus Alfonsi, Poggio u. a.

Sein *Esopus*, zwischen 1476 und 1480 bei Joh. Zainer erschienen, erlebte Neuauflagen bis 1730. Arno Schirokauer beschreibt die Initialwirkung der Steinhöwelschen Ausgabe für die Fabeldichtung der Folgezeit: »Mit dieser Fabelausgabe beginnt der hundertjährige Siegeslauf der humanistisch schwankfreudigen und vernunftgläubigen Fabel durch die europäischen Sprachenlandschaften; ihr Triumph überlebt sogar den Humanismus, wird durch die geistigen Verheerungen im Zeitalter der Glaubensspaltung kaum beeinträchtigt, fällt der vordringenden Gegenreformation keineswegs zum Opfer.« (Schirokauer, 189)

Steinhöwels Rezeption bestimmter Elemente aus der neuitalienischen Literatur, insbesondere die Übernahme der leicht lasziven Schwänke aus dem Werk Poggios (auf die Martin Luther sehr verärgert reagiert, vgl. S. 9 f.), haben auf lange Sicht den Inhalt der folgenden Fabeldichtung bestimmt: die Fabel wird zur amüsanten Geschichte, ist nicht mehr, wie bei Boner etwa, Erkenntnismittel. »Daß die neue Bildungsaristokratie mit ihren verfeinerten Organen für reine Dichtung der Antike an den Produkten spätantiker Didaktik Gefallen finden sollte, ist nicht wahrscheinlich. Doch verändert die Fabeldichtung unter den Händen der Humanisten ihr Wesen; gleichzeitig mit der Annäherung an die ›Renaissance‹ nehmen innerhalb der

---

* Diese sehr informative Arbeit erschien erst nach Fertigstellung des Satzes, so daß Grubmüllers Ergebnisse leider nicht mehr für den Kommentar berücksichtigt werden konnten.

Fabelsammlungen die schwankhaften Elemente zu. [...] Wenn nun also die humanistische Bildungsaristokratie den *vulgaribus et rusticis fabellis* ihre Gunst zuzuwenden bereit ist, so wirkt da ein gewisses bukolisches, ländlich possenhaftes Element, die heidnisch-unbekümmerte Sinnlichkeit der Farce und der Facetie.« (Schirokauer 187 f.)

Die Steinhöwelsche Rezeption der Antike hat aber auch in anderer Hinsicht Auswirkungen: für die Theorie der Fabel.

Steinhöwel führt »Fabel« als Gattungsbezeichnung in Deutschland ein (Briegel-Florig, 21). Literaturhistorisch gesehen kann man den Versuch einer terminologischen Fixierung als Auswirkung des in Italien durch die Rezeption der Antike neu erwachten Formenempfindens erklären. Wichtig ist jedoch: Steinhöwel »definiert« nicht, wie Briegel-Florig (S. 21 f.) annimmt. Vielmehr übernimmt er die Definition (via compilationis) von antiken Autoritäten. Ein Blick auf die relevanten Zeugnisse mag dies verdeutlichen:

In dem ältesten erhaltenen lateinischen Lehrbuch der Rhetorik, den *Rhetorica ad Herennium* (oder *Auctor ad Herennium*), um 85 v. Chr. entstanden, findet sich I 8, 13 folgende Definition:

»Fabula est, quae neque veras, neque veri similes continet res, ut hae, quae in tragoediis traditae sunt. Historia est res gesta, sed ab aetatis nostrae memoria remota. Argumentum est ficta res quae tamen fieri potuit.«

Cicero (106–43 v. Chr.) hat dieses Lehrbuch für sein Jugendwerk *De inventione* benutzt. Dort findet sich I 19 (27) eine gleichlautende Definition. Bei Isidor von Sevilla (etwa 570–636) finden sich *Etymologiarum liber I*, c. XL folgende Ausführungen (Text nach Migne, Patrologia, ser. lat., t. 82, p. 121 f.):

De fabula.

1. Fabulas poetæ a *fando* nominaverunt, quia non sunt res factæ, sed tantum loquendo fictæ. Quæ ideo sunt inductæ, ut ficto mutorum animalium inter se colloquio imago quædam vitæ hominum nosceretur. Has primus invenisse traditur Alcmæon Crotoniensis, appellanturque Æsopicæ, quia is apud Phrygas in hac re polluit.

2. Sunt autem fabulæ, aut Æsopicæ, aut Lybisticæ. Æsopicæ sunt, cum animalia muta inter se sermocinasse finguntur, vel quæ animam non habent, ut urbes, arbores, montes, petræ, flumina. Lybisticæ autem, dum hominum cum bestiis, aut bestiarum cum hominibus fingitur vocis esse commercium.

3. Fabulas poetæ quasdam delectandi causa finxerunt, quasdam ad naturam rerum, nonnullas ad mores hominum interpretati sunt. Delectandi causa fictæ, ut eæ quas vulgo dicunt, vel quales Plautus et Terentius composuerunt.

4. Ad naturam rerum fabulas fingunt, ut Vulcanus claudus, quia per naturam nunquam rectus est ignis; ut illa triformis bestia, prima leo, postrema draco, media ipsa chimera, id est, caprea, ætates hominum per eam volentes distinguere, quarum ferox et horrens prima

adolescentia, ut leo, dimidium vitæ tempus lucidissimum, ut caprea, eo quod actuissime videat, tum fit senectus casibus inflexis, draco.

5. Sic et Hippocentauri fabulam esse confictam, id est, hominem equo mistum, ad exprimendam humanæ vitæ velocitatem, quia equum constat esse velocissimum.

6. Ad mores, ut apud Horatium mus loquitur muri, mustella vulpeculæ, ut per narrationem fictam ad id quod agitur verax significatio referatur. Unde et Æsopi tales fabulæ sunt ad morum finem relatæ; vel sicut in libro Judicum ligna sibi regem requirunt, et loquuntur ad oleam, et ad ficum, et ad vitem, et ad rubum: quod totum utique ad mores fingitur, ut ad rem quæ intenditur, ficta quidem narratione, sed veraci significatione, veniatur.

7. Sic et Demosthenes orator fabula usus est adversus Philippum, qui cum ab Atheniensibus postularet ut sibi decem oratores darentur, et discederet, finxit ille fabulam, qua dissuaderet dicens: lupos aliquando pastoribus, quorum diligentiam decipere voluissent, suasisse ut in amicitiam convenirent, ea tamen conditione, si canes, in quibus erat causa jurgiorum, jure illis traderentur; annuisse pastores, et in spem securitatis dedisse canes, quos ovium suarum vigilantissimos custodes habebant. Tunc lupi, adempta omni formidine, omne quod in gregibus illis erat, non pro satietate tantum, verum etiam pro libidine laceraverunt: Philippum quoque principes populi postulare, quo facilius posset opprimere spoliatam custodibus urbem.

(Auf eine gesonderte Übersetzung wurde verzichtet, da der abgedruckte Text Steinhöwels sich eng an Isidor hält.)

S. 3, Z. 31
Äsop, angeblich Sklave phrygischer Herkunft im 6. Jh. v. Chr. und Vater der abendländischen Fabeldichtung. Unter seinem Namen gab es in der Antike eine Sammlung von Fabeln in Prosa, die uns nicht erhalten ist (zu Äsop vgl. RE VI 2, 1707–1718). Lediglich die griechische Bearbeitung des Babrios (vgl. RE II 2, 2655–2667) und die lateinischen des Phaedrus (vgl. RE XIX 2, 1475–1505), Avianus (vgl. RE II 2, 2373–2378) und Romulus (vgl. RE XIX 2, 1484–1485) enthalten noch Elemente aus Äsops Werk, soweit man überhaupt davon sprechen kann. Denn angesichts der voneinander abweichenden und z. T. sehr fragwürdigen Berichte wurde und wird Äsop oft als Fiktion angesehen.

Doch ganz gleich, wie man die Frage nach der historischen Person Äsops auch beantworten mag, so bleibt der aufschlußreiche Sachverhalt, daß die Überlieferung die Erfindung der Fabel einem *Sklaven* zuschreibt.

S. 3, Z. 34
Basilius der Große (um 330–379), bedeutende Gestalt der Kirchengeschichte, Vater des griechischen Mönchtums. Steinhöwel bezieht sich hier auf die Mahnrede des Basilius *An die Jugend*, die eine

Anleitung beinhaltet, der außerchristlichen Literatur das für Christen Nützliche zu entnehmen.

S. 4, Z. 9
Gemeint ist die Übersetzung Boners.

S. 4, Z. 20
Nach Aelian, hist. an. XII.

S. 4, Z. 22
Phrygien, die angebliche Heimat des Äsop.

S. 4, Z. 31
Terenz (195?–159) und *Plautus* (250?–184) waren römische Komödiendichter.

S. 5, Z. 6
Oracii = Horaz (65–8 v. Chr.), römischer Dichter.

S. 5, Z. 15
Demosthenes (384–322), athenischer Staatsmann und Redner; vgl. Demosthenes, Orat. 401; Plutarch, Vit. X; am leichtesten zugänglich ist die gemeinte Fabel bei Halm, Fabulae Aesopicae Collectae, Leipzig 1852 (1901), Nr. 339.

S. 5, Z. 34
Das *Leben des Äsop* war festgehalten im *Äsoproman,* einem beliebten Volksbuch. Vgl. dazu: RE VI 2, 1711–1714; H. Zeitz: Der Äsoproman und seine Geschichte, in: Aegyptus 16, 1936, 225–256.

S. 7–11
Martin Luthers (1483–1546) relativ knappe *Vorrede* beinhaltet mehr Hinweise zu einer Theorie der Fabel, als es auf den ersten Blick scheinen mag. Darauf hingewiesen zu haben und die *Vorrede* unter diesem Aspekt subtil und stringent interpretiert zu haben, ist das Verdienst Klaus Doderers (223–231, s. d.).

Die Vorrede entstand 1530, als Luther von der Feste Coburg aus den Reichstag zu Augsburg verfolgte. Es ist »zu beachten, daß Luther gerade in *dem* Augenblick den Gedanken faste, Fabeln zu formulieren, als er weltliche, politische Vorgänge, an denen er innerlich sehr beteiligt war, aus der Ferne zu beobachten hatte«. (Doderer, 21; vgl. auch 224)

Allerdings unterscheiden sich Luthers Fabeln erheblich von denen seiner Freunde und Kampfgefährten: im Gegensatz zu Alberus etwa setzt er sie nicht direkt ein im Kampf für die Reformation (vgl. Leibfried, 63). »Ihm [Luther] dient die Form der Fabel zur Kennzeichnung des menschlichen Verhaltens beziehungsweise Mißverhaltens, allerdings außerhalb der privaten Sphäre, aber auch jenseits der religiösen Bereiche des Daseins. Dort, wo unpersönliche zwischenmenschliche Beziehungsfelder bestehen, wo der einzelne in die ›arge

Welt‹ gestellt ist, wo er mit der Obrigkeit zu tun hat, auf Neid, Mißgunst und Schlechtigkeit stößt, wo Gerissenheit mehr gilt als Gerechtigkeit, versucht der Reformator die wahren Machtverhältnisse zu kennzeichnen und dem einfachen Mann durch die Enthüllung dieser gesellschaftlichen Wahrheit zu einer richtigen Einstellung zu verhelfen.« (Doderer, 230 f.) Diese inhaltlichen Momente finden sämtlich ihren reflexiven Niederschlag in der *Vorrede*.

Die Adressaten, an die sich nach Luther seine Fabeln richten, sind Kinder, Heranwachsende, Gesinde, ›große Fürsten und Herren‹. Ein genaues Hinsehen macht deutlich, daß die Fabel je nach Adressatengruppe eine bestimmte Funktion erfüllt. Die allgemeine Aufgabe der Fabel, ›vom äußerlichen Leben in der Welt zu reden‹, wird differenziert in die Funktionen ›allgemeine Lehre‹, ›Warnung‹ und ›Unterricht‹. Dieser Unterscheidung entspricht die Aufgliederung der inhaltlichen Momente: ›wie man sich im Haushalten/in und gegen der Oberkeit und Unterthanen schicken soll.‹ Gemeinsam ist all diesen Arten das Ziel, den Leser bzw. Hörer dahin zu bringen, daß er ›klueglich und friedlich/unter den boesen Leuten in der falschen argen Welt/leben muege‹. Kinder und junge Leute werden mit ›Lust und Liebe zur Kunst und Weisheit geführt‹, Fürsten und große Herren werden zur Wahrheit ›und zu irem nutz‹ betrogen, der Jugend dient die Fabel zur Lehre und Warnung, den Kindern und dem Gesinde (!) zur Warnung und zur Unterweisung auf das zukünftige Leben (d. h., in der Fabel werden repräsentative Fälle des konkreten Lebens abgehandelt).

Damit wird deutlich, wie weitgestreut Luther die, im weitesten Sinne, didaktischen Möglichkeiten der Fabel sieht. Diesen didaktischen Aufgaben entsprechen bestimmte ästhetische Anforderungen. Dem »prodesse« wird eindeutig ein »delectare« zugeordnet – und umgekehrt.

Ein weiteres wichtiges Moment, das Luther für die Fabel als konstitutiv ansieht, ist ihre »Offenheit«: »Was bedeutet diese oder diese Fabel?« Daß diese Frage trotz der angehängten Moral gestellt werden kann (und soll), deutet die von Luther in seiner Differenzierung der didaktischen Möglichkeiten (verschiedene Adressatengruppen können ja aus einer Fabel lernen!) indirekt aufgezeigte »Offenheit« noch einmal an. Auch Doderer betont dies, wenn auch unter einem etwas anderen Gesichtspunkt, bei der Begründung seiner Einschätzung der Fabeltheorie Luthers: »Für die Eckposition in der Geschichte der Fabeltheorie, die wir Luther unterstellen möchten, scheint uns bezeichnend zu sein, daß für den Reformator die Fabel zunächst einmal eine Geschichte ist, die erzählt wird, die als ästhetisches Gebilde ernst genommen werden müßte. Die genuine Substantialität der Fabelstory ist hier so gewichtig, daß das ›fabula docet‹ nicht immer ausreicht, sie zu erfassen, und deshalb bei Luther auch nicht immer stringent den ganzen Gehalt trifft: Der angehängte Lehrsatz stellt vielmehr eine unter mehreren Auslegungsmöglichkeiten dar. Die Einmaligkeit der erzählten Geschichte verträgt sich zwar mit dem allgemeinen Gesetz, zu dessen Demonstration sie dienen soll und das im Epimythion als Lehre formuliert wird, deckt sich aber nicht totaliter mit ihm. Aus diesem Grunde gibt es auch bei Luther – übrigens im Gegensatz zu Lessings Theorie und teilweise auch zu dessen Praxis – Epimythien, die nicht nur eine, sondern streng genommen mehrere Lehren aus einer Fabelgeschichte entnehmen, ...« (Doderer, 227)

Die von Luther vorgenommene Einordnung der Fabel ins Gebiet der praktischen Ethik (mit rein innerweltlichen Kategorien: abgeleitet aus sedimentierter Erfahrung von Leid, Ungerechtigkeit etc.) wird beibehalten bis zu Christian Wolffs *Philosophia practica universalis* und den Theoremen im Gefolge der Wolffschen Philosophie. Sie taucht, wenn auch nicht explizit, im Barock immer wieder auf als Prämisse der verschiedenen Rechtfertigungsversuche im Verlauf der Diskussion um den Gebrauch der Fabel auf der Kanzel.

S. 8, Z. 6

Luther verwendet den Begriff *Fabel* in zweifacher Weise: 1. als Gattungsbezeichnung (s. Text); 2. als Bezeichnung für eine Unwahrheit, wie man aus seiner Übersetzung von 2. Tim. 4.4 (u. ö.) ersehen kann: »...und werden die Ohren von der Wahrheit wenden und sich zu den Fabeln (!) kehren.«

S. 8, Z. 11

Luther stellt als erster deutscher Autor die Funktion *Äsops* als des Erfinders aller unter dessen Namen überlieferter Fabeln in Frage. Es handelt sich jedoch nicht um eine These aufgrund wissenschaftlicher Forschung, wie Staege (S. 5) annimmt, wenn er schreibt: »Er [Luther] entpuppt sich als kritischer Literarhistoriker, wenn er die Existenz des sagenhaften Äsop in Zweifel zieht.« Daß diese Annahme falsch ist, hat W. Kayser nachgewiesen. Vielmehr dient das Postulat einer Vielzahl von Autoren der Fabelsammlung dazu, diesem Werk größere pädagogische Relevanz und Autorität zu sichern durch Analogie zur Hl. Schrift, die ebenfalls das Produkt verschiedener Autoren und verschiedener Generationen ist. Vgl. dazu: W. Kayser, Die Grundlagen der deutschen Fabeldichtung im 16. und 18. Jahrhundert, in: Archiv für das Studium der neueren Sprachen Bd. 160, 1931, 19–33.

Das Luthersche Theorem wird in der Folgezeit öfters von protestantischen Predigern aufgegriffen und durch Hinweis auf den Fabelgebrauch im AT zu erhärten versucht.

S. 8, Z. 26

Marcus Fabius Quintilian (33–96), römischer Rhetor und Schriftsteller. Luther bezieht sich hier auf die *Institutio oratoria*, lib. V 11:

»Auch die kleinen Geschichten [fabellas], die, auch wenn sie nicht von Äsop stammen (denn es scheint Hesiod ihr erster Urheber zu sein), dennoch unter dem Namen Äsops ganz berühmt wurden, pflegen die Gemüter vor allem der Bauern und der Ungebildeten zu leiten, die ja auch leichter dasjenige, was erdichtet wird, anhören und die leichter mit denen, die ihnen ein Vergnügen bereiten, übereinstimmen: Wie ja auch Menenius Agrippa nach der Überlieferung die Plebs mit den Patriziern dadurch ausgesöhnt hat, daß er jene bekannte Fabel von den menschlichen Gliedern, die sich gegen den Magen aufgelehnt hatten, erzählte. Und selbst Horaz (in einem Gedicht) verachtete die Anwendung dieser Erzählform nicht in den bekannten Versen: ›Also sprach Frau Fuchs zum kranken Löwen behutsam.‹ Die Griechen nennen das Warnrede und, wie erwähnt, äsopische Geschichte oder auch lybische; manche unserer Schriftsteller geben ihr einen Namen, der sich allerdings nicht durchgesetzt hat: ›apologatio‹.« (Übersetzung: Josef M. Werle)

S. 8, Z. 28
Hesiod, griechischer Epiker um 700 v. Chr., erste faßbare Dichterpersönlichkeit im europäischen Bereich. Werke: *Theogonie* und *Werke und Tage;* im letztgenannten findet sich v. 202–211 die älteste literarisch überlieferte europäische Fabel. Vgl. dazu O. Crusius, S. 85 f. in diesem Band; zu Hesiod vgl. RE VIII 1, 1167–1239.

S. 9, Z. 4
Erasmus von Rotterdam schreibt 1509 in seinem *Encomium moriae:*
»Welch andere Macht als Scharlatanerie kann die klobigen und hölzernen Wilden in eine staatliche Gemeinschaft fügen? Das ist es ja, was die Zither des Amphion und Orpheus meint. Was hat denn das römische Volk hart am Abgrund zu bürgerlicher Eintracht zurückgerufen? Etwa die Rede eines *Philosophen*? Keineswegs! Eine lächerliche Kinderfabel vom Bauch und den übrigen Gliedern des menschlichen Körpers! Dasselbe vermochte eine ähnliche Fabel des *Themistokles* vom Fuchs und dem Igel. [...] Mit solchem Schwindel kirrt man die großmächtige Bestie Volk.« (zitiert nach: E. v. Rotterdam, Das Lob der Torheit. Übers. und hrsg. von Anton J. Gail, Stuttgart 1973, S. 31).

S. 9, Z. 32
Diese und die folgenden Ausführungen sind gegen Steinhöwels *Esopus* gerichtet, der einige laszive Schwänke aus Poggios *Facetien* enthält. Die Schärfe, mit der Luther auf eine ›Reinigung‹ des Inhaltes drängt, läßt deutlich werden, wie groß der Unterschied zwischen dem humanistischen Interesse an der Fabel und der Auffassung des Reformators ist. Die Reduzierung der Funktion der Fabel auf einen Anlaß für »Kutzweil und Gelechter« – eine treffende Beobachtung – erscheint Luther als Verkehrung der ursprünglichen Intention der Fabeldichter und deren »Weisheit«.

S. 11–13

Erasmus Alberus (1500?–1553), ein Anhänger Luthers, setzte viele Fabeln ein im Kampf für die Reformation, indem er offen gegen die alte Kirche, gegen den Papst, gegen Ablaßwesen und Klosterleben, Reliquien- und Heiligenkult polemisierte. Es ist interessant zu beobachten, daß diese Funktion der Fabeln keinen Niederschlag in der Theorie fand. Die konkrete materiale Füllung der Fabeln wird nicht reflektiert. Von Interesse ist dennoch der Unterschied zwischen den beiden Vorreden.

Während Alberus 1534 noch ein allgemeines Wissen »von dem nutz und brauch der fabel« voraussetzt und sich mit dem Hinweis begnügt, daß man aus den »fabulis Moralia« lernet, daß sie »gute sitten und tugend schimpffs weiß und lachends munds« vermitteln, versucht er in der Vorrede von 1550, sich in eine bestimmte Tradition (»alle verstendige leute«) zu stellen.

Die Argumentation erinnert etwas an Ulrich Boner, wenn Alberus den Gedanken einer allumfassenden Ordo wieder aufnimmt und damit funktionale Abhängigkeitsverhältnisse postuliert: die Geschöpfe haben dem Schöpfer zu dienen und – in verkürzter Analogie – die Fabeln der Besserung. Besserung ist das erklärte Ziel, und zwar Besserung der ›Einfältigen‹, des ›albernen Volkes‹, der ›armen groben, halsstarrigen Leute‹ (die Methode: »betriegen und fangen«). Im Kontext des humanistischen Rationalismus klingt hier jene Art von Arroganz an, die wir in der Aufklärung des 18. Jahrhunderts wiederfinden werden.

Der Gedanke der ›verdeckten‹ Redeweise wurde in der Folgezeit aufgegriffen und ausgeführt. So finden wir etwa in einer Ausgabe von 1572 folgendes Vorwort von Nathan Chitreus (Professor zu Rostock): »Dann ob wol solche Reden/darinnen man einen verdeckten Weise etwas beybringt/erstlich fein sanfft eingehen/so lassen sie sich doch bald und geben tieffes Nachdenckens. Und ob sie schon einem das Hertz etwas angreiffen und verletzen wollten/so lindert doch das Saltz der Höfflichkeit allen Schmertzen/und wann die Leute nicht gar verstockt seyn/müssen sie auch wider ihren Willen einen Gefallen daran tragen/daß man sie subtil und vernünfftig überschleichen hat können.« (zitiert nach: Hundert Fabeln/mehrentheils aus Esopo/etliche von D. Martin Luther/und Hrn. Mathesio/und anderen verdeutschet/..., [Neuausgabe] Magdeburg 1700.)

Fabelproduktion und Fabelrezeption ändern sich grundlegend im letzten Viertel des 16. Jahrhunderts. Schlaglichtartig kann dies verdeutlicht werden durch die Analyse des folgenden Textes. Es handelt sich um den *Zusatz des Herausgebers der Ausgabe Frankfurt 1579* (Text nach W. Braune, XVII f.):

An den gemeinen Läser

Dieweil bey jungen und auch alten,
Esopus in solchem wehrt, gehalten

> Ist worden allweg jederzeit,
> Daß seine Fabeln nahe und weit,
> Der gelehrte und gemeine Mann,
> Hat gelesen gern, und daran,
> Nicht allein viel kurtzweil gfunden,
> Sonder auch zu allen stunden,
> Ersprießlich diesen nutz gespůrt,
> Daß man gwiß unterrichtet wirdt,
> Durch solch Exempel und auch Fabeln,
> Was sey zu loben und zu tadeln,
> In allem thun und lassen hie,
> Darbey, und auch darneben, wie
> Man Tugent und Weißheit schöpffen soll,
> Deß alles ist diß Büchlein voll,
> Und anderer guten lehren mehr,
> Welcher es list, wirdts loben sehr.
> [...]
> Welcher sich nun lest unterweisen,
> Zu Tugendt, der thue sich befleissen,
> Die *Moralia* mit verstandt zufassen,
> Dardurch er gewißlich auch dermassen,
> Sein thun und lassen wirdt anrichten,
> Die groben art bey ihm vernichten,
> Und sich zu hőffligkeit begeben,
> Jederzeit in weißheit zu leben,
> Das reicht ihm nicht allein zu ehr,
> Sonder zu Gottes Lob viel mehr.

Hier finden wir bereits eine Perversion der ursprünglichen Fabelintention des Alberus. Die Leseanweisung des Herausgebers verkehrt die Ebenen: Was gedacht war als Kampfmittel wird zur Schule der Anpassung und des guten Benehmens. ›Die grobe Art‹ soll durch die Lektüre der Fabeln abgelegt und ›Höflichkeit‹ erlernt werden.

Was vom alten Tenor bleibt, ist die (lutherische) Weisheit, sich in dieser Welt zurechtzufinden. In dieser »Weißheit« steckt der letzte Rest an Resignation, einer Resignation, die das didaktische Vorhaben Luthers (den Lesern und Hörern seiner Fabeln beizubringen, ›klüglich ... unter den boesen Leuten in der falschen argen Welt [zu] leben‹) mittrug und die – in ihrer Funktion als ›Warnung‹ – erlebtes Unglück und hilfloses Nichteinverständnis mit den casibus mundi indizierte. Obwohl man, nicht zu Unrecht, fragen könnte, ob nicht nun auch, 1579, diese neue Weißheit stärker affirmativ gewendet wird. Denn, und dafür ist der Wandel in den Vorreden und Einleitungen nur Symptom, die Fabel verliert langsam ihre Funktion. Das, was Alberus für eine weiter zurückliegende Zeit konstatieren zu können glaubt: der ›Mißbrauch‹ der Fabel, bahnt sich, bedingt durch die Verfestigung neuer politischer Strukturen, an:

»Die welthistorische Stunde des Bürgertums ist ca. 1580 zu Ende; der Absolutismus setzt Huldigungsoden und Hymnen zur Feier des Wiegenfestes Serenissimi an die Stelle der gefährlichen Fabeln von der *Königswahl der Frösche,* vom *Löwenanteil.* Erst als die Gesellschaft von neuem in eine Periode der Gärung eintritt, als die Emanzipation des dritten Standes die heitere Hofwelt bedroht, taucht auch die Fabel aus den Niederungen der Pöbelliteratur wieder auf; sie greift mit dem Pöbel zugleich nach der Krone.« (Schirokauer, 191)

S. 12, Z. 17 ff.
Vgl. dazu Erasmus Alberus, Der Barfuser Münche Eulenspiegel und Alcoran. Mit einer Vorrede D. Martini Luth[eri], Wittenberg 1542.

S. 12, Z. 29 ff.
Bei Alberus ist zu beobachten, daß »Fabel« auch zur Bezeichnung von Mythen und Heiligenlegenden dient. Im Zusammenhang mit der Argumentation Anton Menon Schupps (vgl. S. 26 ff.) wird das Ausmaß der begrifflichen Unbestimmtheit des Terminus deutlich.
Literatur zu Erasmus Alberus:
Emil Körner: Erasmus Alberus. Das Kämpferleben eines Gottesgelehrten aus Luthers Schule. Leipzig 1910.
A. L. Stiefel: Zu den Quellen der E. Alberischen Fabeln. In: Euphorion 1902, S. 609–621.
O. Jensch: Zur Spruchdichtung des Erasmus Alberus. Progr. Magdeburg 1906.
Franz Schnorr von Carolsfeld: Erasmus Alberus. Ein biographischer Beitrag zur Geschichte der Reformationszeit. Dresden 1893.

S. 13–19
Johannes Mathesius (1504–1565), ein lutherischer Prediger, war 1540/41 Luthers Tischgenosse. In dieser Zeit hat er erlebt, wie Luther selbst sich bei Tisch und im sonstigen Gespräch der Fabel bediente (vgl. auch die Äußerungen von Luthers Tischgenossen Lauterbach und Wellmer, in: E. Thiele [Hg.]: Luthers Fabeln nach seinen Handschriften und den Drucken, 1911², S. VII ff. u. XXXVI ff.). Dieser 7. Predigt (aus einer Reihe von 17 biographischen Lutherpredigten) kommt also Bedeutung zu, weil sie ausführlich dokumentiert, bei welchen Anlässen und in welcher Weise Luther die von ihm so sehr geschätzte Fabel verwandte.

Zum anderen zeigt der Text, mit welcher Begründung die Fabel endgültig dem protestantischen Predigtgut zugeordnet wird: Der Hl. Geist wird als Garant dafür bemüht, daß die Verwendung von Fabeln legitim ist, d. h., daß die Fabel gleichsam eine ›kanonische‹ Form christlicher Verkündigung darstellt. Die inhaltliche Beschränkung wird jedoch aufrechterhalten: die Fabeln vermitteln »Weltweisheit«. Damit ist der Bereich der Fabel im Raum der kirchlichen Rhetorik festgesetzt und von Parabel und Gleichnis abgegrenzt. Die weiteren

Bestimmungen, die Mathesius anführt, übernimmt er von M. Luther und E. Alberus. So hat Mathesius, dessen Predigten auch gedruckt sehr schnell Verbreitung fanden, ganz entschieden dazu beigetragen, die von ihm in dem eben geschilderten Sinn modifizierte Auffassung Luthers und Alberus' zu popularisieren. Die Auswirkungen dieser Popularisierung auf die »allgemeine« Ansicht über die Fabel kann nicht genau abgesehen werden; sie dürfen jedoch auf keinen Fall unterschätzt werden, wie die Diskussion über die Fabel auf der Kanzel im 17. Jahrhundert zeigt.

S. 14, Z. 28
Es sind lediglich 13 Fabeln. Mathesius hat sich wahrscheinlich durch eine Inkonsequenz der Zählweise in der Wittenberger Ausgabe der Werke Luthers täuschen lassen. Die Fabeln sind dort numeriert wie folgt: I–X, XII, XIII, XVI.

S. 15, Z. 13
Griechen

S. 15, Z. 33
Philipp Melanchthoni (1497–1560), bedeutender Humanist, Schüler des Erasmus; ab 1518 Prof. der griech. Sprache in Wittenberg; Mitarbeiter Luthers bei der Bibelübersetzung.

S. 15, Z. 40
Georg Rörer hat Luther als Redakteur unterstützt und nach Luthers Tod zusammen mit Nicolaus von Amsdorff die Jenaer Ausgabe der Werke Luthers besorgt.

S. 16, Z. 18
Hornisse; gemeint: Übeltäter, Bösewicht.

S. 16, Z. 24
Reinke de Vos, anonymes mittelalterliches Tierepos; Erstausgabe 1498, hochdeutsche Übersetzung 1544. Bereits in der *Vorrede* zum *Reinke* hat der Verfasser auf den pädagogischen Wert der »fabelen« hingewiesen:
»Etlyke andere seyn ghewest, de hebben ere lere uns naghelaten unde de ghesath in verse unde in bysproke unde in fabelen, up dat men ere lere unde ören vlyd des to beth dar by scholden beholden.« (Zitiert nach: Reinke de Vos, hrsg. von Albert Leitzmann, Halle 1925, S. 3–4).
1574 übertrug Hartmann Schopper den *Reinke* ins Lateinische. Die Interpretation (insbesondere die aus dem traditionalistischen Merkantilismus abgeleiteten Werte), die er seiner Übersetzung voranstellt, läßt, ähnlich wie die Rezeption der Fabeln des Erasmus Alberus, die Verlagerung der Intention, mit der die Texte dem Publikum vorgelegt werden, sichtbar werden:

»Dicitur enim hic proximum ut quisque velut seipsum diligat, Magistratui obediat (!), nemini iniuriam inferrat, suo sedulo fungatur munere.« (zitiert nach der Ausgabe von K. Goedeke, Leipzig 1876).

S. 16, Z. 26
Johannes Luther, 1526–1575.

S. 17, Z. 11 ff.
Gemeint ist Menenius Agrippa, der nach der Überlieferung (Liv. I.2) die auf den Hl. Berg ausgewanderten Plebejer durch seine Fabel von den Gliedern, die sich gegen den Magen empören, zur Rückkehr nach Rom bewogen haben soll.

Literatur:
H. Gombel: Die Fabel vom Magen und den Gliedern in der Weltliteratur. 1934 (Beiheft zur Zeitschrift für roman. Philologie).

S. 17, Z. 16 ff.
Vgl. dazu: Ioannis Strobaeus, Antologii Libri duo posteriores, hrsg. von Otto Hense, Bd. 1, Berlin 1894, X 68.

S. 17, Z. 26
Angriff auf das Konzil von Trient (1545–63).

Genaue Nachweise der Bibelstellen, auf die Mathesius Bezug nimmt, finden sich bei G. Loesche, op. cit., p. 490–494.

Die These des Mathesius über den Gebrauch der Fabel auf der Kanzel und die Ausführungen Luthers, 1557 durch die Publikation bekannt geworden, blieben nicht lange unwidersprochen. Schnell wurden sie zum ›Aufhänger‹ für polemische Angriffe von seiten der Katholiken. Als Beispiel dafür mögen die Ausführungen von Johannes Nas (1534–1590, Konvertit [!] und Franziskaner) dienen (J. Nas, Sextae Centuriae Prodromus, Ingolstadt 1569; hier zitiert nach H. Volz, 24 f.):

»Dann niemandt ye gewesst, der souil lugen, ärger den fabel, auff offentlichen Predigstüln het fürtragen dürffen, als eben jhr. So sein ewere Predigstül von fabeln dermassen gereiniget, das jr offtermals ein gantzes tutzet fabel dürfft nicht allein predigen, sunder auch durch offentlichen druck lassen aussgehen, als Mathesius gethon (vnseliger gedächtnuss, dann man wol weiss wie Er abgeleibt). Diser Mathesius hat vonn saut (!) Luther 17. predig gethon, vnd lassen in druck gehen, der spricht am 173. blat), das einer bey seinem fürnemmen bleiben soll, vnd dem tittel gemess handeln, das er zu halten verspricht. Nhun so gehe hin, vnnd liss mir die sibenden predig, vom gemeltem heylosen Mann Luther, wölliches ye ein rechte Fassnachtspredig ist, vnnd dem Esopischen Luther, Mathesio vnnd andern Predigkandeln gleichformig, darbey abzunemmen, wie sie die Predigstühl von den fabeln geseübert haben, dann hierinn offentlich bekendt wird, das nach der Bibel das best Buch sey, die fabel Aesopi etc. Vnnd das noch mehr, so will gemelter ölgetz Mathesius, das Aesopus die Psalmen gemacht, so Asaph zu gelegt werden, dann Aesopus vnnd Asaph ein Ding sey.

Vnnd nachdem er bey zweintzig Fabeln in einer Predig gedenckt, so beschleusst Er solche sein Fastnachtpredig von saut (!) Luther, mit drey newen Fabeln, eine vom krebs, die ander vom fuchs, die dritt von sperlingen, Vnnd dieweil der sperling von jhme selbst gedicht ist, gefelt sie dem alten narrn für all ander fabel, gehet am lengsten mit vmb, helt sie auch vber all Rabinen Münchsexempel etc. Sihe mein lieber Hosn Doctor was sagstu hierzu? Heisst das die Predigstul vonn Fabeln purgirn, wenn man sie mit lugen vnd irrthumm erfült? Heisst das nit ein fabel vnd Fassnachtspredig, darinn bey 22. fabeln meldung geschicht? Lieber geh hin, vnd zeyge mir einen alten Catholischen Scribenten, der in einer einigen Predig souil fabel hat angezogen. Lieber gehe hin, nenn mir einen Doctor, der jemals so toll gewesst der den Aesopum für den Authorem, vnd Schreiber dess H. Psalters gehalten het. Gelt aber S. Paul hab euch mit namen genennt, da er sagt, die ohreniucker, die Magistri wurden sich zuletsten zeit, von der warheit ableynen, und sich zun fabeln begeben. So gröblich, das sie die fabel allen hailigen Vättern dürffen fürsetzen, jha genawest zur Bibel schmucken, vnnd das ye gar zu grob, auss Bibel vnd Fabel schreibern ein Ding machen.«

Aus diesen Ausführungen darf allerdings nicht gefolgert werden, daß auf seiten der Katholiken die Fabel keinerlei Verwendung gefunden hätte. Im Gegenteil: In den Pädagogiklehrbüchern der Jesuiten hatte sie ihren festen Platz. Dennoch kam es auch hier, wie aus Rauscher (vgl. S. 29 ff.) hervorgeht, zu intrakonfessionellen Streitigkeiten.

Literatur:

H. Volz: Die Lutherpredigt des Johannes Mathesius. Kritische Untersuchung zur Geschichtsschreibung der Reformation. (Nachdruck der Ausgabe Leipzig 1930) New York, London 1972.

H. Wolf: Erzähltraditionen und homiletische Quellen, in: Volkserzählung und Reformation. Hrsg. von Wolfgang Brückner. Berlin 1974, S. 704–756.

E. Voss: Die Lebensbezüge von Fabel und Schwank im 16. Jahrhundert. Diss. Rostock 1945.

S. 19–21

Die Ausführungen *August Buchners* (1591–1661; Prof. der Poesie und Beredsamkeit in Wittenberg) über die Fabel bilden eine Ausnahme im Gesamt der deutschen Barockpoetik. Die offiziellen Schulpoetiken behandelten die Fabel nicht, weil sie in den Poetiken des Horaz und des Aristoteles nicht behandelt ist. Man hielt sich streng an die antike Zuordnung der Fabel in den Bereich der Rhetorik. Eine Auflistung derjenigen Barockpoetiken, in denen die Fabel gar nicht behandelt (bzw. nur am Rande erwähnt) wird, findet sich bei Staege, S. 12 u. S. 16, Anm. 19.

Buchner selbst steht mit seinen Ausführungen in der Tradition Alberus – Luther. Er verbindet diese Auffassung mit einem psychologisierend-genetischen Ansatz: die Fabel ist keine Urform, sondern eine Weiterentwicklung dichterischer Rede.

S. 19, Z. 33 ff.
Nach Aristoteles, Poetik 1447 b 3 f.; entspricht der allgemeinen Auffassung der Barockpoetiken, die den Dichter als »Macher« hinstellten und so ihren Charakter als Anweisungspoetiken begründeten.

S. 20, Z. 34 f.
Vgl. S. 134 in diesem Band.

S. 21, Z. 6
C. *Petronius Arbiter*, lateinischer Dichter aus dem 1. Jh. n. Chr., Verfasser des *Satiricon*, auf das sich Buchners Bemerkung »Scribent nicht gar zu schöner Sachen« bezieht.

S. 21–26
Hans Wilhelm Kirchhofs (1525–1603) Ausführungen beinhalten einen neuen Aspekt der Thematik: Reflexion auf die politische Funktion der Fabel. Für den zurückliegenden Zeitraum können wir ein ›Theoriedefizit‹ konstatieren dergestalt, daß die reale Funktion, die der Fabel im politischen Kampf der Reformationszeit zukam, in der Theorie keinen Niederschlag fand. Falls überhaupt auf eine mögliche politische Funktion (den Terminus als Deskription im weitesten Sinn gebraucht) eingegangen wurde, so geschah dies in Reduktion auf apolitisch anmutende Teilbereiche: Fabel als »verdeckende« Schreibweise (Vermittlung von Lehre unter Vermeidung des offenen Konflikts); Fabel als Medium, das Lebensklugheit vermittelt (Anpassung); in historisierender Betrachtungsweise wurde darauf hingewiesen, daß die Fabel in der Antike zur politischen Willensbeeinflussung verwandt wurde. Diese Funktion der Willensbeeinflussung wurde, falls mit der Gegenwart in Verbindung gebracht, in der Theorie dahingehend verharmlost, daß sie auf den engen Bereich der Jugenderziehung beschränkt bzw. zur Demonstration der Möglichkeit einer Beeinflussung der Ungebildeten und Bauern durch Fabeln herangezogen wurde. Zwar will auch Kirchhof die Fabel in erster Linie pädagogischen Zwecken nutzbar machen: »... daß insbesonderkeit die jugend, ja jedermänniglich (denn wer wolte sich zu lernen schämen), das ist, zu christlichen, guten, ehrbarn, in diß zeitlich leben gehörige

sitten durch vorgestellte exempel und gleichnuß gewohne und das lasterhafftige zu fliehen lerne.« (Kirchhof, op. cit., p. 223)

Daneben finden wir bei Kirchhof jedoch ein Wissen um die Genese der Fabel, das, zumindest mit der Schärfe der Artikulation, einzig in dieser Zeit ist (vgl. S. 26). Aber auch hier stehen historisches Wissen und aktueller Gebrauch gänzlich unvermittelt nebeneinander.

S. 24, Z. 1 ff.
Vgl. Anm. zu S. 15, Z. 33; vgl. Melanchthons Abhandlung *De utilitate fabularum* (1526?) und seine *Schulordnungen* für Eisleben und Herzberg (1525 u. 1538).

S. 26–29
Wir haben bereits darauf hingewiesen, daß die Fabel gegen Ende des 16. Jahrhunderts ihren Stellenwert verlor und ins Subliterarische abwanderte. Wir finden sie wieder im Bereich der kirchlichen Rhetorik, wo sich eine langandauernde – nicht nur inter-, sondern auch intrakonfessionelle – Diskussion über die Rechtmäßigkeit des Gebrauchs von Fabeln auf der Kanzel entspann: Denn ebenso, wie die Katholiken die Verwendung von Fabeln durch protestantische Prediger zum Anlaß für scharfe Polemik nahmen (vgl. S. 138 f.), kam es bald auch innerhalb der protestantischen Kirche selbst zu scharfen Auseinandersetzungen. Dies hat verschiedene Ursachen: Z. T. entsprangen die Diskussionen dem ernsthaften Anliegen, sich über die richtige Form der Verkündigung zu verständigen, z. T. jedoch waren sie weit weniger das Ergebnis theologischer Differenzen als vielmehr das Resultat handfester, weltlicher Interessen. Denn die Fabeln, je nach Art und Weise, wie sie vorgetragen wurden, entschieden mit über die Hörerzahl, damit über Einfluß (und Einnahmen!) der Prediger. Als exemplarisch kann für letztes der Fall des Johann Balthasar Schupp gelten.

Johann Balthasar Schupp (1610–1661) war ein volkstümlicher protestantischer Prediger und Moralsatiriker des Barock; er entstammte einer angesehenen Giessener Bürgerfamilie, wurde 1635 Professor der Geschichte der Beredsamkeit in Marburg, 1649 Hauptpastor in Hamburg. Als Prediger bediente er sich häufig der Fabel; denn er schätzte diese Gattung, ganz in der Tradition des Reformators stehend, als pädagogisches Mittel sehr:

»Es ist mehr Weisheit in den Aesopischen Fabeln/als in allen denen Disputationen/welche von den Occanisten und Thomisten geschrieben sind. Aesopus hat niemahls etwas beschrieben/oder abgetheilet/oder mit Schlußreden behåuptet [= logisch abgeleitet]. Denn er hielt dafür/das die Gemůther der Menschen durch dieselbe mehr stumpff gemacht/als unterrichtet wurden. Mit der Hand hielt er den Karst/mit den Augen sah er über sich/und auff die Sterne/und mit seinen Gedancken erhub er sich noch höher. Den Gemůthern der seinigen jagte er fleissig nach/und lockte sie auff mancherley weise an/damit er sie möchte fangen. Sie schämten sich ingesammt dergleichen Laster zu begehen/vor welchen das unvernůfftige Vieh einen Abscheu hatte. Die Egypter/von welchen unsre Weisheit ganz und gar ihren Ursprung genommen/haben in ihren Bildern durch die unterschiedenen Darstellungen der unvernůnfftigen Thiere die Menschen alles das jenige gelehret/was zu tun und zu lassen sey. In den Sprůchwörtern der Alten/in welchen meines Erachtens ihre gantz scharffsinnige und ordentliche Weisheit verfasset/werden unzehlich viel Lebens-Regeln von den wilden Thieren genommen. Und ich halte dafůr/daß denselben von dem menschlichen Geschlecht nicht wenig könne zugeschrieben werden.« (Johann Balthasar Schupp, Der ungeschickte Redner. In: Ders., Schriften, Hanau 1663, S. 866)

Schupp unterscheidet sich jedoch in einem wesentlichen Punkt von der Meinung über die Rezipienten der Fabeln, wie sie sich im 16. Jahrhundert, insbesondere durch die Publikationen der Humanisten, herausgebildet hatte: »es sey ein grosser Unterschied inter simplicem & sanctum, zwischen einem albern einfältigen/und frommen und heiligen Menschen. Einfalt und Alberkeit ist nicht alsbald Frömmigkeit. Ein Esel ist auch einfältig/und trägt alles/was man ihm auffladet/er komt aber deßwegen nicht in Himmel.« (J. B. Schupp, op. cit., p. 143/144)

Hier wird sichtbar, daß die Fabel, zwar immer noch Medium der Pädagogik, aber nicht mehr nur als Vermittlungsform für Ungebildete und Bauern angesehen wird. Diese Aufwertung ist immanent dadurch zu erklären, daß sie ja auch die Dignität der Inhalte berührt.

Anton Menon Schupp wendet sich in seinem *Fabul-Hanß* auf Betreiben seines Vaters an seinen Patenonkel, den Superindendenten der Kirche zu Lübeck, um so gegen die offizielle Hamburger Amtskirche, die sich in einem Beschluß gegen Johann Balthasar Schupps Gebrauch von Fabeln auf der Kanzel ausgesprochen hatte, Stellung zu beziehen. Der Beschluß des geistlichen Ministeriums vom 22. September 1657 gegen Joh. B. Schupp lautet wie folgt:

»1. Er möge *scripta theologica* nicht mehr *sub nomine ficto* herausgeben, denn das straffen wir an andern undt stehet den *Theologis* nicht an.

2. Er solle auch keine *scripta apocrypha* drucken laßen, als er gethan mit dehn 151 Psalmen undt dehr *epistola ad Laodicenses*.

3. Er solle seine *scripta* nicht *substrahere censurae Ministerii*, sondern nach alter Gewonheitt dehr *Senior* sie überbeßern.

4. Er solle auch die *fabulas, facetias pennalium, satyras, risus, jocos*, lächerliche *Historien* unter die *dicta scripturae* undt *res sacras* nicht einmengen, das stehe einem *Theologo* undt Prediger nicht an: *majestas scripturae sacrae* sei *tanto,* daß sie *ejusmodi nugas respuire*.«

(zitiert nach Carl Vogt [Hg.]: Johann Balthasar Schupps Streitschriften Bd. 1, Halle 1910, S. V)

Senior des geistlichen Ministeriums war seit 1648 Johannes Müller, Hauptpastor an St. Peter in Hamburg (seit 1628). Müller war, wie C. Vogt nachgewiesen hat, gegen Joh. B. Schupp eingenommen, weil dieser es nach dem Ableben seiner ersten Frau abgelehnt hatte, eine der Töchter Müllers zu ehelichen und weil Schupps Art zu predigen (Gebrauch von Fabeln!) auch die Gläubigen aus der Pfarrei des Hauptpastor Müller anzog.

S. 26, Z. 30
Antenor ist das Pseudonym von Schupp sen.

S. 26, Z. 35
Briegel-Florig hat darauf hingewiesen, daß der Gebrauch des Terminus »Fabel« im Barock nicht eindeutig war. Das muß man sich vor Augen halten, um die Argumentationstechnik von Schupp jun. zu verstehen. Briegel-Florig, 35: »Der Gebrauch des Wortes ist [...] nicht auf die äsopische Fabel festgelegt; vielmehr heißen alle unwahren Geschichten ›Fabel‹, auch, und besonders dann, wenn sie nicht als belehrend gut geheißen, sondern als Lügenmärchen oder gar als Irrlehren verworfen werden.«
Vgl. auch S. 12 und die Anm. zu S. 12, Z. 29 ff.

S. 27, Z. 40
Zwischen März und Juli 1658 erschien eine Schmähschrift gegen Joh. B. Schupp mit dem Titel *Der Bücher-Dieb Antenors, Entfangen und wider abgefertiget durch Nectarium Butyrolambium Ambros. Mellilambii Consobrinum, der Artzney-Kunst Liebhabern.* C. Vogt hat überzeugend nachgewiesen, daß Johannes Müller (1598–1672) »der Verfasser oder intelektuelle Urheber der widerlichen Schmähschrift« war (Vogt, op. cit., p. VII). Joh. B. Schupps erste Erwiderung war die *Relation aus dem Parnasso,* Wolfenbüttel 1658 (Text bei Vogt, op. cit., p. 15–29).

S. 27, Z. 40
Auf Veranlassung Müllers hatte auch ein Hauslehrer namens Bernhard Schmid eine Schrift gegen Joh. B. Schupp verfaßt: *De reputatione academica studiosi inconsiderati discursus,* Leipzig 1659. Joh. B. Schupp reagierte mit *Erste und Eylfertige Antwort. Auff M. Berhard Schmitts Discurs ...* (Text bei Vogt, 77–114); daraufhin war Schmids *Philandersons Discurs mit drey klugen Rathgebern, Pomponio, Morologe und Fabullo von Antenors newlichst begangener Thorheit,* Altenau 1659, erschienen.

S. 28, Z. 7
Vgl. auch Erasmus Alberus, S. 12.

S. 28, Z. 21 ff.
Der sechste Teuffel
»Der sechste Teuffel überedet das Gesinde/daß wann sie ein Jahr gedienet/so sollen sie weiter fort. Aber ich rathe ihn/daß sie sich auch (!) diesen Teufel nicht ferführen lassen. Ich wil euch jetzo eine

Fabel erzehlen/welche ihr nicht im Unbesten auffnehmen wollet. [Es folgt ein Exempel von Offizieren, die im Himmel sind und mit dem Teufel in die Hölle gehen, als dieser vor dem Himmel trommelt und besseren Sold verspricht. Daran wird die Mahnung angehängt:] Alle Veränderung/so ohne wichtige Ursache geschiehet/ist gefährlich. Wer halb bleiben kann/der bleibe. Du weist/was du habest/du weißt aber nicht was du bekommen werdest. Wenn dem Esel zu wol ist/so gehet er auffs Eis tantzen/und bricht ein Bein...« (zitiert nach: Sieben böse Geister/welche heutiges Tages Knechte und Mågde regieren und verführen. Zur Abscheuung vorgestellet. In: J. B. Schupp, Schriften. Hanau 1660 [S. 329–395] S. 351 f.)

S. 29–34
Wolfgang Rauscher (1641–1709; die einzig umfassende Biographie findet sich bei: Hubertus Rauscher, Die Barockpredigt des Jesuitenpaters Wolfgang Rauscher in volkskundlicher Sicht, Diss. München 1973, S. 12–14), ein bedeutender Jesuitenprediger, greift, kurz bevor die Fabel wieder in den Mittelpunkt des offiziellen Literaturgeschehens rückt, in den immer noch anhaltenden Streit über den Fabelgebrauch auf der Kanzel ein. E. Moser-Rath beschreibt die Bedeutung des Textes: »Ein einmaliges Dokument zu dieser Diskussion liefert Wolfgang Rauscher in einer Ostermontag-Predigt. Dies ist gewissermaßen die Zusammenfassung aller Argumente pro und contra...« (E. Moser-Rath, op. cit., p. 22).

S. 29, Z. 24
Heraklit von Ephesos, griechischer Philosoph, ca. 550–480 v. Chr.; Rauschers Beschreibung des Heraklit entspricht der emblematischen Darstellung.

S. 29, Z. 28
Ein kurzer Überblick über diese Position findet sich bei E. Moser-Rath: Erzähler auf der Kanzel. Zur Form und Funktion des barocken Predigtmärleins. In: Fabula 2, 1959, 1–26, bes. 7 ff.

S. 31, Z. 30
Cornelius a Lapide (1566/7–1627), Jesuit; schrieb Kommentare zur Bibel.

S. 34, Z. 4
P. Drexel (1581–1638), Jesuit.

Literatur:
W. *Brückner* (Hg.): Volkserzählung und Reformation. Studien zur Tradierung und Funktion volkstümlicher Erzählstoffe im Protestantismus. Berlin 1968.
H. *Wolf:* Predigtexempel im frühen Protestantismus, in: Hessische Blätter für Volkskunde 51/52, S. 349–369. Ders.: Predigterzählgut, in: Deutschunterricht 14, 1962/2, S. 76–99.

F. *Whitesell:* Fables in Mediaeval Exempla, in: Journal of English and German Philology 46, 1947, S. 348–366.

S. 34 ff.

»Le but principal de l'histoire, aussi bien que de la poésie, doit être d'enseigner la prudence et la vertu par des exemples.« Dieses Postulat von Leibniz (Theodicée II) kann man gleichsam als Leitmotiv über einen Großteil der literarischen Bemühungen der Aufklärung stellen. Prägnant formuliert er jenes Anliegen, das mit Ursache dafür war, daß die Fabel nun wieder in den Vordergrund des literarischen Schaffens und die Diskussion darüber, welches die optimale Realisierung des Leibnizschen Postulates sei, in den Mittelpunkt der literaturtheoretischen Auseinandersetzung rückte. (Die Diskussion, insofern sie eingebettet ist in den Kontext der dichtungstheoretischen Auseinandersetzungen zwischen den verschiedenen Richtungen, kann hier nicht nachgezeichnet werden. Für einen ersten Überblick vgl.: H. P. Herrmann: Naturnachahmung und Einbildungskraft. Zur Entwicklung der deutschen Poetik von 1670 bis 1740. Bad Homburg v. d. H., 1970; B. Markwardt: Geschichte der deutschen Poetik, Bd. 2, Berlin 1956; Kl. Scherpe: Gattungspoetik im 18. Jahrhundert. Historische Entwicklung von Gottsched bis Herder, Stuttgart 1968; R. Wellek: Geschichte der Literaturkritik 1750–1830, Darmstadt 1959. Zur Aufklärung allgemein: F. Brüggemann: Der Kampf um die bürgerliche Welt- und Lebensanschauung in der deutschen Literatur des 18. Jahrhunderts, in: DVjS 3, 1925; W. Krauss: Über die Konstellation der Aufklärung in Deutschland, in: SuF 13, 1961; H. M. Wolff: Die Weltanschauung der deutschen Aufklärung in geschichtlicher Entwicklung, Bern 1963[2]; Neues Handbuch der Literaturwissenschaft; Bd. 11: Europäische Aufklärung I. Hrsg. von Walter Hinck, Frankfurt/M. 1974. [bes. die Arbeiten von W. Hinck, A. Nivelle, H. Arntzen, E. Leibfried]). Zwar finden wir gleich zu Anfang des 18. Jahrhunderts bei Christian Thomasius in dessen *Höchstnöthigen Cautelen für einen Studiosus juris* (1713) im VIII. Kapitel einige kurze Bemerkungen über die Fabel, die, und das ist bemerkenswert, Theoreme der Reformationszeit aufgreifen (»Es bestehet aber der Nutzen, den ein Liebhaber der Weisheit aus Lesung der Romanen hat, darinnen, daß er die unterschiedene Neigungen und Arten der menschlichen Natur daraus erkennen lernet, seinen Verstand schärfet und zu der Klugheit, sich behutsam aufzuführen, Anleitung bekommt. – Eben solchen Nutzen haben auch die *politischen Fabeln*. Es ist nicht so gefährlich, wenn man politische Dinge unter Fabeln vorstellet, als wenn man schlechterdings davon schreibet. Dem Leser aber dienen dergleichen Schriften teils zur Erkenntnis des Hoflebens, teils zu einem Unterricht, wie man vor Betrug und Hinterlist sich in acht zu nehmen solle.« »Der Alten ihre Poesie hatte das Absehen, die Philosophie in Gedichten und Fabeln vorzustellen. [...] Diese [die Kunst zu dichten] hat ihren unstreitigen Nutzen um der Schwachen willen, welche die heilsamsten und zum Studio der Weisheit gehörigen Wahrheiten eher vertragen können, wann sie in allerhand Erfindungen und Gedichte gleichsam eingehüllet sein, als wann sie nacket und bloß ihnen vor die Augen geleget werden. Diese Kunst zu dichten bestehet größten Teils darinnen, daß die erdichtete Sachen wahrscheinlich sein oder doch der Wahrscheinlichkeit ziemlich nahe kommen.« Zitiert nach: F. Brüggemann [Hg.], Aus der Frühzeit der deutschen Aufklärung, Darmstadt 1966, S. 126; S. 122 f.) Doch wurde diese Tradition nicht in der Ausführlichkeit aufgenommen, wie man das vielleicht erwartet hätte. Der Gedanke taucht nur noch am Rande auf, so, wenn in *Zedlers Großem Vollständigen Universallexikon* (Bd. 9, Halle und Leipzig 1735, Artikel ›Fabel‹, Sp. 10) von der ›politischen Wahrheit‹ der Fabeln geredet wird, oder bei Christian Heinrich Schmid in dessen *Theorie der Poesie nach den neuesten Grundsätzen...*, Leipzig 1767, wenn er über Hesiod schreibt: »Der älteste Apolog steht bey dem Hesiodus, seine Moral ist Gewalt geht vor Recht; die Geschichte von der Lerche und dem Habicht. So wahr ist es, daß die Fabel ihrer ersten Bestimmung nach ein Deckmantel der politischen Freyheyt war.« (op. cit., p. 118) Eine intensive Beschäftigung mit der Fabel kam in Deutschland erst dann auf, als die Theorien der zeitgenössischen französischen Poetologen bekannt wurden.

Dann allerdings, nachdem das Thema so vorgegeben war, fand man in der Philosophie der deutschen Frühaufklärung das theoretische Rüstzeug, das es erlaubte, sich eigenständig reflexiv mit der Gattung zu beschäftigen. Sowohl ein ausgearbeitetes Menschen- und Weltbild als auch eine subtil differenzierende Psychologie lieferten die Kriterien für eine langandauernde Auseinandersetzung. *Christian Wolff* (1679–1754) vor allem ist es, der, die Philosophie Leibniz' umgestaltend und systematisierend, ein rationalistisches Schulsystem aufstellte, das, gleichsam widerspruchsfrei, in encyklopädischer Manier alles umfaßte und für die Denkentwicklung der Folgezeit bestimmend werden konnte. Getragen wurde die Arbeit Wolffs und seiner Nachfolger von einem (uns heute z. T. unverständlichen) Glauben an die Vernunft: »Ja weil wir durch die Vernunft erkennen, was das Gesetze der Natur haben will, so brauchet ein vernünftiger Mensch kein weiteres Gesetze, sondern vermittels seiner Vernunft er ihm selbst Gesetze.« Glückseligkeit ist eine Folge von Moralität, Moralität aber eine Frage der richtigen Organisation (intellektuell) und damit eine Frage von Erziehung und Bildung. Dieser Gedanke der Machbarkeit, umgesetzt über eine Lehre der Seelenvermögen, bestimmt dann die Funktion der Literatur. So wundert es nicht, wenn wir Christian Wolffs Ausführungen über die Fabel in einem Kapitel finden, das überschrieben ist: *De modo consequendi summum Bonum et Felicitatem terrestrem.*

S. 35, Z. 33
Aphthonius, Lehrer der Beredsamkeit in der 2. Hälfte des 4. Jhs. n. Chr. Von seinen zahlreichen Schriften sind nur die *Progymnasmata*

und eine Sammlung von 40 Fabeln erhalten. Die *Progymnasmata* enthalten die Elemente der Rhetorik in propädeutischer Form als Vorbereitung auf den eigentlichen Kurs in Rhetorik. Sie wurden bis ins 17. Jh. als Kompendium für Schulen und Universitäten benutzt. Chr. Wolff übernimmt die Unterscheidung wörtlich von Aphthonius. Vgl. *Aphthonii Progymnasmata,* hrsg. von Hugo Rabe, Leipzig 1926.

Weitere Zeugnisse aus der Schule Wolffs:

Joh. Chr. Gottsched: Versuch einer critischen Dichtkunst, Leipzig 1730, 1751[4].

Dan. Wilh. Triller: Poetische Betrachtungen. 2. Teil nebst einem ausführlichen Vorbericht von denen Eigenschaften, Tugenden und Fehlern der Fabel überhaupt, Hamburg 1737.

S. 52

Den paradigmatischen Gehalt, der *Magnus Gottfried Lichtwers* (1719–1783) Fabel als Beschreibung der »Funktion und Form dieser Gattung im 18. Jahrhundert« zuzusprechen ist, hat Manfred Windfuhr herausgearbeitet. Vgl.: Deutsche Fabeln des 18. Jahrhunderts. Ausgewählt und mit einem Nachwort von M. Windfuhr, Stuttgart 1969, S. 124–130.

S. 52

Zu *Lessing* vgl. Briegel-Florig 57–62, 194–201; Doderer 232–244; Leibfried 5 f.; Staege 35–45.

S. 57 ff.

Den Arbeiten von *Ludwig Heinrich Jacob* (1759–1827) und *Christoph Gottfried Bardili* (1761–1808) kommt eine Sonderstellung zu insofern, als deren Argumentationsstruktur und Kategorien sich z. T. grundsätzlich von denen der allg. literaturtheoretischen Diskussion des 18. Jahrhunderts unterscheidet. Zu dieser Gruppe gehört auch Gebhard, *Über den Ursprung der äsopischen Fabel,* in: Deutsches Museum II, 1784, 553–563 und Meiners, Geschichte des Ursprungs, Fortgangs und Verfalls der Wissenschaften in Griechenland und Rom, 1781 f.

S. 66 ff.

Johann Gottfried Herder (1744–1803) hat sich in seinen Schriften über die Fabel wesentlich mit J. J. Breitinger und G. E. Lessing auseinandergesetzt. Mit Lessing siedelt er die Fabel an zwischen Dichtung und Moral, wendet sich jedoch gegen die abstrakt-moralische Funktionalisierung. Zum Wandel, dem Herders Auffassung über die Fabel im Zusammenhang mit seiner philosophischen Entwicklung unterliegt, vgl. Briegel-Florig 76–87.

S. 76 ff.

F. A. Krummacher (1767–1845), Theologe und Volksschriftsteller, vereinigt in seinem Ansatz zwei Momente: die Herdersche Auffassung über die Fabel und das aus der christl. Tradition stammende Theorem vom Reich der Freiheit (in der Modifikation des deutschen Idealismus). Die philosophische Antinomie Notwendigkeit – Freiheit wird dadurch aufgebrochen: Notwendigkeit wird auf die Herdersche Naturgesetzlichkeit reduziert: sie bestimmt Repertoire und Handlung. Ihr gegenüber steht nun Freiheit in einem konkret-emphatischen Sinne: konkret als Negation de facto statthabender Unfreiheit und emphatisch in ihrer Funktion als Residuum, Garant und Zielpunkt eines freien Lebens. Die Fabel wird hier für einen Augenblick aufgewertet, subtiler als je im 18. Jahrhundert, um dann für lange Zeit in ihrer Funktion als ›wirklichkeitsrelevante Gattung‹ vergessen zu werden (sieht man von den Hegelschen Ausführungen einmal ab). Die Germanistik als sich neu konstituierende Wissenschaft mit ihren unreflektierten ästhetischen Normen beschäftigte sich nicht mit der Fabel und der einzige Wissenschaftler, der das Interesse an ihr hätte wecken bzw. aufrechterhalten können, bedingte durch seine Fragestellung einen totalen Bruch mit dem 18. Jahrhundert: Jacob Grimm legte 1834 in der Einleitung zum *Reinhard Fuchs* seine romantisierende Auffassung über die Fabel dar. Er leugnete den immer wieder betonten lehrhaften Charakter der Gattung und diskreditierte ihn als nicht ursprünglich. Damit rückte er die Fabel in die Nähe von Epos und Tiermärchen und die Frage, der Grimm sich zuwandte, war die nach Ursprung und Zusammenhang der Gattungen. Die von ihm dabei entwickelten Theorien sind heute nur noch wissenschaftsgeschichtlich interessant, sachlich führen sie nicht weiter.

S. 85 ff.

Die kurzen Ausführungen von *Otto Crusius* (1913) stehen am Anfang der zeitgenössischen Betrachtungsweise, die dadurch gekennzeichnet ist, daß die soziologisch-moralistische Komponente der Fabel (anders formuliert: die gesellschaftskritische Tendenz) in den Mittelpunkt des literaturwissenschaftlichen Erkenntnisinteresses rückt. Zwar wird dieses Moment nicht als einziges und isoliert zur Bestimmung der Gattung herangezogen (vgl. Doderer, Leibfried), es wurde jedoch zum Ausgangspunkt jener Betrachtungsweise, die heute in der konkreten literaturwissenschaftlichen Arbeit (Interpretation) dominiert. Wegweisend wurde der Aufsatz von Th. Spoerri (1942), der in der Fabel seit Äsop den »Ausdruck einer Philosophie der Entrechteten und Unterdrückten« sieht. Der entdeckte emanzipatorische Gehalt der Gattung war dann mit Ursache für die ständig wachsende Zahl von Untersuchungen, die sich mit der lange Zeit vergessenen Gattung beschäftigen.

Obwohl fast alle neueren Interpretationen durch die Suche nach emanzipatorischen bzw. sozialkritischen Elementen gekennzeichnet sind, wurden im Bereich der Theoriediskussion die literaturwissenschaftlichen Implikationen immer wieder zur Diskussion gestellt. Mit am schärfsten formuliert wurden die Bedenken von Walter Gebhard,

Zum Mißverständnis zwischen der Fabel und ihrer Theorie (DVjS f. Lit. 48, 1974). Obwohl auch er die (evidente) »humane Relevanz« der Gattung nicht leugnet, wehrt er sich doch dagegen, daß man der Fabel den Index »naiver Geschichtlichkeit« zuspricht.

Gegen den Versuch, die Fabel als »unliterarische Form einer konkreten Auseinandersetzung mit einer bestimmten konkreten Lebenssituation« (124) zu bestimmen, argumentiert er: »Sind schon die Fälle, in denen eine Fabel so etwas wie eine dichterische Fixierung einer konkreten Situation enthielte, höchst spärlich, so ist gar der behauptete strukturelle Bezug nirgends aufweisbar, weil die konkrete Situation gerade nicht textbildend auf die Fabel, sondern allenfalls auf ihren Prätext und Kontext eingewirkt hat.« (S. 125) Gebhards Bedenken sind insoweit ernst zu nehmen, als man sich vor allzu generalisierenden Aussagen hüten sollte. Die Mannigfaltigkeit der historischen Manifestationen scheint einem gleichsam holistischen Definitionsansatz entgegenzustehen. Das spricht jedoch nicht dagegen, evidente Tendenzen historisch bedingter Modifikationen gleichsam als Arbeitshypothesen in eine Partialdefinition und von da aus summativ in den Versuch einer umfassenden Definition einzubringen.

Index der wichtigsten in den Texten behandelten Fabeln, Parabeln und Gleichnisse

DIE FABEL DES HESIOD (Hesiod Erga 202 ff.)
Krummacher S. 79; Crusius S. 85 f.

DIE FABEL DES JOAS (2. Könige 14,9)
Jacob S. 60

DIE FABEL JOTHAMS (Richter 9,7–15)
Steinhöwel S. 5; Alberus S. 12; Mathesius S. 13, 16, 18; Schupp S. 26 f.; Rauscher S. 31; Jacob S. 62; Herder S. 67; Krummacher S. 79

DIE FABEL DES MENENIUS AGRIPPA (Livius I 2)
Alberus S. 12; Mathesius S. 17; Jacob S. 62; Bardili S. 64; Herder S. 67; Krummacher S. 79

DIE PARABEL DES PROPHETEN NATHAN (2. Samuel 12, 1–15)
Schupp S. 27; Jacob S. 59, 62; Krummacher S, 79

DIE FABEL DES STESICHORUS (Aristoteles Rhet. II 20)
Jacob S. 62

DIE PARABEL VOM SÄMANN (Matth. 13,3–9/Mark. 4,2–9/ Luk. 8,4–8)
Schupp S. 27; Wolff S. 41

DIE PARABEL VON DEN WEINGÄRTNERN (Matth. 21,33–41/Mark. 12,1–9/Luk. 20,9–16)
Schupp S. 27

AMEISE UND GRILLE
Herder S. 73; Spoerri S. 90, 93 f.

BOCK UND FUCHS
Herder S. 69

EICHE UND SCHILFROHR
Hegel S. 82; Spoerri S. 94 ff.

ESEL UND LÖWE
Sternberger S. 100 ff.

FROSCH, MAUS UND WEIH
Luther S. 10

FUCHS UND RABE
Hegel S. 82

FUCHS, SPÜRHUND UND LUCHS
Hegel S. 83

HAMSTER
Hegel S. 83

HIRSCH
Herder S. 69

HAHN UND PERLE
Boner S. 2 f.; Steinhöwel S. 4; Luther S. 11; Mathesius S. 14, 15; Kirchhof S. 23; Wolff S. 36

SCHWALBEN
Hegel S. 82

STADTMAUS UND LANDMAUS
Steinhöwel S. 5; Wolff S. 42

WOLF UND HIRTE
Steinhöwel S. 5; Wolff S. 42

Personenregister

Abstemius 89
Achelis, T. O. 127
Achill 59
Aelian 130
Äsop IX, 3, 4, 5, 6, 7, 8, 9, 15, 16, 25, 29, 31, 32, 35, 36, 37, 39, 40, 46, 47, 48, 53, 62, 63, 68, 79, 83, 87, 88, 89, 100, 103, 106, 115, 123, 129, 130, 132, 134, 139, 141, 148
Alberus, E. X, 11–13, 120, 130, 134–136, 137, 140, 143
Alcmeon von Kroton 4, 128
Alfonsi, P. 127
Amazia 60
Ambrosius 33
Ammonius 5
Amphion 133
Amsdorff, Nic. v. 137
Aphthonius 35, 36, 37, 72, 89, 146
Archilochus 25
Aristoteles 54, 58, 62, 78, 140
Arntzen, H. 145
Asaph 15, 139
Augustinus 33
Augustus 103
Avianus 89, 127, 129

Babrios 89, 129
Bardili XII, 63–66, 120, 147
Basilius d. Gr. 3, 129
Bevilacqua, L. 89
Bileam 59
Blaser, R.-H. 125
Bock, Joh. G. 113
Boillot, F. 100
Boner, U. VII, IX, 1–3, 69, 120, 123–127, 130, 134
de Boor, H. 125
Bossuet 93
Braune, W. 120, 134
Bray, R. 94, 100
Breitinger, J. J. XI, 42–50, 84, 120, 123, 147
Bretschneider 116

Briegel-Florig, W. 123, 124, 128, 143, 147
Brock, E. 100
Brückner, W. 139, 144
Brüggemann, F. 145, 146
Buchner, A. 19–21, 120, 139–140
Bussy-Rabutin 95

Caligula 103
Carolsfeld, Fr. Sch. v. 136
Chitreus, N. 134
Christopherus 12
Christus 11, 12, 16, 17, 19, 27, 29, 30, 32, 36, 40, 41
Chrysostomus 33
Cicero 128
Corneille 95
Cornelius a Lapide 31, 144
Corrozet, G. 89
Crusius, O. VIII, 85–86, 88, 99, 120, 133, 148
Cyrillus Alexandrinus 33

David 14, 17, 27, 59
Demosthenes 5, 61, 129, 130
Dionysius 32
Doderer, Kl. 123, 130, 131, 132, 147, 148
Doligamus s. Politano, A.
Drexel 34, 144

Emmerich, K. 113–119, 120
Ennius 31
Erasmus v. Rotterdam 133, 137
Esopus s. Äsop

Fischer 117
Fouquet, D. 126
Fouquet, J. 95

Gail, J. 133
Gebhard, W. 148, 149
Gellert XI, 50–51, 120
Georg (Hl.) 12
Gideon 13, 18
Girardin, S.-M. 100

Giraudoux, J. 99
Goedeke, K. 138
Göz 116
Gohin, F. 100
Gombel, H. 138
Gottsched 145, 147
Grammont 95
Grimm, J. 148
Grubmüller, Kl. 127
Grotius 36

Hagedorn 72
Halm 130
Haudent, G. 89
Hausrath, A. 99
Hegel, G. F. W. 79–85, 120, 148
Heine, H. IX
Hense, O. 138
Heraklit 29, 144
Herder, Joh. G. XII, 66–76, 76, 78, 115, 121, 145, 147, 148
Herodes 16
Herrmann, H. P. 145
Hesiod 8, 25, 79, 85, 132, 133, 146
Hieronymus 33
Hinck, W. 145
Holberg 76
Homer 25, 40, 59, 61, 87
Horaz XI, 5, 68, 129, 130, 133, 140

Isidor von Sevilla 128

Jacob, L. H. XII, 57–63, 121, 147
Jensch, O. 136
Jerubbaal 13
Joas 60
Jonathan 31
Josua 18
Jotham 13, 15, 16, 17, 18, 26, 27, 62, 67, 79
Judas 17

Kayser, W. 132
Kirchhof X, 21–26, 121, 140–141
Kleukens 99, 120
Koch, Kl. VIII
Körner, E. 136

Koselleck, R. XI
Krauss, W. 145
Krummacher XIII, 76–79, 121, 147–148

La Fontaine 68, 69, 75, 86, 89 ff., 106, 115
La Motte 44, 115
La Rochefoucauld 95
Lambert, Joh. H. 63
Lachmann, K. 121
Lauterbach 136
Leibfried, E. VII, IX, 123, 130, 145, 147, 148
Leibniz 145, 146
Leitzmann, A. 137
Lessing VII, XIII, 52–56, 62, 70, 71, 72, 78, 84, 100 ff., 115, 116, 121, 123, 147
Lichtwer 52, 121, 147
Livius 12, 62, 138
Ludwig XIV 95
Ludwig XVI 109
Luther, Joh. 138
Luther, M. VIII, X, 7–11, 13 ff., 26, 79, 121, 124, 125, 127, 130 bis 133, 134, 140
Loesche, G. 121, 138

Macchiavelli 86
Marie de France 89
Markwardt, B. 145
Mathesius, Joh. 13–19, 27, 121, 134, 136–139
Maximus Tyrius 21
Meineke 116
Meiners 64, 147
Melanchthon 15, 24, 137, 141
Menenius Agrippa VIII, 12, 62, 64, 67, 79, 133, 138
Mesnard, P. 99
Michaut, G. 99
Minor, J. 121
Mohamed 12
De Montespan 91
Moser-Rath, E. 121, 144
Moses 18, 27
Muncker, F. 121

Müller, Joh. 142

Nas, Joh. 138
Nathan 27, 59, 62, 79
Nero 16
Nevelet, I. 89
Nietzsche, Fr. 85, 86
Nivelle, A. 145

Österley, H. 121, 122
Orpheus 133

Pascal 99
Paulus 16, 27, 29, 30, 32, 139
Petronius 21, 140
Pfeffel 83, 115, 117, 118
Pfeiffer, Fr. 120, 126
Pfister, A. 123
Phaedrus 31, 34, 36, 79, 89, 103, 104, 105, 106, 107, 108, 115, 129
Philippus 5, 129
Philostratos 25
Planudes Maximus 89
Platon 50, 86, 88
Plautus 4, 5, 128, 130
Plutarch 130
Poggio 127, 133
Politiano, A. 127

Quintilian 8, 132

Rabe, H. 147
Rauscher, H. 144
Rauscher, W. XI, 29–34, 121, 139, 144
Regnier, H. 99
Rinkenberg, Joh. von 1, 125
Roche, L. 99
Rörer, G. 15, 137
Romulus 127, 129

Salomon 15, 16
Scheibe, S. 120
Schiller VIII, 109, 118, 119
Schirokauer, A. 123, 124, 127, 136
Schlez 116
Schmid, B. 143

Schmid, Chr. H. 146
Schubart, Chr. Fr. D. XII
Schütze, G. 125, 127
Schupp, A. M. XI, 26–29, 121, 136, 142
Schupp, Joh. B. 121, 141–144
Schopper, H. 137
Sejanus 79
Shakespeare 86
Siebelis, Joh. 104
Sokrates 48, 79, 88
Solis, V. 89
Spoerri, Th. VIII, 86–100, 122, 148
Staege, M. 99, 123, 126, 132, 140, 147
Steinhöwel IX, 3–7, 122, 125, 127 bis 130, 133
Sternberger IX, 100–113, 122
Stesichorus 62
Stiefel, A. L. 136
Strobaeus, Joh. 138
Suphan, B. 121
Szyrocki, M. 120

Taine, H. 100
Terenz 4, 5, 128, 130
Themistokles 12, 133
Theodoretus 33
Thiele, E. 136
Thomasius, Chr. 145
Tiberius 79, 103
Timotheus 30, 32
Triller, Dan. Wilh. 147

Verdizotti 89
Vico, G. 99
Vogt, C. 142, 143
Vollrath, M. 127
Volz, H. 138, 139
Voss, E. 139
Vossler, K. 100

Waldis, B. 69, 115
Wellek, R. 145
Wellmer 136
Whitesell, F. 145
Windfuhr, M. 147

Wolf, H. 139, 144
Wolff, Chr. VII, XI, 34–42, 72, 122, 132, 146–147
Wolff, H. M. 145

Zachariä 115
Zainer, Joh. 127
Zedler 146
Zeitz, H. 130

BEGRIFFS- UND ARGUMENTATIONSREGISTER

Das Begriffs- und Argumentationsregister berücksichtigt nur die Texte, nicht die Einleitung und den Kommentar.

Abgrenzungskriterium 37
Absicht der Fabel 45, 46, 47, 50
– moderne 108
– der Verfasser 43, 44, 48, 60
Absolutismus 114 ff.
abstrahieren 58, 61, 81
Abstraktion, rhetorische 118
adfabulatio 38
Adel, -ig 86, 90, 92, 109, 110, 111
Ähnlichkeit 41, 44, 47, 48, 53, 54, 62
Änderung des Genres 118
Äsop-Roman 87
Allegorie 27, 44, 46, 47, 48, 50, 54, 57, 58, 113, 114
Allgemeinheit, Idee der 66
– einer moralischen Lehre 70
amüsieren 68, 69
Analogie 116, 117
Anekdote 87
Animalität 99
Anliegen, zentrales der Fabel 114, 115
Anpassung 97, 111
anschauen, -end, -lich, -lichkeit, -ung 53, 54, 55, 60, 64, 66, 78, 80, 81, 98, 104, 106, 114, 116, 119
Anschauung, moralische 113
Anthropomorphisierung 9, 36, 49, 65, 84, 99
Anwendbarkeit der Fabel 66
Anwendung, -en 41, 51, 62, 66, 74 (s. a. 25)
Anwendungsbereich der Fabel 41
Anziehende, das 65, 84
Apolog 21, 22, 24, 25, 31, 34, 36, 37
argumentum 5, 16, 24
Aufklärung, -en 109, 110, 118
– frühe 113, 114
– gelehrte 113, 115

Auflösung der Tierfabel 118
Selbst- der Fabel 109
Aufmerksamkeit 43
Aufstand der Fabel 87, 92
– politisch 17, 85, 105
Auseinandersetzung 115, 119
Auslegung 14
Aussage, direkte 117
Autorität 92, 112, 113

Bedeutung von Fabeln 38, 41, 80, 81, 85, 91
Beispiel 22, 24, 44, 45, 47, 48, 55, 57, 60, 64, 66, 71, 106
– allegorisches 47
– B.erzählung 40, 41
– lehrreiches 48
– moralisches 46
belustigen 44, 50
Belehrung 66, 114, 116
Beschränkung der moraldidaktischen Fabel 118
Besserung, -n, ver- 4, 11, 24, 45, 48, 116
betrügen (zur Wahrheit) 9, 12
Beweis, -en, -gang, -art 38, 50, 51, 66
Bild, -mäßig, -werk 12, 14, 28, 44, 47, 50, 51, 53, 57, 58, 66, 86, 98, 103, 105, 106
bîspel 1 ff.
Blüte der Fabel 113
Bürger, -lich, -tum 48, 50 ff., 108, 110, 113, 115, 117, 118

Charaktere, tierische 84, 116, 118 (s. a. 84)
Charaktereigenschaften, konstante 71, 116 (s. a. 58, 67, 71)

Darstellung, sinnliche 64
– symbolische 78

155

– D.sweisen 115
Deutung, allgemeine 82, 106
Didaktik, -isch 94, 113, 116, 118 (s. a. Lehre)
– politische 119
– unmittelbare 116, 118
Differenz (soziolog.) 107–113
Doppelbewegung der Fabel 99
Drama 77, 87, 109, 119

Edikte von Nantes 92
Einbildung 4, 45
Einbildungskraft 66
Einheit der Fabel 45
Einkleidung, tierische 46, 47, 66, 76, 83, 84, 114, 118
Elemente der Fabel 39 f.
Emanzipation, bürgerliche 116
Emblem 53, 54
Empfindung 36, 45
Ende der Fabel 109
enthüllen 105
Epos 87
Erbauung 45, 46
ére 1, 3
Erfahrung 42, 44, 45, 47, 57, 58, 114
– E.ssatz, allgemeiner 64, 65, 78
Erfindung von Fabeln 39, 41, 42, 57
Erhabenheit 77
Erkenntnis, -en 38, 94, 98, 103
– anschauende 54, 57, 62, 70, 104, 106
– intuitive 40 f
Erklären 24
Ermahnung 14, 15, 46
Erzählung 43, 45, 47, 48, 49, 81
Erziehung 114
Ethik 86
Evangelium 11, 12
Exempel 22, 24, 44, 47, 49, 65
existentielle Moral 88
Existenz, menschliche 94

Fabel
– *Adressaten:*
  albernes Volk 12, 15

einfältige Leute 11
Erwachsene 51
Frauen/weibl. Geschlecht 10, 51
Fürsten/Regenten/Machthaber 9, 15, 85, 114
Gebildete/Verständige 40, 50
gemeiner Mann/breite Masse 25, 28, 39, 40, 67, 113 f.
Gesinde 10, 15
Jugend 8, 22, 24, 25, 26, 50, 68, 69
Kinder 8, 9, 10, 15
Pöbel 12, 13 f., 50
Untertanen 15
Unwissende/Ungebildete 24, 38, 50
Volksmund 40
– *Attribute* (einschließlich der Einteilungsattribute):
äsopische 51, 53, 57 f., 64, 66, 67, 70, 81, 88, 114, 118
allegorische 113 f.
alte 16, 68, 105 ff.
Altweiberfabel 35 f.
anilis (= Altweiberf.) 30, 32
anmutige 67
dämonische 73
didaktische 113
einfache 53
einfältige 8
ethische 73, 76
feine 8, 10
gemischte 36, 37
gute 51
holdselige 12
intellektuelle 72
klassische 100, 101, 103, 105
kluge 14
Kunstfabel 76
lehrreiche 32
liebliche 9
logische 72
lustige 32
lybistica 4
menschliche 114
moderne 106
moraldidaktische 115, 118
moralische 36, 37, 41, 76

Naturfabel 68, 76
neue 68
nützliche 10
polemische 111
radikale 109
rationale 36, 37, 41
reine 10
rührende 73
schädliche 10
Schicksalsfabel 73
sinnreiche 25
sittliche 72, 73, 77
sozialkritische 115, 118
Tierfabel 114 f., 118
überzeugende 67
unwiderstreitbare 68
ursprüngliche 84
vermischte 72
vernünftige 14, 72
volkstümliche 35
zusammengesetzte 35
– *Definitionen:*
4 f., 11, 34 f., 42 f., 56, 61 f., 66 f., 78 f., 81 f., 97 ff.
Fabelgebiet der Natur 69
Fabelgleichnis 108
Fabeltradition, äsopische 87
Fabelweisheit 15
Fabelwesen, altes 109
Fall, ähnlicher 45, 47, 58, 63
– bestimmter 81
– einzelner 54, 55, 60, 64 f., 72
– erdichteter 58, 70
– gegenwärtiger 60
– neuer 57
– wirklicher 41, 58
Figur, kanonische 100
– negative 115
– politische 105
Fiktion 37, 65
Form, äußere 78
– große 87, 92, 118
– klassische 87
– kleine 119
formale Betrachtung 97
Franz. Revolution 92, 119
Freiheit, dichterische 49
– Blüte des geistigen Lebens 78

– als höchste Idee 78
– sittliche 77
Funktion, praktische F der Fabel 114

Gattung, traditionelle 91, 100
Gebrauch von Fabeln 11, 42
– Mißbrauch 12, 28
– verdrängter wahrer G. 63
Gefühl, moralisches 58
Gehalt der Fabel, gesellschaftlicher 114
– neuer ideeller 116
Geist der Fabel 91
Geltung 97
Gemüt 4, 22, 43, 49, 51
Geschichte (= historia) 5, 28, 35, 44, 45, 46
Geschichte der Fabel 85
Geschmack 47, 83
Gesellschaft, höfische 113
– soziale 117
– ständische 112
Gesetze, moralische G. der Schöpfung 76
– der Notwendigkeit 77
– der Natur 66 ff.
Gleichheit 106 ff.
Gleichnis 4, 11, 12, 22, 24, 25, 28, 36, 40, 41, 53, 57, 64, 65, 114
Glück, -seligkeit 43, 49, 73
Grund, ewiger G. der Fabel 69
Grundvorgang der Fabel 98
Gültigkeit der Fabel 103, 105

Handlung 36, 44, 45, 46, 49, 53, 54, 64, 70, 76, 82, 118
Handeln, moralisches 49, 58, 101
Hörer 22, 35, 47, 105
Hof, Höfling 42, 91, 107, 108, 110, 115, 116, 117
Hoffnung 88
humanitas 112

Ideale 85
Idee 58, 64, 78
– klassische 98
– sinnliche 57

Identität 80, 109
Improvisation 85
Individualität 80
Inhalt, sozialer I. der Fabeln 116
Intellektuelle, bürgerliche 119
Intention 26
Interpretation 37 ff., 42
Ironie 104, 115
Inventar 4, 9, 22, 24, 49

Kampf 73, 77, 85, 86
Karikatur 115
Kirchenväter 30, 33, 34
Klasse, bürgerliche 115
Klassenkampf 114, 119
klassisch 92, 93, 97, 98
Klugheit 2, 8, 42, 44, 81, 116
– K.sregel 42, 81
– K.ssatz 80
Komische, das hohe K. 74
Komödie 5, 51, 99
Konsequenz, ästhetische 118
Konstellation der Figuren 100 f.
Körper der Fabel 44, 46, 49
Kreatur, -ürlich 1, 11, 14, 88, 91, 99
Kritik, soziale u. politische 114, 115, 119
Kunst 3, 8, 9, 10, 11, 19, 60
Kurzweil 10, 16, 22

Lachen, lächerlich, Gelächter 9, 10, 11, 29, 30, 32, 33, 42, 74, 75, 105, 115
Laster, -haft 24, 44, 57, 111, 116
Lebendigkeit der Fabel 92
Legende 10, 26
Lehrart, dogmatische 44
– historische 44, 47
Lehre, be- 4, 8, 9, 11, 14, 22, 35, 43, 46, 47, 48, 51, 58, 66, 67, 70, 74, 76, 78, 81, 84, 88, 101
– allgemeine 60, 81
– eingeschlossene 47
– gute 4, 15, 28, 51
– moralische 39, 42, 43, 70, 114
– Naturgesetz als L. 72
– politische 118

– praktische 64, 65, 66, 72, 78
– sittliche 14, 80
– theoretische 72
– verborgene 46, 47
– verdeckte 44, 46
Lehrsatz 44, 45, 46, 54
Lehrzweck 81
Leser 3, 22, 24, 43, 44, 47, 48, 102, 105, 115
List 3, 43
Literatur, frühklassische 108
– niedere 87
Logos 88
Lustige, das L. der Fabel 74

Mahnung 46, 106
Märchen, -lein 3, 4, 7, 8, 9, 13, 14, 27, 30, 32, 68, 87, 88
Maske 43, 46, 75, 109, 118
Mehrdeutigkeit d. Fabel 82
Menschenbild des Bürgertums 113
Merkspruch 104, 105
Metapher 49
Mickey Mouse Film 88
Mißbrauch der Fabel 12, 28
Mißstände, gesellschaftliche 115
Möglichkeiten, moralische 103
Moral 43, 60, 62, 76, 81, 85, 88, 93, 98, 101, 104, 105, 113, 114
– antifeudale 114
– existentielle 88
– historisch-symbolische 43
moralia 11
moraldidaktisch 116
moralisch 42 ff., 47, 60, 76, 88, 103, 106, 116
Moralist 43, 68, 76
Moralität 44, 59
Mythos 88, 98

Naivität der Fabel 75, 81
Narr 3, 9, 10, 15, 33
Natur 4, 5, 51, 58, 66 ff., 76 ff., 80, 81, 84, 95 f., 98, 106
– N.charakter der Tiere 84
– N.folge 70
– N.gesetz 64, 65, 66, 77, 78, 94
– N. des Menschen 12, 24, 43, 57

- N.ordnung 67, 69 ff., 76
- N.zwang 67
Notwendigkeit 66, 69, 78
- Gesetz der N. 77
- Idee der N. 64
- innere N. 76, 78, 118
- mechanische N. 117
Nutzen, nützlich 2, 3, 8, 9, 10, 11, 12, 23, 24, 35, 40, 50, 51, 79, 80, 81

Obrigkeit 8, 12, 16
Ostermärlein 29 ff.

Parabel 11, 27, 55, 64, 71
Paramythie 79
Pflicht 47, 73
Phantasie 77, 78
Philosoph, -ie 35, 57, 58, 65, 83, 88, 94
Poesie, Poet 4, 19, 64, 80, 83
Polemik 111, 113
Politik 79, 95
Popularisierung, -tät 113, 114
praefabulatio 38
Predigt, -er 9, 14, 19, 29 ff.
Progymnasmaton 35
Prophet 12, 16
Prosa 83, 87
Publikumswirkung 119

Rätsel 83, 87
Realitätssinn der Fabel 98
Recht 51, 57, 85, 86, 108
Rede, verdeckte 13, 16
Reflexion 48, 80, 81
Reformation 26, 113, 115
Regel 67, 104, 105
Reich der Fabel 51
Renaissance 89
Resignation 88, 91, 101
Rhetoren 89
Rolle 78, 102, 103, 105, 107, 109, 111, 112
Roman 87, 119

Sage 87
Satire 115

Satz, moralischer 54, 60, 70
- sittlicher 81
Schelmenroman 87
Scherz, -haft 16, 74, 75, 115
Schicklichkeit 78
Schicksal 74
Schluß, allgemeiner 56
- symbolischer 55
Schmuck 9, 65
Schönheit der Fabel 62
Schöpfung, geschaffen 1, 11, 67, 76, 77
Schuld 95
Schulübung 89
Seele der Fabel 44
Seltene, das 49
Sentenz 16, 76, 114
Sinn 84, 97, 100
- ursprünglicher S. der Fabel 91
Sinnfälligkeit 44, 51, 118
Sinnlichkeit 44, 45, 66
- versinnlichen 65
Sinnreiche, das S. einer Fabel 84
Sitte, sittlich 3, 4, 5, 11, 12, 14, 24, 32, 48, 50, 51, 76, 81, 117
Sittengesetz 73
Sittenlehre 43, 55, 72, 88, 113, 114
Sittenrichter 46
Sittlichkeit des Handelns 81
Situation 110
- bestimmte gesellschaftliche 118
- politische 67, 106
- vorausgesetzte 104
Sklave 74, 83, 87, 88
Sprichwort 15, 16, 18, 87, 88, 114
Spruchweisheit 88, 114
Stoffbereich 118
Symbol, -isch 44, 78, 79, 80, 87

Tendenzdichtung 114
Tradition 88, 97, 115
Tugend 1, 4, 11, 12, 24, 30, 44, 49, 51, 57, 111, 113
Typen, ewige 67
- gesellschaftliche 118
- Naturt. 71
Typik, soziale 117

Typus 81

Überlieferung, antike 89
überzeugen 41, 56, 60, 116
Überzeugungskraft 118, 119
Ungerechtigkeit 26, 57, 87
unterhalten 43
Unterricht, -en, -ung 8, 10, 11, 24, 25, 32, 48, 50, 51, 57, 59
Unterdrücker, -ung 88, 92, 93, 115
Unvollkommenheit, moralische 43

Veränderung der Gattung 100, 118
– thematische 117
– der tierischen Charaktere 116
verbergen 43, 48
Verbildung, rhetorische V. der Fabel 89
verblümte Rede 13
verdeckte Rede 13, 16, 42 f., 47
– Schreibweise 42, 43
Vergnügen 50, 51, 114, 115
verhüllen 48, 117
Verkleidung 43, 54, 99, 115
Vernunft 14, 16, 22, 33, 34, 37, 49, 67, 69, 74, 117
Verstand 11, 66, 67
Verständnis, Anleitung zum V. 105
Verständlichkeit 85
Volksbuch 87, 89
Vorfall 53, 90
Vorstellung 66
– allegorische 48
– volkstümliche 40
– V.svermögen 39

Wahrheit 5, 9, 33, 35, 46, 50, 58, 64, 114
– allgemeine 40, 53, 65
– bittere 15, 43, 47, 91
– feindselige 15
– heilsame 43
– moralische 34, 36, 38, 39, 43
– nackte 43, 52
– scharfe 15
– trockene 43
– unangenehme 15
– verborgene 31 ff.
– verdeckte 14, 19
– verkleidete 54
– versteckte 54
Wahrscheinlichkeit 59
Warnung 8, 9, 10, 11, 15, 50, 81
Welt 93
– falsche arge 8
– materialische 44
– W.lauf 101
– untere 87
Weisheit 3, 8, 10, 14, 15, 22, 35, 50, 51, 86
Wille 56, 57, 62
Wirkkraft der Fabel 39
Wirkung der Fabel 38, 68, 69, 71, 73
Witz 8, 60, 72, 75, 87
Wunderbare, das 42, 43, 49, 84 (s. a. 21)

Zeitgeschmack 83
Zeitvertreib 66, 69
Zentralfigur 87
Ziel der Fabel 35
Zweck der Fabel 38, 53, 54, 60, 68, 83
– höchster Z. aller Kunst 77
Zweideutigkeit der Fabel 45, 110

M 44 Nagel *Hrotsvit von Gandersheim*
M 45 Lipsius *Von der Bestendigkeit. Faksimiledruck*
M 46 Hecht *Christian Reuter*
M 47 Steinmetz *Die Komödie der Aufklärung*
M 48 Stutz *Gotische Literaturdenkmäler*
M 49 Salzmann *Kurze Abhandlungen. Faksimiledruck*
M 50 Koopmann *Friedrich Schiller I: 1759–1794*
M 51 Koopmann *Friedrich Schiller II: 1794–1805*
M 52 Suppan *Volkslied*
M 53 Hain *Rätsel*
M 54 Huet *Traité de l'origine des romans. Faksimiledruck*
M 55 Röhrich *Sage*
M 56 Catholy *Fastnachtspiel*
M 57 Siegrist *Albrecht von Haller*
M 58 Durzak *Hermann Broch*
M 59 Behrmann *Einführung in die Analyse von Prosatexten*
M 60 Fehr *Jeremias Gotthelf*
M 61 Geiger *Reise eines Erdbewohners i. d. Mars. Faksimiledruck*
M 62 Pütz *Friedrich Nietzsche*
M 63 Böschenstein-Schäfer *Idylle*
M 64 Hoffmann *Altdeutsche Metrik*
M 65 Guthke *Gotthold Ephraim Lessing*
M 66 Leibfried *Fabel*
M 67 von See *Germanische Verskunst*
M 68 Kimpel *Der Roman der Aufklärung (1670–1774)*
M 69 Moritz *Andreas Hartknopf. Faksimiledruck*
M 70 Schlegel *Gespräch über die Poesie. Faksimiledruck*
M 71 Helmers *Wilhelm Raabe*
M 72 Düwel *Einführung in die Runenkunde*
M 73 Raabe *Einführung in die Quellenkunde*
M 74 Raabe *Quellenrepertorium*
M 75 Hoefert *Das Drama des Naturalismus*
M 76 Mannack *Andreas Gryphius*
M 77 Straßner *Schwank*
M 78 Schier *Saga*
M 79 Weber-Kellermann *Deutsche Volkskunde*
M 80 Kully *Johann Peter Hebel*
M 81 Jost *Literarischer Jugendstil*
M 82 Reichmann *Germanistische Lexikologie*
M 83 Haas *Essay*
M 84 Boeschenstein *Gottfried Keller*
M 85 Boerner *Tagebuch*
M 86 Sjölin *Einführung in das Friesische*

M 87	Sandkühler	*Schelling*
M 88	Opitz	*Jugendschriften. Faksimiledruck*
M 89	Behrmann	*Einführung in die Analyse von Verstexten*
M 90	Winkler	*Stefan George*
M 91	Schweikert	*Jean Paul*
M 92	Hein	*Ferdinand Raimund*
M 93	Barth	*Literarisches Weimar. 16.–20. Jh.*
M 94	Könneker	*Hans Sachs*
M 95	Sommer	*Christoph Martin Wieland*
M 96	van Ingen	*Philipp von Zesen*
M 97	Asmuth	*Daniel Casper von Lohenstein*
M 98	Schulte-Sasse	*Literarische Wertung*
M 99	Weydt	*H. J. Chr. von Grimmelshausen*
M 100	Denecke	*Jacob Grimm und sein Bruder Wilhelm*
M 101	Grothe	*Anekdote*
M 102	Fehr	*Conrad Ferdinand Meyer*
M 103	Sowinski	*Lehrhafte Dichtung des Mittelalters*
M 104	Heike	*Phonologie*
M 105	Prangel	*Alfred Döblin*
M 106	Uecker	*Germanische Heldensage*
M 107	Hoefert	*Gerhart Hauptmann*
M 108	Werner	*Phonemik des Deutschen*
M 109	Otto	*Sprachgesellschaften des 17. Jahrh.*
M 110	Winkler	*George-Kreis*
M 111	Orendel	*Der Graue Rock (Faksimileausgabe)*
M 112	Schlawe	*Neudeutsche Metrik*
M 113	Bender	*Bodmer/Breitinger*
M 114	Jolles	*Theodor Fontane*
M 115	Foltin	*Franz Werfel*
M 116	Guthke	*Das deutsche bürgerliche Trauerspiel*
M 117	Nägele	*J. P. Jacobsen*
M 118	Schiller	*Anthologie auf das Jahr 1782 (Faksimileausgabe)*
M 119	Hoffmeister	*Petrarkistische Lyrik*
M 120	Soudek	*Meister Eckhart*
M 121	Hocks/Schmidt	*Lit. u. polit. Zeitschriften 1789–1805*
M 122	Vinçon	*Theodor Storm*
M 123	Buntz	*Die deutsche Alexanderdichtung des Mittelalters*
M 124	Saas	*Georg Trakl*
M 126	Klopstock	*Oden und Elegien (Faksimileausgabe)*
M 127	Biesterfeld	*Die literarische Utopie*
M 128	Meid	*Barockroman*
M 129	King	*Literarische Zeitschriften 1945–1970*
M 130	Petzoldt	*Bänkelsang*